Francis Larcher

Quintessence

Francis Larcher

Quintessence

5 Eléments, 5 besoins, 5 stratégies, 5 drivers, 5 blessures

Experts

Impressum / Mentions légales

Bibliografische Information der Deutschen Nationalbibliothek: Die Deutsche Nationalbibliothek verzeichnet diese Publikation in der Deutschen Nationalbibliografie; detaillierte bibliografische Daten sind im Internet über http://dnb.d-nb.de abrufbar.
Alle in diesem Buch genannten Marken und Produktnamen unterliegen warenzeichen-, marken- oder patentrechtlichem Schutz bzw. sind Warenzeichen oder eingetragene Warenzeichen der jeweiligen Inhaber. Die Wiedergabe von Marken, Produktnamen, Gebrauchsnamen, Handelsnamen, Warenbezeichnungen u.s.w. in diesem Werk berechtigt auch ohne besondere Kennzeichnung nicht zu der Annahme, dass solche Namen im Sinne der Warenzeichen- und Markenschutzgesetzgebung als frei zu betrachten wären und daher von jedermann benutzt werden dürften.

Information bibliographique publiée par la Deutsche Nationalbibliothek: La Deutsche Nationalbibliothek inscrit cette publication à la Deutsche Nationalbibliografie; des données bibliographiques détaillées sont disponibles sur internet à l'adresse http://dnb.d-nb.de.
Toutes marques et noms de produits mentionnés dans ce livre demeurent sous la protection des marques, des marques déposées et des brevets, et sont des marques ou des marques déposées de leurs détenteurs respectifs. L'utilisation des marques, noms de produits, noms communs, noms commerciaux, descriptions de produits, etc, même sans qu'ils soient mentionnés de façon particulière dans ce livre ne signifie en aucune façon que ces noms peuvent être utilisés sans restriction à l'égard de la législation pour la protection des marques et des marques déposées et pourraient donc être utilisés par quiconque.

Coverbild / Photo de couverture: www.ingimage.com

Verlag / Editeur:
Éditions Vie
ist ein Imprint der / est une marque déposée de
OmniScriptum GmbH & Co. KG
Heinrich-Böcking-Str. 6-8, 66121 Saarbrücken, Deutschland / Allemagne
Email: info@editions-vie.com

Herstellung: siehe letzte Seite /
Impression: voir la dernière page
ISBN: 978-3-639-82189-5

QUINTESSENCE

Francis LARCHER

QUINTESSENCE

5

Eléments
Besoins
Stratégies
Drivers
Blessures

Liens entre la médecine chinoise
Et les approches occidentales

Du même auteur :

Exercices biokinétiques
La santé par le Toucher en pratique
L'écho ainsi danse

© 2014 F. LARCHER
8 rue de Moutiers – 28150 Chevannes, France

Dépôt légal :

ISBN :

*Merci aux auteurs et aux enseignants
qui m'ont inspiré à travers ces pages.
Et plus particulièrement :
Marguerite De SURANY
Annick De SOUZENELLE
Jean Pierre GUILIANI
Patrick VERET*

Merci à Patrick pour son écoute, ses remarques

Avertissement de l'auteur

Les Chinois, 3 000 ans avant notre ère, ont jeté les bases d'une approche que beaucoup utilisent aujourd'hui. : la Médecine Traditionnelle Chinoise ou MTC. Elle s'exprime entre autres à travers les 5 Eléments, qui émanent de l'observation de la nature. D'autres cultures avaient cependant fait la même chose.
Bon nombre de praticiens et de lecteurs y font référence malgré la complexité de cette Tradition due à une philosophie différente et son aspect empirique. Elle est de ce fait souvent réduite à ses aspects superficiels, à des outils basiques ; alors que son art demande des années d'études et de pratiques.
Il serait donc bien hasardeux d'énoncer une quelconque vérité, car la MTC aime la subtilité.

Les dernières décennies ont vu fleurir des informations intéressantes, notamment en psychologie, dans le domaine comportemental … l'éducation, le management. Elles requièrent également un apprentissage pour en saisir toute la profondeur et les appliquer avec discernement.

Ce livre propose un pont entre un outil : les 5 Eléments de la MTC, et plusieurs concepts venants d'horizons différents : les 5 étages de la pyramide des besoins de MASLOW, les 5 messages contraignants d'Éric BERN, les 5 blessures de l'âme de John PIERRAKOS …

Il ne saurait cependant être un outil de diagnostic, ou l'affirmation de vérités.
Il établit des liens possibles, qui, en fonction de la personne, seront présents ou pas.
Il invite à la réflexion et donne des pistes pour aider le consultant à trouver ses propres solutions.

Toute tentative de codification est une facilité qui ne prendrait pas en compte les particularités (physiques, mentales, émotionnelles, comportementales, relationnelles), l'histoire et le potentiel de chacun, et est donc à oublier.

Introduction

Les 5 Eléments m'ont toujours passionné. Est-ce du fait de leurs relations entre eux ?

J'ai donc cherché à en savoir plus. Mais là, j'ai dû me contenter du minimum (ou bien je m'engageais dans une formation de 3 ans que je n'avais pas envie de faire), les informations glanées ici ou là se résumant un peu toujours à la même chose. Par ailleurs « l'esprit chinois » n'est pas celui de l'occident : son approche et ses notions relèvent d'une culture qui n'est pas nôtre. C'est sans doute pour cela que les données sur les méridiens font de plus en plus appel à nos propres connaissances en physiologie et anatomie. Est-ce pour autant le reflet de la MTC d'origine ?

Le grand public connaît généralement le tracé « externe » des méridiens, et, delà, bon nombre de qualificatifs et de fonctions sont déduits. Lorsque l'on découvre qu'il existe aussi des branches dites secondaires, que chaque méridien est plus complexe qu'il n'y paraît, les belles affirmations énoncées auparavant s'effritent.
Par exemple il est dit que la tête est Yang, les Yin n'y ayant pas accès. Il n'en est rien :
- ▶ Cœur monte jusqu'au cerveau – et justifie sa corrélation avec le Shen (la conscience) – en passant par l'œil : c'est pourquoi les oculistes peuvent jauger de l'état du Cœur en pratiquant un fond de l'œil
- ▶ Le foie passe aussi par l'œil – et justifie son lien avec la vue – et rejoint le sommet du crâne

L'investigation peut être constante et passionnante pour qui s'y intéresse.

Cependant la MTC ne s'attarde pas de trop sur la composante psychologique ou comportementale. Cette dernière existe, mais n'est pas développée. En tout cas, pas autant que les approches occidentales qui ont émergé ou émergent encore de nos jours. Plusieurs auteurs les ont étendues à d'autres domaines : par exemple la pyramide des besoins a été appliquée au monde professionnel (Chapitre 3). Mais comment les utiliser ? Comment choisir l'un plutôt qu'une autre ? Laquelle est la plus pertinente ?

Chaque discipline, issue d'un travail de recherche, et pour exister, a besoin de se différencier. Elle va donc valoriser ses qualités propres plutôt que de se rapprocher de ses « concurrentes ».
Il ne s'agit pas de réduire à un dénominateur commun les richesses des unes et des autres, mais de créer des passerelles pour mieux pouvoir nuancer son discours et ainsi apporter une réponse et/ou une aide personnalisée au consultant ou au lecteur.
Ma démarche a commencé, lorsque je suis devenu père. J'ai tenté de répertorier les réactions, attitudes possibles du bébé et de l'enfant en bas âge, et très rapidement l'idée m'est venue qu'un lien avec les 5 Eléments pouvaient se faire. Je me suis amusé à les appliquer et à en vérifier la véracité.

Plus tard, j'ai diversifié mon public et suis intervenu en entreprise. Pas question – à l'époque – d'aborder la MTC ou toute autre approche jugée fantaisiste. Nouveau constat, la pyramide des besoins comporte 5 étages. Etait-il possible d'établir un lien avec les 5 Eléments ? Cela pouvait-il servir les managers, voire les salariés ?
Si le vocable ne s'y prêtait pas, les applications elles étaient possibles.

De là est né la réflexion qui a construit les différents chapitres de cet ouvrage.
J'ai voulu approfondir l'aspect « spirituel » pendant un temps, en abordant l'arbre séphirotique et les lettres hébraïques. La tâche était ardue, mais réalisable. Cependant, par un souci de clarté pour le lecteur, je m'en suis tenu à ces 12 chapitres (comme les 12 méridiens, vous l'aurez remarqué). Ce qui est suffisant dans un premier jet. Le lecteur aura, je crois, déjà assez d'informations à intégrer et à mettre en pratique.

Chapitre 1

La symbolique du chiffre 5

Avant d'aborder les 5 Eléments, il m'a semblé important de s'intéresser au chiffre cinq. Est-ce un pur hasard, ou revêt-il un sens, purement représentatif de la nature ou mystique ?

Car certains présentent les méridiens (14 en comptant les Vaisseaux Conception et Gouverneur) sous la forme, non pas de 5 mais de 7 Eléments.

Maitre Cœur et Triple Réchauffeur devenant un Elément à part entière, ainsi que le couple VC - VG

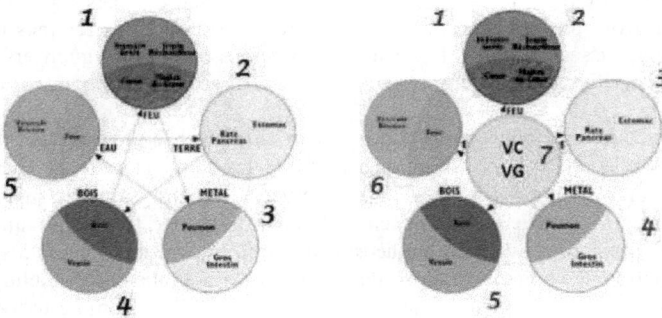

Il est bien évident que le nombre 7 n'apparaît pas non plus sans fondement, mais fait référence aux 7 centres d'Energie (ou chakras)

Le 5 selon le dictionnaire des symboles :

« Le chiffre 5 tient son symbolisme de ce qu'il est la somme du premier nombre pair et du premier nombre impair (2+3) et parce qu'il est le milieu des 9 premiers nombres. Il est signe d'union, symbole nuptial disent les pythagoriciens. Il est le chiffre du centre, de l'harmonie et de l'équilibre.

Symbole de l'homme (bras écartés, il paraît disposé en 5 parties en forme de croix : les 2 bras, les 2 jambes, la tête). Le chiffre 5 est aussi symbole de l'univers : 2 axes, l'un vertical et l'autre horizontal passant par un même centre. Symbole aussi de la perfection, de la volonté divine qui ne peut désirer que l'ordre et la perfection. Il représente aussi les 5 sens et les 5 formes sensibles de la matière : la totalité du monde sensible.

Dans le bouddhisme japonais de la secte shingon on distingue 5 orients : les 4 points cardinaux plus le centre. En Amérique centrale, 5 est un chiffre sacré. Dans la période agraire, c'est le symbole numéral du dieu du maïs. Peut-être parce que la 1ère feuille de maïs sort de terre 5 jours après les semailles. Le dieu du maïs est le patron des enfants qui n'ont pas 5 ans (l'âge de raison). Aux carrefours, les femmes mortes en couches apparaissent la nuit 5 fois par an. Divinisées comme les guerriers morts au combat ou sacrifiés, elles accompagnent le soleil dans sa course diurne.

Dans les miniatures médiévales, l'homme microcosme est le plus souvent représenté bras et jambes écartés pour bien indiquer les 5 pointes du pentagramme. Si un homme est étendu, bras et jambes allongés, le sexe servant de centre, sa partie supérieure est égale à sa partie inférieure et une circonférence peut être tracée par un compas, chacune de ces parties ayant la longueur d'un rayon. Encore une fois, le 5 symbolise la manifestation de l'homme au terme de l'évolution biologique et spirituelle. Le 5 par rapport au 6 est le microcosme par rapport au macrocosme, l'homme individuel par rapport à l'homme universel.

Les quatre soleils successifs de la tradition aztèque représentent l'accomplissement d'un monde qui se trouve réalisé avec le 4ème soleil mais pas encore manifesté. C'est avec le 5ème soleil de notre ère que s'accomplit la manifestation. Les 4 soleils sont les 4 points cardinaux, le 5ème correspond au centre de la croix, symbole de l'homme-conscience du monde.

L'homme se divise dans la longueur, du sommet de la tête aux pieds, en 5 parties égales. Dans la largeur formée par les bras étendus d'une extrémité d'une main à l'autre en 5 parties égales aussi. L'homme peut ainsi s'inscrire dans un carré parfait. 5 carrés dans la longueur et 5 carrés dans la largeur, la poitrine étant le lieu de l'intersection, forment une croix dans un carré. Le carré symbolisant la terre, l'homme est une croix en ce monde ou ce monde est pour lui comme une croix. L'homme possède aussi 5 sens et 5 extrémités. En Chine, le chiffre de la croix est le 5. »

Source : Le dictionnaire des symboles de Jean Chevalier et Alain Gheerbrant

Le 5 en ésotérisme :

« Géométriquement, 5 est une relation des nombres qui le précèdent, le 3 et le 4. En effet, un triangle rectangle dont les deux angles auraient pour valeur 3 et 4, a pour hypoténuse 5. Or, si 3 représente le Logos, le Créateur, et 4 symbolise la Nature créée. Si cette nature est un champ de bataille constant entre les 4 éléments, chacun d'eux cherchant une prééminence, il faut de toute nécessité un arbitre, un conciliateur qui les englobe et les unisse. C'est l'Ether, ou 5ème élément.

5, Nombre Premier, est aussi appelé sphérique, parce qu'il possède la particularité suivante : quel que soit le nombre de fois que l'on multiplie 5 par 5, la désinence du produit est toujours égale à 5. Il ne peut être représenté ni par un triangle, ni par un carré, mais bien par une étoile.

Dans le monde des vibrations, traduites en couleurs et en sonorités, 5 représente les 3 couleurs fondamentales, rouge, jaune et bleu, encadrées par le blanc et le noir. En musique, la quinte est la marque et la base de la tonalité et couronne l'accord parfait.

Il convient de rappeler pour mémoire qu'il y a 5 formes géométriques fondamentales à faces égales, à côtés et à angles égaux : ce sont le tétraèdre, le cube, l'octaèdre, de dodécaèdre et l'isocaèdre - ces trois derniers issus du doublement de 4 (4+4=8, 8+4=12, 12+8=20).

Ces formes se retrouvent dans la structure des atomes et dans la cristallographie; on a distingué aussi cinq parties dans tout végétal complet : racine, tige, feuille, fleur et fruit.

La fleur la plus répandue a normalement 5 pétales - puisque la botanique fait une distinction en classant celles à 4 pétales dans l'ordre des crucifères. Une pomme coupée transversalement présente une figure pentagonale : ce qui expliquerait pourquoi elle est l'''attribut de Vénus, et symbolise dans la théologie le fruit défendu, c'est-à-dire la chute dans la matière.

5 est la division normale du cadran de nos montres et sert à la mesure du temps qu'il divise en 12 heures, en 60 minutes et même en quarts : 15, 30, 45.

Nos 5 sens suivent la hiérarchie des éléments :
- ▶ *Le toucher et le goût sont faits pour apprécier le solide et le liquide; dans le domaine intellectuel et moral, ils sont le tact et l'élégance; ils marquent les premiers contacts du moi de l'enfant avec le non-moi.*
- ▶ *L'ouïe perçoit les vibrations de l'air; pour l'esprit c'est l'entendement.*
- ▶ *L'odorat décèle les radiations, les émanations subtiles des solides, des liquides et des gaz; songez que flair est synonyme d'intelligence.*
- ▶ *La vue enregistre et coordonne les vibrations de l'éther.*

Dans le Tarot, le 5ème arcane représente le Pape, figuratif d'Hermès, ou de Mercure, à la fois la Science et la Magie. Ce personnage transmet la connaissance de la nature à des disciples agenouillés.

Le nombre 5 enfin correspond à la lettre Hé de l'alphabet hébraïque; Hé se traduit sur le plan physique par l'épreuve de l'homme, doué de la liberté d'action dans le cercle ה « la porte » infranchissable de la loi universelle. Dans la Kabbale juive, la 5ème séphira : Geburah symbolise la sévérité et la justice.

La cosmographie nous enseigne Que l'axe de la Terre est incliné de 23° 27'; nous retrouvons ici le chiffre 5 (2+3) et le chiffre 9 (2+7). Or, les dernières découvertes de l'astronomie sont assez stupéfiantes : l'Etoile polaire, affirme-t-on, vue dans les télescopes géants d'Amérique, n'est qu'un groupe serré de cinq étoiles, et le pôle Sud, de son côté, est indiqué dans le ciel par une étincelante constellation en forme de croix. Donc, au Nord comme au Sud, nous retrouverions ce nombre 5.

Léonard de Vinci :

Une représentation célèbre est celle de l'homme dans un pentagramme. Dans la gravure *de Harmonia Mundi*, le centre du cercle se trouve à la hauteur du pubis et non à la hauteur de l'ombilic. On voit ici que l'artiste, préoccupé par une représentation qui doit satisfaire les courants de pensée de son époque, réalise une erreur d'anatomie. Elle sera corrigée par l'homme de Vitruve et repris par Léonard de Vinci.

Dans l'homme de Vitruve d'après Léonard de Vinci, le centre du pentacle est situé sur le nombril et non sur le pubis ce qui correspond à une réalité anatomique.
"Le centre du corps humain est en outre par nature le nombril; de fait, si l'on couche un homme sur le dos, mains et jambes écartées, et qu'on pointe un compas sur son nombril, on touchera tangentiellement, en décrivant un cercle, l'extrémité des doigts de ses deux mains et de ses orteils

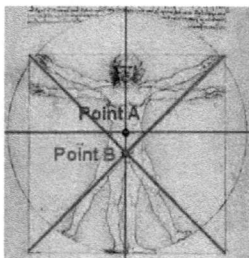

Mais ce n'est pas tout: de même que la figure de la circonférence se réalise dans le corps, de même on y découvrira le schéma du carré. Si en effet mesure est prise d'un homme depuis la plante des pieds jusqu'au sommet de la tête et qu'on reporte cette mesure sur la ligne définie par ses mains tendues, la largeur se trouvera être égale à la hauteur, comme sur les aires carrées à l'équerre".

(*Vitruve, De Architectura, III, 1, 3*)

5 et 7 :

Le corps possède 12 « ouvertures ». 7 sont situées au niveau de la tête : 2 yeux, 2 narines, 2 oreilles et une bouche. Le 7 habituellement renvoie au divin (même si

certains diront que Tout est Divin), ne serait-ce que par les chakras de la philosophie orientale ou les étoiles intérieures des Ecoles occidentales de la Sagesse qui précisent que les centres énergétiques du front et du sommet du crâne sont liés aux capacités d'intuition, de clairvoyance, claire-audience et de connexion à ce même Divin.
Le cerveau est d'ailleurs associé en occultisme à la lettre hébraïque Yod, symbole plus ou moins de l'Etincelle divine (ou partie du Divin en chaque individu).

Le 5 renvoie donc aux ouvertures « du bas » : les deux seins, le nombril, l'appareil uro-génital et l'anus, associées à l'humain.

➤ Le nombril rappelle le cordon ombilical et donc la période utérine, qui annonce la naissance et donc la vie terrestre.

➤ Les tétons à la première nourriture (mais le sein est aussi investi de nombreux aspects : émotionnel, conflictuel … il fait référence à la mère, et quelque part au paradis perdu. N'oublions pas que la Voie lactée, notre galaxie, dont fait partie notre système solaire est ainsi appelé car « Hercule ayant tété sa mère Héra trop fort, fit jaillir une giclée de lait de son sein, qui se répandit dans le ciel. » On retrouve d'ailleurs cette même image dans le mot galaxie, qui dérive d'un mot grec signifiant « blanc comme le lait ».

➤ La zone uro-génitale correspond à la naissance, la sexualité (croissez et multipliez … sur un plan terrestre mais également dans une dimension spirituelle d'évolution) ; ainsi qu'au territoire : l'urine sert de carte d'identité à l'animal, et c'est aussi notre marque personnelle (iso ou urinothérapie).

➤ La zone anale sert aussi de marqueurs : les chiens reniflent cet endroit pour faire connaissance c'est le retour à la terre : les déchets sont enterrés ou traités. Ils servaient d'engrais il n'y a pas si longtemps.

Le pentacle :

« Le pentacle est incontestablement imprégné de plusieurs symboliques qui trouvent leur origine dans des sources très différentes. Au commencement, le pentacle était symbole de vie et de santé. Et pour les premiers chrétiens, il représentait les **5** plaies du Christ. Lorsqu'il était inscrit sur le seuil, il écartait les mauvais esprits. Mais au fil du temps, sa forme fut récupérer par différents courants ésotériques. Le pentacle inversé devient symbole du mal et/ou de Satan.

- Pour les tziganes, le pentacle est l'étoile de la connaissance
- Pour les égyptiens c'est la représentation de St Anne, la mère de la vierge Marie
- Pour les pythagoriciens, c'est le symbole du commencement
- Dans le tarot, l'as de pentacle est la création et le don, la naissance de la richesse matérielle
- Dans la Babylone ancienne, c'est un moyen de guérison

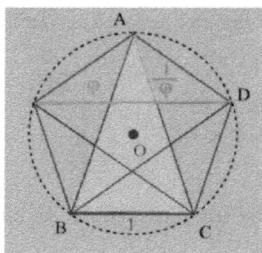

Le pentagone régulier est intimement lié au nombre d'or φ (= 1,6180339887). C'est sans doute pour cela qu'il fut depuis très longtemps chargé d'une symbolique extrêmement forte.

Un pentagramme est une étoile à 5 branches régulières
Un pentacle est un pentagramme encerclé
Un pentagone est un polygone à 5 côtés
Un pentagone régulier est un polygone à 5 côtés de longueur égale »

Une fois, ces bases jetées, nous verrons si elles peuvent nous être utiles (je pense notamment à la hiérarchie des Eléments et à ses qualificatifs de la page précédente).
La symbolique du 5 précisée ici est loin d'être complète, je vous invite à consulter le net et par exemple : http://ganeshabreizh.unblog.fr/symbolisme-et-le-nombre-5/

Le 5 prend donc une importance toute particulière et les 5 Eléments en sont donc pas le fruit d'un hasard, mais relève bien d'une cosmogonie fondée sur des lois naturelles.

Références :

http://brachium.templarii.over-blog.com/article-geometrie-sacree-le-pentacle-et-pentagone-5-74972269.html
http://www.ledifice.net/6017-C.html
http://www1.rfi.fr/lffr/articles/112/article_2986.asp

Chapitre 2

Les 5 Eléments de la Médecine Traditionnelle Chinoise

Beaucoup de choses ont été écrites à ce sujet, il s'agit ici d'un simple rappel suffisamment explicite mais non entièrement développé. Le lecteur peut passer ce chapitre si ses connaissances sont étendues en la matière. Néanmoins, je précise que l'aspect énergétique, avec ses complexités, n'est pas le but de ce livre ; c'est plutôt l'aspect psycho-émotionnel qui est retenue avec en ligne de mire, des liens avec d'autres approches, qui viendront éclairer d'un jour nouveau les données déjà connues.

Sont rappelées ici :

- Orient – Occident : concepts différents ?
- Chaque saison son organe
- Et la Terre alors ?
- 5 Eléments et méridiens
- Les couples
- 5 Eléments et attributs
- Les 2 cycles principaux (Cheng et Ko)
- Les émotions (habituellement associées aux Eléments)
- Précisions sur les entités viscérales
- Précisions sur certains termes et concepts chinois

Les 5 Eléments de la Médecine Traditionnelle Chinoise :

Orient, Occident : concepts différents ? :

L'homme, pendant longtemps, s'est appuyé sur son environnement pour en déduire des lois naturelles, qui lui servent dans différents domaines, telles l'agriculture et la santé.

Orient et Occident ont de ce fait distingué 4 saisons (même si beaucoup prétendent qu'il n'y en a plus ... de saisons !).

Dans la tradition européenne :
Le début des saisons est défini par les solstices et les équinoxes dans l'hémisphère nord : le printemps débute à l'équinoxe de mars (vers le 21 mars), l'été au solstice de juin (vers le 22 juin), l'automne à l'équinoxe de septembre (vers le 23 septembre), l'hiver au solstice de décembre (vers le 21 décembre).

Il convient néanmoins de faire un distinguo entre saison calendaire (telle que ci-dessus) saison astronomique et saison météorologique :

Saison boréale (hémisphère nord)	Saison astronomique (définie selon la variation de la durée du jour et de la nuit à cause de l'inclinaison de l'axe de la Terre)	Saison météorologique ou climatique (définie selon les variables climatiques : température, précipitations, hygrométrie, ensoleillement ...)
Printemps	~ 4 février au ~ 5 mai	1er mars - 31 mai
Été	~ 6 mai au ~ 7 août	1er juin - 31 août
Automne	~ 7 août au ~ 7 novembre	1er sept. - 30 novembre
Hiver	~ 7 novembre au ~ 4 février	1er décembre - 28 février

Dans l'approche des 5 Eléments :
Il est précisé que pour les Chinois, le 21 mars (le jour de l'équinoxe) n'est pas le début mais l'apogée du printemps. Et il en va de même pour l'automne et les solstices d'été et d'hiver. De plus, ce ne sont pas 4 mais 5 saisons qui sont retenues.

Ainsi, par un savant calcul, on déduit que chacune d'entre elles s'étale sur 73 jours (365 : 5).
C'est-à-dire 36 jours avant le 21 mars, pour le printemps, et 36 jours après.
La cinquième est présentée comme une intersaison de 18 jours (73 :4).
On peut remarquer néanmoins un certain décalage : la période d'une saison avant le solstice ou l'équinoxe étant plus grande que la période qui suit.

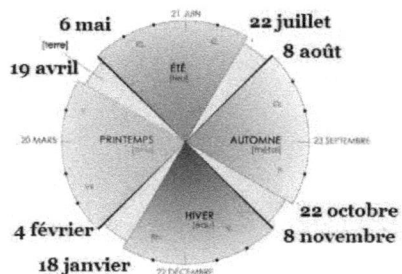

16

Notons de suite l'étrange ressemblance des 5 saisons chinoises et des saisons astronomiques citées plus haut.

Les celtes :
célébraient quatre fêtes principales (3 jours à une semaine) :
- Samain, début novembre *(pour les uns le 1ᵉʳ, pour d'autres le 31 octobre)*
- *Imbolc,* début février *(pour les uns le 1ᵉʳ, pour d'autres le 2)*
- Beltaine, début mai *(pour certains le 1ᵉʳ)*
- Lugnasad, début août *(pour certains le 1ᵉʳ)*

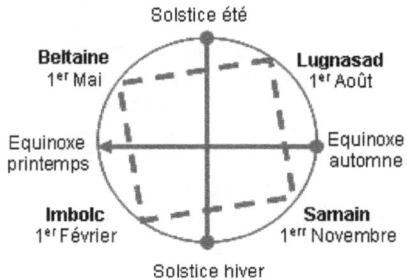

```
                    Solstice été
      Beltaine                      Lugnasad
      1er Mai                       1er Août

Equinoxe                                    Equinoxe
printemps                                   automne

      Imbolc                        Samain
      1er Février                   1er Novembre
                    Solstice hiver
```

Avouez que les ressemblances sont troublantes

Les traditions et conseils que l'on peut encore entendre :
- A la chandeleur (2 février) l'hiver meurt ou prend rigueur. La montée de la sève commence début février. « Pendant Imbolc, on se purifie, chasse les mauvais éléments du passé, et on se prépare à commencer une nouvelle vie ». Mais c'est aussi la période du carême qui débute en fonction de la date de Pâques: 40 jours de jeune pour rajeunir le foie !
- Au 1ᵉʳ mai, on offre du muguet : le retour du bonheur. Les bals du muguet étaient organisés pour les jeunes gens célibataires (handfasting : promesse de mariage) … Car mai et le mois marial.
- On retrouve Marie le 15 Août (signe de la Vierge). « A la mi-août, adieu les beaux jours (ou) l'hiver est en route ». « Après le 1ᵉʳ août, lève une pierre, la fraîcheur est en dessous ».
- A la toussaint, le froid revient et met l'hiver en train. Samain est un jour en dehors du temps qui permet aux vivants de rencontrer les défunts. A la Toussaint, succède la fête des morts puis … Halloween.

Chaque saison son organe :

Au printemps comme déjà vu, le foie est à privilégier. Après les réveillons, la galette des rois, les crêpes (qui rappellent étrangement le disque solaire – chaleur et beaux jours attendus après les mois d'hiver) … il est ainsi recommandé de mettre en repos son foie – mais aussi son système digestif.
Si cela peut paraître plausible aujourd'hui, il est fort à parier que nos ancêtres n'avaient pas ce problème. Leurs réserves de nourriture devaient être épuisées, le jeune étant ainsi favorisé. Par ailleurs les plantes pissenlit, chiendent … qui apparaissent alors constituent une alimentation providentielle et contribuent à la détoxification du corps.

Sur un plan plus mystique ou spirituelle, l'hiver renvoie à la mort : les arbres sans feuille, absence de végétation …, à l'obscurité (le côté obscur repris dans Star War). Il est donc nécessaire de se purifier : on a mangé gras pour soutenir les rigueurs du froid, l'exercice physique était moins important. Bref, un nettoyage s'impose.

En été, les grosses chaleurs arrivent … les travaux au champ aussi. Contrairement à nos contemporains, nos aïeux sont loin d'être en vacances. Et si les enfants ne vont pas à l'école, c'est pour la main d'œuvre ! Tout le monde doit s'y mettre : fenaison, moisson, et autres récoltes. Les nuits sont courtes. Le cœur est sollicité. D'ailleurs encore de nos jours, le nombre d'infarctus serait le plus élevé à cette période.
La nature fait bien les choses : cerises, fraises, framboises, groseilles … et aussi radis, tomates. Beaucoup de rouge (couleur du sang, mais aussi couleur de l'Elément Feu dont dépend le cœur).
La tomate, par exemple, coupée en deux ressemble au cœur (oreillettes et ventricules) dans la théorie des signatures. Non seulement elle est bonne pour le Cœur, mais d'après de dernières études, elle augmenterait la spermatogenèse ! Maître Cœur, encore appelé Circulation Sexualité, faisant lui-aussi partie de l'Elément Feu.

En automne, les jours diminuent (et ça se voit). La chaleur encore présente en journée laisse place à la fraîcheur de la soirée. On se dépêche pour les récoltes afin que les greniers soient pleins. L'école reprend. Puis, plus tard, les premiers frimas arrivent. Les brouillards aussi, et en général, les poumons n'aiment pas. Ca tousse, ça éternue … On ressort les pulls, les cache-nez.
Chez certains, la période est propice à l'angoisse : on se sent oppressé à l'approche de l'hiver. Sans oublier la Toussaint, la fête des morts et les chrysanthèmes.

En hiver, le froid : on rentre sa tête dans les épaules ; on se recroqueville. Les vieillards, à l'hiver de la vie, marche le dos courbé. L'énergie vitale s'amenuise. Or la porte de l'entrée de la vie se situe en L2 (2ème lombaire – Ming men ou VG4 est la porte de la vie et de la destinée ; c'est aussi là où « s'arrête » la dure mère : les ponctions lombaires s'effectuent en-deçà de cette zone). Or L2 se situe entre les deux reins. Juste au-dessus des reins, les surrénales, les batteries du corps (les surrénales sont souvent associées à Triple Réchauffeur. Cependant certains proposent d'associer Maitre-Cœur et Triple Réchauffeur à Rein, à l'élément Eau, plutôt qu'à Cœur, Elément Feu).
Bref, rien de tel que de se frotter les reins le matin pour chauffer le corps.

Et la Terre alors ? :

La terre est au centre, elle fait le lien en quelque sorte. Cela s'explique : Estomac et Rate, les deux méridiens de Terre, sont la racine du Qi postérieur (les Reins sont liés au Qi du Ciel antérieur, c'est-à-dire à ce qui est avant la conception) et la source du Qi du sang. C'est ce qui explique qu'ils nourrissent tous les autres viscères et occupent une place centrale en physiologie humaine.

Selon l'association Qi Ling : « à chaque intersaison, on peut observer des phénomènes de transition d'énergie dans la nature … l'homme, partie intégrante de la nature, ressent dans son corps une bataille et dans son organisme, c'est le système digestif central qui assume cette transition. C'est pourquoi dans ces périodes … la Rate aura pour fonction principale de bien nourrir le corps ».

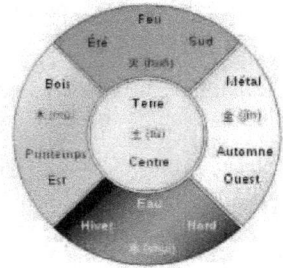

Il est vrai que si nous suivons la nature et que nous mangeons « de saison », l'alimentation varie tout au long de l'année. Si la transition se fait la plupart du temps en douceur, il n'en demeure pas moins qu'un travail d'adaptation, qui peut être facilité par l'observation de quelques principes, est nécessaire.

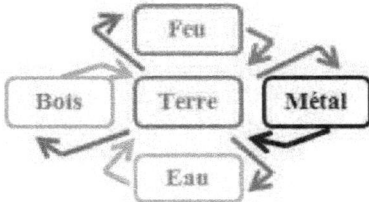

Il est donc surprenant de voir que la Rate, organe mal connu (mais le méridien ne se résume pas à la Rate, il serait plutôt liée à la Fonction rate, ce qui est différent).
En réalité nous devrions parler de Pancréas (le Méridien s'appelle Rate-Pancréas).

On comprend mieux alors sur un plan physiologique son rôle dans la digestion : le pancréas est en effet le seul organe à produire des enzymes pour les protides, lipides, glucides. Il est à la fois exocrine par la production d'enzymes déjà citées ; mais aussi endocrine il sécrète insuline et glucagon qui régule le taux de glucose dans le sang (le cerveau est un gros consommateur). Le glucose est la principale source d'énergie pour le corps. On comprend mieux alors l'importance de l'organe et du méridien.

5 Eléments et Méridiens :

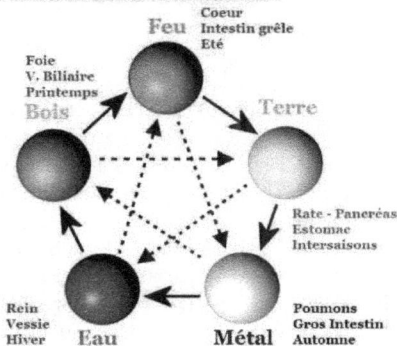

La Chine ancienne (les médecins traditionnels ont été envoyés dans les champs et se sont vus interdire d'exercer par Mao) n'aurait pas distingué les Méridiens tels que nous les connaissons aujourd'hui. En effet, l'Elément Bois par exemple regroupe les Méridiens Foie et Vésicule Biliaire. L'un est appelé organe Trésor, le Foie, car il fabrique la bile. Il est de surcroît yin (les yin sont les organes « pleins » contrairement aux yang qui sont « creux »).

19

L'autre est dit organe atelier : la vésicule biliaire, poche creuse qui reçoit la bile, l'utilise à bon escient. Cette distinction dans les temps anciens n'auraient pas été ; on parlait alors de Foie yin (Foie actuel) et de Foie yang (Vésicule biliaire actuelle).

Les méridiens se répartissent en fonction des saisons et des organes concernés : le foie au printemps, là où la sève pousse, où la nature reprend ses droits (voir le schéma ci-dessus).

Les couples :

Si le lien entre Foie et Vésicule Biliaire est évident : le premier fabrique la bile, le second la stocke et l'utilise ; tout comme Rein qui sécrète l'urine et Vessie qui la stocke et la libère. L'occidental a quelque mal à saisir les couples Cœur - Grêle, Estomac -Rate et Poumon - Côlon.

- Cœur – Grêle :

    Le cœur est associé au Shen : la noblesse des sentiments, l'ouverture de l'esprit et du cœur, l'amour du prochain ; mais aussi le directeur de conscience, la rapidité de compréhension.

    On sait maintenant que le Grêle (le système nerveux entérique) compte près de 100 millions de neurones, que 80% de la sérotonine par exemple est fabriquée dans ce que l'on nomme désormais le troisième cerveau. « Du point de vue embryonnaire, les cellules nerveuses du cerveau abdominal ont la même origine que celles du cerveau principal. Chez les personnes atteintes d'Alzheimer ou de Parkinson, les lésions sont similaires dans les neurones de deux cerveaux » (*cerveau et cerveau abdominal*) admet le professeur KUCERA, de l'université de Lausanne.

    Allez savoir ! 21 octobre 2001.

    Sur un plan symbolique, n'entre dans notre cœur que les gens que nous apprécions … ou ceux de notre famille (que nous sommes censés appréciés). Le grêle opère un tri dans ce que nous absorbons ; et ce qui est assimilé pénètre dans le sang, le clan en décodage biologique. Le cœur est la « pompe » du sang.

    Cœur et Grêle représente donc l'axe, le centre. De plus esprit est l'anagramme de tripes. Le cœur, organe Trésor, demande au Grêle, organe atelier, de purifier la nourriture du sang.

- Rate (pancréas) – Estomac :

    L'estomac broie, malaxe pour former une bouillie (chyme) : il pré digère ; alors que le pancréas et ses enzymes assure la plus grande partie de la digestion.

    L'Estomac est la porte d'entrée des nourritures terrestres. La Rate, en occultisme, est ou serait le $8^{\text{ème}}$ chakra ou centre d'énergie, porte d'entrée des énergies célestes, cosmiques ou autres selon les croyances de chacun. Selon Max HEINDEL « La rate est la porte de la force solaire qui vitalise le corps dense. De la rate, cette force solaire est envoyée dans le plexus solaire …. A partir du plexus solaire, cette énergie circule le long des filaments du système nerveux et, de cette façon, sa force de vie pénètre chaque partie du corps, dynamisant chacune et chaque cellule ».

20

Elle aurait de ce fait une puissante influence sur le système nerveux. Et l'on sait que l'estomac réagit fortement aux stimulations et aux émotions. Elle est régie par le soleil (en occultisme, par la Vierge en astrologie) alors que l'estomac est gouverné par la lune : les deux luminaires du ciel, le père et la mère …

La Rate demande à l'Estomac de veiller à ses nourritures, pas seulement terrestres.

▨ Poumon – Côlon :

Il est dit que le (méridien) poumon gouverne la circulation de l'eau. Cette eau, environ 10 litres par jour, est réabsorbée par le côlon. L'eau est source de vie.

Le poumon est chargé de capter le prana, le souffle ou principe vital, donc énergie subtile. Le côlon, au vu de sa production, le parait moins … subtil. Pourtant, lorsque l'alimentation est saine, que le corps est en bonne santé, les fèces ne sentent pas, et peuvent constituer un excellent engrais, c'est-à-dire une énergie « recyclable ».

Cette énergie nous la retrouvons au niveau des mitochondries, les poumons de la cellule, qui la produisent sous forme d'ATP, mais cette production d'énergie produit également des déchets, les radicaux libres, qui, en excès, conduisent progressivement, à la détérioration, voire à la mort cellulaire. Il est donc nécessaire de les éliminer (rôle du côlon).

Le poumon : 1er inspir renvoie aussi au dernier expir, à la mort, la perte. Or lors du stade anal des psychanalystes, la perte des excréments est assimilée, par le jeune enfant, à la perte d'une partie de son corps.

Par ailleurs la respiration jour un rôle d'épuration : « l'oxygène est un agent de détoxication très puissant, et lorsque l'on en manque, les toxines s'accumulent » (*H2oxygen, nutri-site.com*).Il y a donc complémentarité des deux : poumons et côlon, notamment au niveau du diaphragme, muscle principal de la respiration, bien utile pour le brassage des organes abdominaux et le passage aux toilettes.

Le cas de l'Eléments Feu :

La Terre est déjà particulière : elle est la seule à avoir deux méridiens yin : le pancréas et la rate. Le Feu l'est tout autant. Il regroupe C : Cœur ; IG : Intestin Grêle ; MC : Maitre Cœur (encore appelé Circulation Sexualité) et TR : Triple Réchauffeur.

Cœur et Intestin Grêle sont nommés Feu Souverain, le Cœur étant l'Empereur en MTC. MC et TR sont le Feu Ministériel ; MC étant le Premier Ministre de Cœur – Empereur.

| Ce que l'on voit le plus souvent | (IG TR / C MC) | Est en réalité | (IG ⎸ TR / C ⎸ MC) |

C'est-à-dire deux entités distinctes qui n'ont pas plus de rapport entre elles qu'avec les autres couples des autres Eléments.

Notons encore que TR et MC ne sont pas des organes mais des fonctions.

➡ Le "Triple réchauffeur" permet les échanges entre les 3 foyers : le foyer du haut du corps (la respiration), le foyer du milieu du corps (l'alimentation) et le foyer du bas du corps en lien avec l'énergie ancestrale et l'élimination. Il régule la chaleur dans ces trois foyers. Il serait associé au système lymphatique, et représenterait la fonction parasympathique du système nerveux autonome.

➡ MC est l'"ambassadeur", "le premier ministre" du cœur qui transmet à tout le corps les ordres du cœur. Il est le ministre délégué aux plaisirs. Il représente le péricarde, l'enveloppe externe du cœur qui le protège contre les agressions : aussi bien les germes que les changements de température ou les traumatismes émotionnels. C'est la fonction orthosympathique du système nerveux autonome représentant l'accélération, la fuite ou la lutte. Il a une influence sur la poitrine et la vasoconstriction du système cardiovasculaire.

5 Eléments et attributs :
Ces attributs varient quelquefois en fonction des auteurs.

	Bois	Feu	Terre	Métal	Eau
Organe	Foie	Cœur	Rate	Poumon	Rein
Entrailles	Vésicule Biliaire	Grêle	Estomac	Côlon	Vessie
Saison	Printemps	Eté	Intersaison	Automne	Hiver
Mutations	Naissance	Croissance	Transformation	Récolte	Conservation
Climat	Vent	Chaleur	Humidité	Sécheresse	Froid
Direction	Est	Sud	Centre	Ouest	Nord
Moment	Matin	Midi	Après-midi	Soir	Nuit
Couleurs	Vert	Rouge	Jaune	Blanc	Bleu ou noir
Sens	Vue	Goût	Toucher	Odorat	Ouïe
Ouverture	Yeux	Langue	Lèvres	Nez	Oreilles
Sécrétion	Larmes	Sueur	Salive	Mucosité	Urine
Goût	Acide	Amer	Sucré	Piquant	Salé
Tissus	Tendons – ligaments Muscles	Vaisseaux Sang	Chair Liquides organiques	Peau Poils Cheveux	Os – dents
Entité	Hun Ame psy.	Shen Conscience	Yi Idéation	Po Ame corp.	Zhi volonté

Les 2 principaux cycles :
Le cycle Cheng dit d'engendrement : le sens horaire
Le bois engendre ou nourrit le Feu ; le Feu nourri la Terre (pratique de la Terre brûlée) ; la Terre engendre le Métal (extraction du métal de la terre) ; le Métal nourrit l'Eau (minéraux, oligo-éléments présents dans l'eau) ; l'Eau nourrit le Bois. Jusque-là rien d'extraordinaire !

Foie – Cœur :
L'organe foie purifie et enrichit le sang (destruction des toxines ; synthèse du cholestérol, de facteurs anticoagulation …). En cela il facilite le travail du Cœur et

veille à la santé des artères (Maître Cœur). Note : le cholestérol sert à colmater les microfissures des artères. Des études et remises en questions sont désormais officielles sur le rôle du cholestérol, bon ou mauvais.

Cœur – Rate :
Le Cœur (l'affectif) a une incidence directe sur l'alimentation : certains compensent en prenant du poids, d'autres au contraire ont l'appétit coupé. L'intestin grêle par son rôle immunitaire (hyperperméabilité intestinale) facilite le travail de la Rate, maître du système lymphatique qui véhicule entre autres les lymphocytes. En retour, si l'estomac ne fait pas suffisamment son travail (destruction des bactéries, broyage des aliments) le grêle aura beaucoup plus de difficultés dans l'assimilation des nutriments.

Rate – Poumon :
La rate (c'est un peu compliqué) « liée à l'ontologique par le mystère du sang et cimetière des globules rouges, est complémentaire à la moelle osseuse », qui elle est le berceau des globules rouge. (Annick De SOUZENNE). La rate est riche en fer, celui-là même qui sert à fabrique l'hémoglobine qui transporte l'oxygène. Et l'oxygène renvoie aux poumons.
L'aspect yang est plus simple : d'un côté, l'estomac pour entrer, de l'autre le gros intestin pour sortir. Ceci rappelle l'embryogenèse : l'embryon plat et circulaire devient cylindrique. A un bout la membrane bucco-pharyngienne et de l'autre la membrane cloacale.

Poumon – Rein :
SOUZENELLE, toujours elle, parle d'une respiration pulmonaire en haut, et d'une respiration génitale, associée aux reins, en bas. Le phrenos (phren : esprit – le nerf phrénique stimule le diaphragme, muscle principal de la respiration) rejoint le nephros : le rein. Poumons et reins sont des filtres complémentaires : le premier élimine les colles, le second les cristaux. Plus encore les déchets accumulées dans l'intestin, notamment au niveau de la valvule iléo-caecale et de l'appendice (et qui ne sont donc pas éliminés par le gros intestin, couplé à poumon) peuvent avoir une incidence sur les psoas. Les posas chez les chiropracteurs sont des muscles associés aux méridiens Reins.
Les mucosités du poumon peuvent être combattues avec du sel … et les reins gèrent le sel. Trop de mucosités solliciteront donc davantage les fonctions rénales.

Rein – Foie :
Le rein élimine donc les acides : cristaux, urée. Urée qui est fabriquée par le foie à partir de l'ammoniac. Si le foie produit trop d'urée, les reins sont mis à contribution. Si l'urée n'est pas éliminée, le foie en est surchargé.
Le rein dirige la partie basse du corps ; le Foie assure la libre circulation de l'énergie du bas du corps vers le haut. La libre circulation de l'énergie assurée par le Foie a une incidence très profonde sur les émotions. L'émotion principale est la peur associée aux reins. (Voir les émotions plus loin).

Le cycle Ko dit de contrôle : l'étoile de shérif
Le bois contrôle la Terre (par ses racines), la Terre contient l'Eau, l'Eau éteint le Feu, le Feu fait fondre le Métal et le Métal coupe le Bois.

Foie – Rate (pancréas) :
Le foie par la glycogenèse soulage le travail de pancréas et de l'insuline. Physiologiquement les deux organes sont intimement liés : l'ampoule de Vater est la réunion du canal cholédoque (qui vient du foie) et du canal de Wirsung (pancréas). Un cancer de la tête du pancréas crée un obstacle des voies biliaires et peut engendrer un ictère.

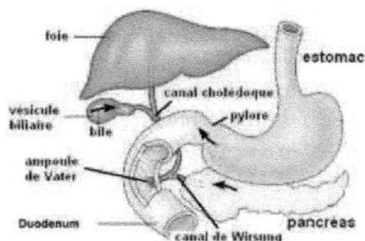

Réciproquement, cancer du foie peut atteindre le pancréas par des métastases. La vésicule biliaire (« Foie » yang) de pH 7,6 à 8,6 atténue l'acidité du chyme, bouillie qui sort de l'estomac dont le pH est entre 2 et 5.

Rate – Rein :
Les premières cibles du diabète (dérèglement du pancréas) sont les reins (hémodialyse) et les yeux (ouverture du Foie : cycle Raé dit de révolte ou d'outrage, l'inverse de Ko). Comme déjà dit la rate est le cimetière des hématies et un gisement de fer ; alors que le rein stimule l'érythropoïèse (fabrication des globules rouges).
Si le rein donc active l'érythropoïèse, la Rate quant à elle prend part à la lymphopoïèse (fabrication de globules blancs, les défenseurs de l'organisme).
L'estomac, comme déjà dit est la source du Qi du sang et nourrit tous les autres organes. Cette nourriture, transformée en énergie, est régulée par le méridien Vessie et ses point Shu ou assentiments qui servent de fusibles en quelque sorte.

Rein – Cœur :
Le rein gère la quantité de sodium, de sel, dans le corps. Un déséquilibre peut entraîner une hypertension (qui à son tour va endommager les reins). Les reins gouvernent les os qui ont besoin de calcium. Le calcium est assimilé par le grêle et participe aux fonctions rénales. Mais le corps n'absorbe que 30% du calcium du lait et produits laitiers, et 50% – voir un peu plus – de celui des légumes : brocoli, feuille de navet, rutabaga, légumineuses, algues, figues … Est-ce à dire que le rein faciliterait son absorption en fonction de ses besoins ? La Vitamine D est nécessaire à l'assimilation du calcium. Elle provient principalement du soleil. En astrologie, et ailleurs, le soleil gouverne le signe du lion et le … cœur !

Cœur – Poumon :
Ici, on penserait plutôt à l'inverse : en effet la respiration peut réguler le rythme cardiaque. Mais le Cœur gouverne les activités mentales et émotionnelles. Or, la concentration ou le stress font « oublier » de respirer : la respiration est la première fonction impactée par le stress.

Les yangs sont plus parlants : le travail du grêle va déterminer celui du côlon. Notons au passage qu'une trop grande assimilation de colle (amidons) impactera la peau et les poumons, tous deux reliés à l'élément Métal.

Poumon – Foie :
Le poumon distribue l'énergie, fabriquée par la rate, vers le bas du corps ... alors que le foie assure la libre circulation de l'énergie du bat vers le haut du corps. Le poumon aide le cœur dans sa fonction circulatoire, alors que le foie contrôle le stockage du sang. Le poumon abrite « l'âme corporelle » - la vie instinctive, l'inconscient -, le foie : « l'âme psychique », domaine de l'intuition et de la communication. On peut comprendre alors que nos réflexes et conditionnements colorent ou limitent nos facultés plus élaborées. Les deux sont associées à l'arbre : le figuier d'où il tire son nom pour le foie, et l'arbre bronchique pour les poumons. La fonction phonatoire est enfin reliée aux poumons qui peuvent exprimer les désirs du foie. Ceci éloigne de la physiologie, mais un organe ne se résume pas qu'à ses fonctions ...

Les émotions :

Précisions :
Le terme émotion n'est pas entièrement exact ; il s'agirait plutôt d'un sentiment, d'un état d'être, d'un ensemble de facteurs qui conduisent à un comportement donné. Par ailleurs, l'émotion est souvent incomprise, erronée et non vécue. Beaucoup de gens diront qu'ils sont en colère avec une voix suave et un sourire. La colère se traduit physiologiquement par des tensions perceptibles dans tout le corps, et pousse à agir, sinon réagir. Toute émotion engendre un mouvement, plus ou moins fort selon les individus. Cette information n'est pas développée dans ce livre.
Antonio DAMASIO (*chef du département de neurologie au Collège de médecine de l'Université de l'Iowa*) précise que les émotions se traduisent par des modifications corporelles (accélération du rythme cardiaque, tremblements, transpirations ...), pour la plupart inconscientes, alors que « le sentiment est la perception - *donc la lecture conditionnée par l'éducation et d'autres paramètres* - du corps réel modifié par l'émotion ».

Eléments et émotions
Les informations varient en fonction des approches et il est quelquefois difficile de s'y reconnaître. Voir tableau page suivante.

Note :
La Rate est associée à la rumination mentale. Chez les animaux ruminer c'est d'abord mâcher une seconde fois un aliment après l'avoir régurgité, avant de retourner quelque chose dans son esprit, revenir de façon obsessionnelle sur un thème. Le rumen, le 1er estomac des ruminants signifie, en latin mamelle (Estomac est lié à la mère et aux autres caractéristiques du cancer en astrologie)

	Bois	Feu	Terre	Métal	Eau
Emotion	Colère	Joie	Soucis	Tristesse *	Peur
Expression	Crier	Rire	Chanter	Pleurer	Gémir
Emotion positive	Gentillesse	Amour* Gratitude Joie de vivre	Equilibre Ouverture	Lâcher prise Confiance	Douceur
Emotion négative	Colère Frustration	Arrogance Cruauté	Inquiétude Rumination	Tristesse	Peur
Qualité psy.	Capacité de décision, planification Créativité	Communication Vitalité Enthousiasme Clarté de l'esprit	Centrage Réalisme Capacité à intégrer l'expérience	Force Solidité Réceptivité émotionnelle et sensorielle	Ambition Volonté Survie Réalisation
Aspects psy et émotions négatives	Colère Irritabilité Rancœur Agressivité	Haine Cruauté Violence Arrogance Impatience	Inquiétude Anxiété Apitoiement Idéation Obsession	Tristesse Mélancolie Contrôle critique Hésitation	Peur Frayeur Repli sur soi Ennui Stérilité
Aspects psy et émotions positives	Tendresse Amabilité Précision Volonté	Vitalité Joie Amour Sincérité Charisme	Compassion Confiance Réflexion Stabilité	Droiture Acceptation Disponibilité Conscience Loyauté Intériorisation	Créativité Vivacité Fertilité

* la tristesse est parfois reliée à la Terre, Rate se traduisant en anglais par spleen : la mélancolie, proche ou synonyme de tristesse ; alors que pour d'autres la honte, la culpabilité, les remords ... sont des expressions du Métal.
** l'amour ne serait pas une émotion.

J'y apporte quelques précisions supplémentaires (qui serviront dans les prochains chapitres) :

	Attributs :
Bois	Croyances, éthique : le bois croît (croître et croire) Tout comme le Foie renvoie à la Foi. Le foie est ficus : le figuier amener à porter des fruits. Mais *fica* en italien signifie aussi la vulve de la femme La Vésicule Biliaire est souvent associé au discernement (Tobie guérit les yeux – ouverture du Foie – de son père avec la bile d'un poisson) Les chinois l'appellent la rectitude interne : elle décide et juge. Dans les « entrailles curieuses » la vésicule fait couple avec l'utérus. Ce sont donc nos aspirations, colorées par nos croyances, qui conditionnent notre vision et nos projets
Feu	Affects (la plupart inconscients) Le cœur serait le siège des sentiments. Il a été longtemps considéré comme la source de vie. Chez les chinois, il est l'Empereur. En astrologie, il est gouverné par le Lion dont la planète est le soleil. Tout ceci renvoie à Dieu (ou à sa manifestation : Tiphéreth, le monde des sentiments et la séphira du Fils). Or Dieu aurait créé le monde dans un élan d'amour. L'amour humain n'étant qu'un pâle reflet de l'amour divin. Le Grêle, les tripes, le labyrinthe intérieur, sont notre intimité ; avec en son centre extériorisé : le nombril. Moi. Et ce qui gravite autour : la famille et les proches.
Terre	La matière, le plan physique : Le pancréas signifie littéralement : tout de chair. Comme déjà vu, il gère ou plutôt digère les apports extérieurs, ce qui permet aux corps de vivre sur le plan … terrestre. Il gère aussi le glucose, principale source d'énergie pour l'organisme. L'estomac en astrologie renvoie au signe du cancer : la femme, la grossesse, le foyer … c'est la mère qui nourrit (et cette nourriture est fortement empreinte d'affects). La Rate gouverne l'énergie iong (nourricière). L'appétit de manger, de boire, de vivre … de jouir des plaisirs terrestres. C'est encore le toucher : le contact, la palpation … du concret.
Métal	Valeurs : le métal donne les pièces de monnaie et les bijoux. Le poumon est lié à l'estime de soi (la médaille sur la poitrine qui l'on gonfle lorsque l'on est fier de soi. C'est aussi la communication, les échanges avec l'extérieur par l'inspir et l'expir. L'anal est lié à l'argent en psychanalyse. Le Gros intestin à l'identité : les chiens font connaissance grâce aux glandes annales ; et au pouvoir : l'enfant exprime sa volonté, et prend le contrôle sur son corps et son environnement lors du « non » et de la retenue des selles. Le côlon est aussi le faire : « as-tu fait ? » demande le parent à l'enfant. C'est aussi un autre marquage de territoire : l'animal qui se frotte les glandes au sol.
Eau	« Essence » en lien avec l'énergie ancestrale, mais pas que : le rein gère l'eau … et ses mémoires (tout comme le fait Vessie) ; le sel (qui conserve). C'est aussi notre « destinée », ce que nous avons choisi d'accomplir. Melah מ ל ה: le sel en hébreux est la mise en mouvement ל de la moelle מ ה ; « le sel est moteur de l'accomplissement ».

Vessie, le « ministre des rivières» par ses points shu, équilibre le milieu intérieur, régule les autres méridiens et règle donc toute l'attitude de l'être ; il serait par ses même points, le maître des corps éthériques. Elle assure le marquage de territoire par l'eau cette fois-ci.

Tout ceci précise la vision des organes-méridiens, notamment à travers les deux cycles déjà cités.

Ce qui donne pour le cycle Cheng :

▦ Bois – Feu :
L'affirmation de soi, qu'elle soit par la colère (défense du territoire) ou de l'expression de ses croyances contribue à la joie, l'épanouissement de l'être.

▦ Feu – Terre :
Les sentiments, telle que la joie mais pas seulement, modifie nos comportements alimentaires (on ne se nourrit pas que d'aliments, mais les frustrations, chagrins, peines conditionnent notre relation à la bouffe : vivre d'amour et d'eau fraiche, ou se jeter sur du sucré par dépit amoureux) et notre relation à la vie.

▦ Terre – Métal :
Cette relation, mais aussi notre réalité physique et psychique, vont influencer la communication, l'image et l'estime de soi. Elles vont faciliter ou restreindre les champs d'action.

▦ Métal – Eau :
C'est en expérimentant, que l'homme découvre ses talents, ses capacités ; ce qu'il aime, ce qui résonne au plus profond de lui, et qui le met donc en contact avec quelque chose de plus subtil, qui lui font connaître ses aspirations les plus profondes.

▦ Eau – Bois :
Et c'est parce que ces aspirations ne sont pas entendues, qu'elles sont contrariées, qu'il va se mettre en colère ou qu'il va s'affirmer davantage. La vie se chargeant d'éprouver ses convictions

Pour le cycle Ko :

▦ Bois – Terre :
Les croyances modifient la vision du monde ; c'est la Mâyâ, l'illusion de prendre ses désirs pour des réalités. A l'inverse le discernement (VB) nous permet de déceler les lois du plan physique. La colère est encore un esprit de révolte contre ce qui nous accable, nous préoccupe plus que de mesure, elle permet – dans un temps – de reprendre une certaine liberté.

▦ Terre – Eau :
Notre réalité limite notre « Essence », dans le sens où nous sommes plus que ce que nous incarnons. Certaines aspirations ne verront pas le jour, faute de moyens, de temps, d'ambition.
Il est clair que plus l'on rumine, plus on ressasse et plus on se limite, plus on soulève de peurs, de doutes, de questionnements. Alors que le centrage ramène justement à ce qui est essentiel à chacun.

■ Eau – Feu :
Les mémoires (personnelles, familiales) vont parasitées nos sentiments, nos capacités à aimer.
La peur bien évidemment annihile la joie, et peut même favoriser la haine. Il est écrit que Dieu sonde les cœurs et les reins : le cœur ne peut être vaillant si les reins ne sont pas solides.

■ Feu – Métal :
Les sentiments et l'argent ne font pas toujours bon ménage. L'amour de soi ou l'amour de l'autre ? Pour qui commencer ? (l'enfant aime d'abord son parent, il est tributaire du regard de ce dernier). L'amour, l'affection va consoler et atténuer la tristesse, le chagrin. Et chacun sait qu'en avoir gros sur le corps engendre de la tristesse, la respiration est saccadée par les sanglots. Alors que le rire – à gorge déployée – va au contraire « ouvrir les poumons » et soulager le diaphragme.

■ Métal – Bois :
Les remords, les regrets atténuent la colère intérieure. On comprend que la colère peut détruire, blesser et générer par la suite d'autres regrets. C'est aussi par les actes, réussis ou mis en échecs, que les croyances vont se renforcer ou se modifier. Tant que le projet reste à l'état d'idée, la croyance ne peut être mise à l'épreuve.
Souvent derrière la colère, il y a une grande tristesse.

Les données du 1er chapitre peuvent-elles nous être utiles ? :

Le toucher, le sens de la Terre, apprécie le solide. Ceci conforte l'aspect matière, le plan physique ainsi que le centrage et le réalisme trouvés un plus haut
Dans le domaine intellectuel il est le tact ; et la Rate a besoin de calme ... et de douceur (le sucré).

Le goût, associé au Feu, apprécie le liquide. Une des symboliques de l'eau est l'émotion. Et nous verrons plus loin que le goût et l'élégance sont véritablement en lien avec une des cinq stratégies mises en évidence chez l'enfant et perpétuée chez l'adulte.

L'ouïe, qui renvoie à l'Eau, perçoit les vibrations de l'air. Or les vibrations de l'air sont produites par le son ... d'où le verbe, pour ne pas dire le Verbe. La dimension divine (Dieu, le Grand Architecte, Allah, Vishnou ...) est sous-entendue, et nous rappelle que les dents et les os gouvernés par l'Eau persistent après la mort (sauf si incinération).

L'odorat, en lien avec le Métal, décèle les radiations et donne du flair. Mais pour avoir du flair, encore faut-il se faire confiance, avoir suffisamment d'estime de soi. Intéressant pour les personnes qui se mettent en échec, rencontrent des difficultés, ne saisissent pas les opportunités. Le faire, ou plutôt l'agir devrait être lié au flair. Agir par raison relève de la Rate et n'est pas ou peu approprié. Agir par instinct, par intuition (en suivant le Po) nous conduit vers notre essence (Eau, élément qui suit le Métal dans le cycle cheng).

La vue, le sens du Bois, enregistre et coordonne les vibrations de l'éther. Rappelons que le Bois est le siège du Hun (l'âme éthérée). Le « coordonne » montre que la vision de l'extérieur, du monde, est souvent un compromis entre le réel : ce qui est, et l'attendu : ce qui correspond à nos attentes, ce qui est coloré par notre vécu. La coordination étant, d'après le dictionnaire Le Robert : l'agencement logique des parties d'un tout en vue d'obtenir un résultat déterminé. Les croyances et l'éthique sont bien au rendez-vous.

Précisions sur les entités viscérales :

LE SHEN
C'est le psychique directeur de conscience, de la rapidité de compréhension. C'est aussi la noblesse des sentiments, l'ouverture de l'esprit et du cœur, l'amour du prochain. Pour parvenir à avoir un bon Shen, il convient de suivre les lois de la nature et de se conformer aux rythmes biologiques de l'univers.
Dans le symbolisme taoïste, le Shen a son logis dans le cœur, le bon fonctionnement de l'énergie du cœur étant indispensable à la vie intellectuelle et à l'équilibre de la raison et des émotions.

LE YI
C'est l'énergie mentale correspondant à la réflexion, à la pensée. Elle est l'un des grands régulateurs du Shen. Le Yi, c'est la mémoire du passé, la cogitation des idées. Faisant partie de l'élément terre - rate (pivot central des cinq éléments), le Yi est l'énergie mentale stabilisante, c'est la notion « tact et mesure » du comportement.

LE PO
C'est le domaine de l'inconscient et du subconscient, de la vie instinctive, de la vie végétative, du réflexe impulsif. L'organe correspondant est le poumon, qui commande les échanges énergétiques respiratoires (système pulmonaire et peau). Un blocage ou un refoulement psychologique (agressivité intérieure non exprimée, sentiment d'avoir été opprimé...) vécu pendant une période donnée de la vie peut se manifester ultérieurement par des troubles d'ordre psychosomatique, tels que l'asthme, l'eczéma, les urticaires …

LE ZHE
C'est l'entité viscérale de la volonté productrice, du désir de réaliser un acte, donc d'entreprendre. C'est l'énergie mentale liée à la force de caractère (« avoir les reins solides »). Le Zhe réside dans les reins – eau.
Une faiblesse énergétique de leur part peut révéler des manifestations psychiques telles que l'inquiétude, la peur, le manque de volonté, d'intérêt, les idées de persécution, l'absence de désir (matériel ou sexuel).

LE HUN

Il représente la perception des faits, le tri des informations perçues. Les Chinois l'appellent l'« âme spirituelle ». C'est aussi le domaine de l'intuition et de l'imagination, de la faculté de communication avec les autres.

Cette énergie mentale dirige les rêves durant le sommeil, pendant lequel l'élément foie-bois du cerveau traite les informations perçues dans la journée.

Précisions sur certains termes et concepts chinois :

La vie en MTC repose sur 3 concepts essentiels : le Shen, déjà défini, le Jing et le Qi

Le Jing est l'essence vitale, la trame de vie contenue dans la graine ou la semence d'un être, lui permettant de se développer selon les critères de son espèce, à l'image du gland qui ne peut produire qu'un chêne.

Se définissent :

▶ d'une part le « Jing inné » (ou «Jing du ciel antérieur »), qui est transmis par les parents au moment de la conception, en quantité limité et non renouvelable, capital vital de l'espèce ;

▶ d'autre part le « Jing acquis » (ou «Jing du ciel postérieur »), qui est produit tout au long de la vie, par l'assimilation de l'énergie subtile de l'air inspiré et de celle des aliments et des boissons ingérés, et vient compléter, entretenir et compenser le Jing inné.

Le Qi (prononciation Tchi) est une notion de base indispensable à la compréhension de la MTC, dont la traduction est difficile et insatisfaisante, que ce soit « souffle », « essence », « **énergie vitale** », ou tout cela à la fois. L'utilisation la plus courante est « **énergie** ». La racine théorique de la MTC est que toutes les formes de vie dans l'univers sont animées de Qi. Au même titre que l'électricité, on ne peut le voir ni le toucher mais n'en percevoir que ses effets. Il est indispensable à la constitution de l'organisme et à l'entretien de son activité vitale. La digestion extrait le Qi des aliments et des boissons et le transporte dans l'organisme ; la respiration prend le Qi de l'air ambiant et l'insuffle dans les poumons. Quand ces deux formes de Qi se rencontrent dans le flux sanguin, elles se transforment en Qi humain lequel circule dans tout le corps en tant qu'énergie vitale. C'est la qualité, la quantité et l'équilibre du Qi qui décide de l'état de santé et de la durée de vie.

Les notions de Shen, Jing et Qi sont indissociables.

Sans Shen la vie ne peut se manifester, le Jing est indispensable à la présence du Shen dans le corps, mais comme le Jing n'a ni forme, ni mouvement, il a donc besoin du Qi pour entrer en activité. A ces trois trésors s'ajoutent deux substances matérielles : le sang et les liquides organiques, qui nourrissent et humidifient tous les tissus et les organes. Shen, Jing, Qi, sang et liquides organiques sont aussi appelés « les cinq substances vitales ».

31

Tableau (très sommaire)

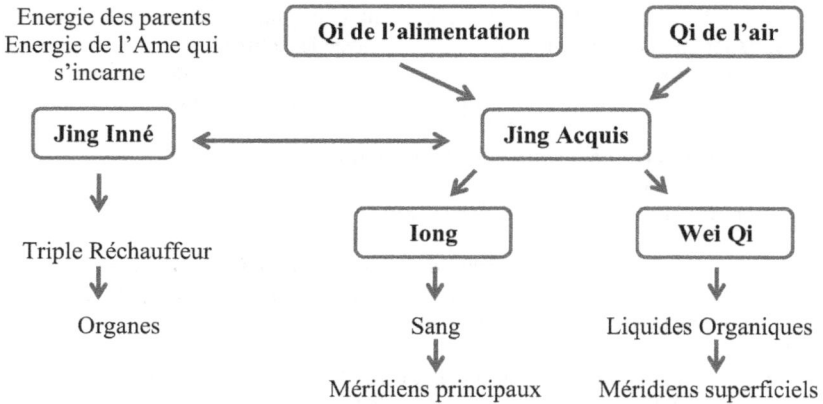

Iong : énergie nourricière (de tout le corps)
Wei Qi : énergie défensive
Les méridiens principaux sont ceux connus (Poumon, GI, Estomac, Rate, Cœur ...)
Les Méridiens superficiels cheminent directement au-dessus des méridiens principaux ; ils ont les mêmes points mais commencent aux doigts et orteils et montent tous vers le haut (en suivant donc soit le même sens, soit le sens inverses des principaux).

Rythmes et voyelles de J.P. GUILIANI :

Rythmes :
Certains rythmes du corps humain sont connus du grand public. Ainsi dit-on généralement que la fréquence respiratoire se situe entre 12 et 20 cycles par minutes ; les pulsations cardiaques chez l'adulte varient entre 60 et 80 (elles s'élèvent bien évidemment sous stress, ou lors d'exercices physiques).
Selon donc les écrits de J.P. GUILIANI,

➤ La Terre répond au rythme de la lymphe et à 4 qui lui est attribué. Quatre est le nombre de lettres du Tétragramme Divin

➤ Le Bois répond au rythme de la motilité viscérale et à 7 qui renvoie aux 7 jours de la création (mais aussi aux 7 couleurs, 7 chakras ...)

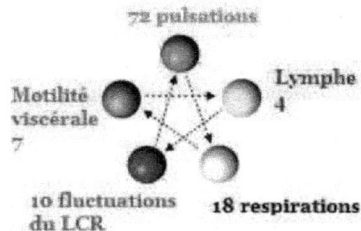

➤ L'Eau répond au rythme de la fluctuation du liquide céphalo-rachidien et au 10. 10 renvoie aux 10 sephirot de l'arbre kabbalistique.

> Le Métal répond au rythme de la respiration et à 18. Si l'on multiplie 18 par le nombre de minutes dans une journée soit 1440 on obtient 26920, les nombre d'ans de la grande année sidérale.
> Le Feu répond au rythme cardiaque et à 72. 72 est le nombre des noms du divin.

Voyelles :
Le I correspond au Rein et à la position debout.
Le E se retrouve dans le Foie
Le O : le cercle, le soleil, se retrouve dans le Cœur.
Le U (ou le OU) trouvent ses correspondances avec la Rate
Le A est présent dans le Métal.

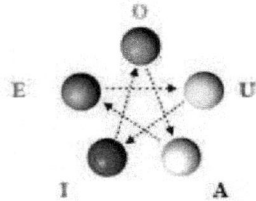

L'auteur précise ensuite des exercices pour stimuler et harmoniser les énergies des 5 Eléments en associant le son de la voyelle, à la couleur attribuée à l'Elément ainsi que d'autres paramètres.

Références :

http://www.qi-gong.ca/textes/jing.html
http://www.shentao.fr/Pages/5_mouvements.html
http://www.coachingquintessence.net/pages/Les_mecanismes_de_domination_selon_James_Redfield-2479172.html
http://www.frenchtouchseduction.com/board/les-mecanismes-de-domination-la-lutte-pour-l-energie-vt4804.html
http://www.shiatsu31.net/mtc/triple-rechauffeur/
http://www.shiatsu31.net/mtc/maitre-coeur/
http://shiatsu-nantes-sud.blogspot.fr/2012/06/le-meridien-dacupuncture-maitre-cur.html
http://brachium.templarii.over-blog.com/article-geometrie-sacree-le-pentacle-et-pentagone-5-74972269.html
http://www.ledifice.net/6017-C.html

Acupuncture, J.F. BORSARELLO, édition Masson
L'alphabet du corps humain, J.P. GUILIANI – Editions Arkhana Vox

Chapitre 3

La pyramide de Maslow (ou des besoins)

Tout individu a des besoins. Besoins qui évoluent en fonction de l'âge, des attentes, du vécu de chacun. La pyramide de Maslow revêt alors son importance puisque l'énergie des méridiens va servir à combler ces attentes ou désirs. On peut donc supposer avant même toute étude qu'un lien puisse exister entre chaque degré de la pyramide et les qualités et apports de chaque Elément.
Les émotions ou dispositions psychologiques détaillées dans les pages précédentes seront des informations précieuses dans cette démarche.

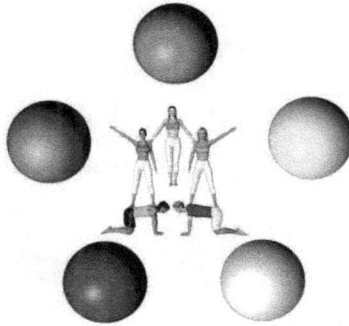

La Pyramide de Maslow :

La pyramide des besoins est suffisant connu. Je ne donnerai donc que quelques indications pour la compréhension de ce qui suit.

La base de la pyramide regroupe les besoins fondamentaux, ceux qui sont nécessaires au maintien de la vie : respiration, alimentation (faim et soif), l'élimination, le maintien de la température (la chaleur), le repos et le sommeil mais aussi l'activité musculaire, le contact corporel et la sexualité qui assure la survie de l'espèce. J'y ajoute la propreté, et la santé dans une vision globale.

Lorsque ces besoins sont satisfaits, l'individu peut accéder à l'étage suivant.

Nous y trouvons les besoins psychologiques : la sécurité, c'est-à-dire la protection physique : logement et habits, mais aussi l'intégrité physique (violence, agressions …) et la protection psychique : menaces, harcèlement, difficultés financières, la stabilité familiale mais aussi professionnelle ; la propriété : avoir des choses à soi, c'est-à-dire pouvoir anticiper et se prémunir pour l'avenir. Lorsque ces besoins sont satisfaits, l'individu peut accéder à l'étage suivant.

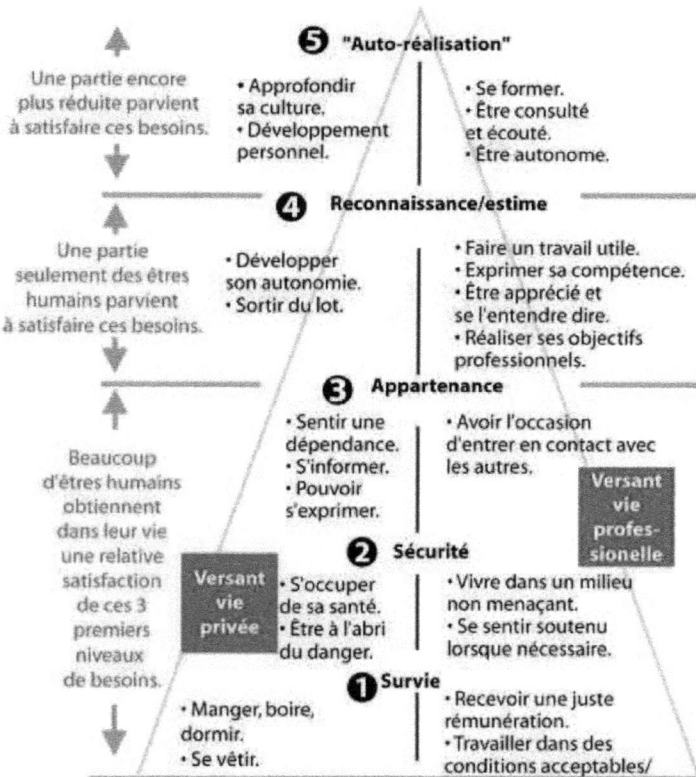

❺ "Auto-réalisation"

Une partie encore plus réduite parvient à satisfaire ces besoins.

- Approfondir sa culture.
- Développement personnel.

- Se former.
- Être consulté et écouté.
- Être autonome.

❹ Reconnaissance/estime

Une partie seulement des êtres humains parvient à satisfaire ces besoins.

- Développer son autonomie.
- Sortir du lot.

- Faire un travail utile.
- Exprimer sa compétence.
- Être apprécié et se l'entendre dire.
- Réaliser ses objectifs professionnels.

❸ Appartenance

- Sentir une dépendance.
- S'informer.
- Pouvoir s'exprimer.

- Avoir l'occasion d'entrer en contact avec les autres.

Versant vie professionelle

Beaucoup d'êtres humains obtiennent dans leur vie une relative satisfaction de ces 3 premiers niveaux de besoins.

❷ Sécurité

Versant vie privée

- S'occuper de sa santé.
- Être à l'abri du danger.

- Vivre dans un milieu non menaçant.
- Se sentir soutenu lorsque nécessaire.

❶ Survie

- Manger, boire, dormir.
- Se vêtir.

- Recevoir une juste rémunération.
- Travailler dans des conditions acceptables/

Le 3ème étage représente les besoins sociaux, encore appelés besoins d'affection et/ou d'appartenance. Tout individu cherche à être accepté tel qu'il est, de donner et recevoir de l'amour, de la tendresse, avoir des amis et un réseau de connaissance : c'est-à-dire de se sentir intégrer à un groupe, une couche sociale, un pays, une entreprise. Il peut alors être connu et reconnu, perçu comme une personne ayant de la valeur. Il peut vivre dans une société qui inclut l'acceptation des autres et de leurs différences.

Le net apporte son lot d'explications et montre des schémas différents. J'ai retenu celui-ci qui offre un versant personnel et une versant professionnel, donnant une vue d'ensemble explicite.

Si ces besoins (les 3 étages) sont satisfaits, il y a apparition d'autres besoins qui sont dits secondaires de développement. Ils relèvent plus de la réalisation de soi que du comblement de manques.

Le 4ème étage aborde donc le besoin d'estime de soi qui comprend la compétence, le sentiment d'être utile et de percevoir sa propre valeur, point de départ de l'acceptation de soi. De là la réussite, la reconnaissance, le prestige peuvent en découler. Mais précisons que le statut, les richesses matériels ne constituent pas pour tout le monde un gage de réussite ou d'estime de soi. Ce peut être un sentiment intérieur qui ne nécessite pas le regard ou l'approbation de l'extérieur. A l'inverse, certaines personnes à qui tout semble réussir, peuvent éprouver un sentiment inverse et avoir une faible estime d'eux-mêmes. MASLOW croyait que la majorité des gens s'arrêtaient à cet étage.

Le sommet de la pyramide concerne la réalisation de soi : accroître ses connaissances, créer, avoir une vie intérieure (ce qui veut tout et rien dire), « devenir ce que nous sommes » disait NIETZSCHE. Pour beaucoup ce besoin comprend la compréhension cognitive : la nouveauté, la connaissance, le sens – des événements, de la vie – et l'esthétique : la musique, l'art, la beauté.

5 Etages – 5 Eléments ? :

Un rapprochement est-il possible alors entre d'une part : les 5 étages de la pyramide des besoins, telle que définie par MASLOW, et les 5 Eléments de la Médecine Traditionnelle Chinoise ?

Plusieurs pistes ont déjà été soulevées, mais demandent à être précisées :

▓ La survie (1er étage) fait appel aux à l'alimentation (Terre : Estomac- Rate via l'Energie Iong, nutritive) ; la respiration (Métal et notamment Poumons) ... l'activité sexuelle (attribuée généralement à Maitre Cœur de Feu). On pourrait de ce fait reliés tous les éléments à ce premier pallier. Néanmoins, il s'agit ici de rester vivant, c'est-à-dire de rester dans le monde matériel, visible, palpable – contrairement au monde astral, au purgatoire ... au monde désincarné. C'est pour cela que je l'associe à la Terre : le physique, le dense. La Terre est centrale, tout comme le corps physique l'est. La vie (du moins terrestre) commence à in utero lorsque l'Ame, ou l'Etre prend chair. Ceci constitue la base de l'existence. L'enfant qui naît a besoin de lait, de dormir, de contact … même si très rapidement l'aspect affectif et/ou émotionnel intervient dans la vie et l'épanouissement du nouveau-né.

Besoin de base : Elément Terre (élémentaire !)

La sécurité (2ème étage) vise à atténuer, voire supprimer, les peurs (Eau : Rein). Elle protège, préserve le territoire (Vessie). Le premier réconfort, la première assurance s'obtient près des siens, particulièrement maman qui berce, cajole, panse, et qui peut déployer des énergies colossales lorsque sa progéniture est en danger. Et le père, lui aussi protecteur, mais peut être sur un plan plus large : la famille, les règles (qui elles donnent des limites sur lesquelles l'enfant peut se construire. Support essentiel pour son évolution).

Si une certaine sécurité est nécessaire – et encore, si l'on parle de sécurité, c'est qu'elle n'est pas suffisamment présente intérieurement – en excès, elle produit les effets inverses : la peur, la crainte, les appréhensions. D'où le conseil des psychologues de ne pas surprotéger l'enfant, sous peine d'amoindrir sa volonté, de le couper de son énergie vitale. Et le milieu familial (Eau : énergie ancestrale) est un facteur déterminant dans le caractère et les comportements futurs. Un individu élevé dans la méfiance (mais aussi l'agressivité, les remords … la joie) portera en lui toute sa vie les ces premières empreintes parentales.

Besoin de sécurité : Elément Eau.

L'appartenance (3ème étage) s'apparente au Feu, aux sentiments et affects. Bien sûr, l'appartenance à un groupe, une société ne devrait pas faire intervenir les émotions … quoique. Les supporters s'enthousiasment (émotion de Cœur) pour leur équipe ; un club sportif (certains portent le nom de club de l'amitié), une association … tout groupement de personnes montrent des intérêts communs, c'est à dire – à quelque chose prêt – des affinités. « On a les mêmes goûts » (sens du Feu). L'appartenance demande un climat de chaleur, nécessaire un sur plan physico-chimique à la fusion.

L'appartenance n'est pas le fait de se "trouver avec ou dans ce groupe" puisqu'on peut s'y trouver sans le vouloir; elle implique une identification personnelle par référence au groupe (identité sociale), des attaches affectives, l'adoption de ses valeurs, de ses normes, de ses habitudes, le sentiment de solidarité avec ceux qui en font aussi partie, leur considération sympathique ". MUCCHIELLI (1980, p.99)

Sur un plan physiologique, il y a appartenance, c'est à dire intégration au corps, lorsqu'il y a assimilation (fonction du Grêle).

Besoin d'appartenance : Elément Feu

« L'estime de soi est le résultat d'une auto-évaluation. Il s'agit en quelque sorte d'un baromètre révélant dans quelle mesure nous vivons en concordance avec nos valeurs. L'estime de soi se manifeste par la fierté que nous avons d'être nous-même et repose sur l'évaluation continue de nos actions. Que nous en ayons conscience ou non, l'évaluation que nous faisons de nos comportements nous atteint toujours. À chaque action subjectivement importante, nous émettons un verdict à peu près dans ces termes: "ce que je fais est valable à mes yeux" ou "ceci n'est pas valable". Dans le premier cas, l'action me valorise, alors que dans l'autre cas, je suis dévalorisé à mes yeux. De plus, cette appréciation s'inscrit immédiatement en mémoire et s'attache au concept de soi. »

La reconnaissance et/ou l'estime de soi (4ème étage) part d'une belle intention. Le problème est que le piège est bien présent. (Trop ?) Souvent la reconnaissance dépend de l'approbation de l'autre, et non de soi. Et tout ceci commence très tôt puisque l'enfant se sent important – ou pas – dans le regard du parent. Puis nous devenons tributaire d'une notation externe dans notre scolarité, qui soit dit en passant, ne s'intéresse guère au potentiel de l'apprenant, mais se base sur une appréciation théorique, prédéfinie, et répond principalement aux attentes de la société, c'est-à-dire des autres.

La reconnaissance est liée à ce que nous faisons (Côlon) et elle résulte d'un échange de bon procédé entre les autres et moi (Poumons : échanges respiratoires, communication). Par ailleurs, les décorations : médaille (en métal !), rosette … s'épinglent sur la poitrine. Poitrine que la femme sait mettre en valeur pour susciter l'intérêt. A moins que l'être humain ne soit éternellement reconnaissant à ce sein qui l'a nourri et contenté.

Besoin d'estime de soi : Elément Métal

La réalisation de soi : oups ! Qu'est-ce c'est ? un concept bien fumeux dans lequel chacun y va de ses définitions, méthodes, solutions.

▶ Est-ce développer son potentiel ? Ou à l'inverse choisir ce qui peut être développé en accord avec ses aspirations, envies, besoins du moment ?

▶ Est-ce atteindre un nirvana, une béatitude ? C'est-à-dire être dans le lâcher prise, être en état méditatif, renoncer aux affres de l'égo … ou au contraire avoir une réussite à la fois professionnelle et personnelle, reflets d'ambitions propres ?

« Se réaliser, c'est réaliser que « je suis tout ce qui est ». C'est reconnaître que ma nature profonde est spirituelle, que ce que je suis est impersonnel et indivisé. Je suis UN. Toute notion de séparation est une construction de l'esprit qui voile la radieuse beauté de l'Être. Tout est Être. Rien n'y échappe, rien en est exclus : ni la souffrance, ni la guerre, ni le mensonge, ni l'échec, ni la trahison. »

Si je comprends bien cet extrait tiré du net, le soi n'a pas à se réaliser puisqu'il l'est ou le serait déjà. Pas étonnant alors que la plupart des incarnés s'arrêtent à l'étage du dessous, selon MASLOW … et pourtant, d'autres nous parlent de développer le cerveau droit, de synchronisation des deux hémisphères, de désir et de foi. Difficile donc de s'y retrouver.

Nous sommes donc ici dans le domaine des croyances, même si chacun s'en défend, optant pour une loi universelle définie par … le quidam qui l'énonce. Quand bien même quelqu'un énoncerait la suprême vérité, chacun irait de son interprétation du message entendu. Ceci relève bien des attributions du foie qui convertit les protéines issues de l'alimentation pour produire des « protéines personnalisées » (les protéines sont notre carte d'identité).

La Vésicule Biliaire décide et juge. Comme entraille curieuse, elle est couplée à l'utérus ; « elle a un rôle de réceptacle de l'énergie Jing. Elle a un rôle central dans le passage du Ciel antérieur (*avant la conception*) au Ciel postérieur (*après conception*). Par sa pureté et sa rectitude, elle administre l'ordre de la vie… »

Plus simplement le Bois est associé au printemps, à la croissance (pas celle du Feu mais de la sève qui monte et qui déclenche tout un processus d'explosion de la nature).

Besoin de réalisation : Elément Bois

Remarque :

Il ne s'agit pas du Monde de la Création, tel que défini par la Kabbale par exemple, où la hiérarchie est toute autre.

▶ « Le monde de l'Emanation ou du Divin, le olam ha-Atziluth, monde de l'intuition et des archétypes. Ce monde donna naissance aux trois autres mondes qui contiennent chacun une répétition des Sephirot, mais dans une échelle dégressive de luminosité.

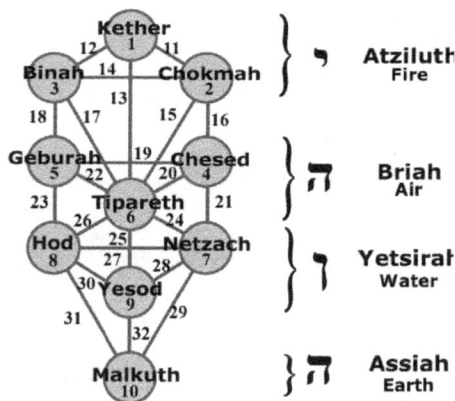

▶ Le monde de la Création, le olam haBeryah, monde mental de la création. C'est l'émanation directe d'Atziluth où les Sephirot y sont reflétées et y sont donc plus limitées bien qu'étant de la plus pure nature et sans adjonction de matière.

▶ Le monde de la Formation, le olam haYetzirah, monde astral de la formation. C'est le monde angélique où ces intelligences et êtres incorporels résident drapés dans un habit de lumière et qui prennent forme pour apparaître aux hommes.

▶ Le monde de l'Action monde de l'Action, le olam haAsiah, monde physique et concret de l'action. C'est le monde de la matière constitué des éléments les plus grossiers du précédant arbre.»

Nous trouvons néanmoins les deux premiers étages (en partant du bas) identiques : la Terre, puis l'Eau. Mais si le Monde la Création s'incarne (descente dans la matière), la pyramide des besoins s'élève.

Le Cœur y est central, tout comme Tiphareth l'est dans l'arbre séphirotique. Mais le Feu des 5 Eléments n'est pas le Feu créateur : il est le Feu souverain, le sheng : la conscience, l'ouverture d'esprit. Le Métal est quelquefois mis en parallèle avec l'air (la respiration de Poumon). Alors que comme écrit précédemment la Vésicule reçoit le Jing, qui peut être entraperçu comme la manifestation du feu divin : « le feu authentique e peut circuler à l'état pur dans le corps qu'il consumerait. Il le fait sous une forme liquide que les Chinois et les Hindous nomment la « bile » pour des raisons que nous ignorons ».

Il est intéressant de noter que Yetsirah / l'Eau est le monde astral de la création. L'Eau étant l'énergie ancestrale ; le Rein étant porteur du Jing. L'Eau est liée aux émotions, dont la plus nocive est la peur (envers soi ; la haine envers autrui). La peur est l'émotion du Rein. La mémoire de l'eau est désormais admise. Et l'eau renvoie au liquide amniotique, à l'océan primordial des occultistes.
La notion de sécurité dépasse donc, à la lumière de ces informations, les notions développées dans la pyramide des besoins.

Un détour par les besoins de la cellule :

Mitochondrie – Poumon :
La cellule est l'unité de base de tout être vivant (excepté les virus). Il est donc logique de s'y attarder un instant. La cellule est composée d'un certain nombre d'organites qui remplissent chacun une (ou des) fonction(s). Nous avons déjà abordé la mitochondrie (voir le paragraphe les couples) qui fait office de poumon.
« La mitochondrie est une bactérie ancestrale qui, il y a 1,6 milliards d'années, a inventé un système biochimique tout à fait fabuleux permettant d'utiliser les propriétés, au départ toxiques, de l'oxygène. Avant cette invention, les cellules produisaient leur énergie (ATP) par la glycolyse qui transformait le glucose en pyruvate. Cette réaction libérait deux molécules d'ATP. Grâce à l'invention de la respiration cellulaire, 36 molécules d'ATP sont extraites du pyruvate. L'efficacité est donc multipliée par 18. »
La mitochondrie possède son propre ADN et ARN dits mitochondriaux, c'est-à-dire qu'elle apporte d'autres informations que celles contenues dans le noyau de la cellule. Ceci peut être rapproché du Prana, le souffle, l'énergie qui sous-tend l'univers et qui d'après certains, nous relie au Tout, nous donne l'inspiration et bien d'autres choses encore. Les mitochondries sont donc les centrales énergétiques et les poumons de la cellule, sans elles, peu d'énergie et donc peut d'action (faire du Côlon). Mais cette production n'est pas sans inconvénient, puisque la production d'ATP est génératrice de radicaux libres qu'il est nécessaire d'éliminer (fonction du côlon).

➡ La mitochondrie pour fonctionner a besoin de glucose (le sucre lié au pancréas) ; nous retrouvons ici le cycle d'engendrement : la mère Rate-Pancréas qui nourrit la fille Poumon.
➡ L'action, dépendante de la production d'énergie, est directement liée à la fonction mitochondriale. Et si l'estime de soi est bien en corrélation avec le Métal, on comprend qu'elle n'apparaisse pas dans les besoins de base, mais qu'elle vienne plus tard sur l'échelle de MASLOW - comme elle a intégré plus tard la cellule –

pour « développer son autonomie » (radicaux libres) et tendre vers la réalisation de soi.

Dernière chose extraordinaire concernant la respiration : l'air inspiré est constitué de 1/5 d'oxygène (ça ne s'invente pas) et 4/5 d'azote. Etymologiquement oxygène signifie qui produit de l'acide ; même si LAVOISIER qui pensait que l'oxygène était la partie

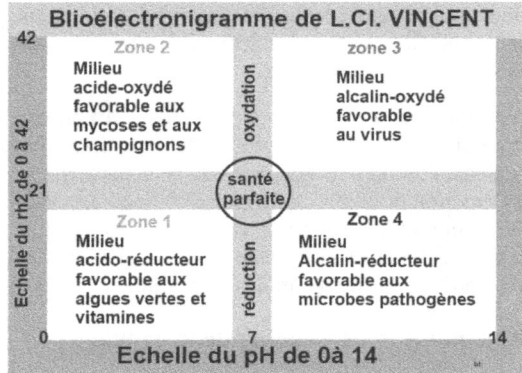

Blioélectronigramme de L.Cl. VINCENT

Zone 2	zone 3
Milieu acide-oxydé favorable aux mycoses et aux champignons	Milieu alcalin-oxydé favorable au virus
Zone 1	Zone 4
Milieu acido-réducteur favorable aux algues vertes et vitamines	Milieu Alcalin-réducteur favorable aux microbes pathogènes

Echelle du rh2 de 0 à 42 — oxydation — réduction — santé parfaite — Echelle du pH de 0 à 14

de l'air qui était source d'acidité, s'est trompé ; VINCENT quant à lui montre qu'un milieu acide – notamment réducteur – est propice à la vie.

Poumons, Mitochondrie : production d'ATP, qui mène à l'action, mais aussi la puissance, le pouvoir (je peux) associé au Côlon et par incidence valeur et estime de soi.

Noyau – Cœur :

Le noyau, partie centrale, devrait être le cœur (Empereur) de la cellule. Pourtant il en porte le patrimoine génétique, qui devrait alors revenir aux Reins (Energie ancestrale). Qu'en disent les Enseignements « de la Sagesse » :

« Les muscles volontaires qui sont sous le contrôle de la volonté (Reins) et qui peuvent être actionnés par le désir (Foie) ont des stries longitudinales et transversales. Les muscles involontaires, ni sous le contrôle de la volonté, ni actionnés par le désir, n'ont que des stries longitudinales. Le cœur, seul, fait exception. C'est un muscle involontaire qui n'est pas, normalement, sous le contrôle de la volonté ... La science physique sait que, quel que soit le pouvoir qui anime le cœur, il ne vient pas de l'extérieur, mais de l'intérieur du cœur. L'occultiste y voit une cavité dans le ventricule gauche, où un minuscule atome, appelé atome-germe, flotte dans un océan d'éther des plus subtils. La force de cet atome ... est la vie indifférenciée de Dieu ; sans cette force, le minéral ne pourrait pas se transformer en cristal, les règnes végétal, animal et humain seraient incapables de former leurs corps. Cette force actionne le cœur et maintient l'organisme en vie... Dès la naissance et tout au long de notre vie, l'éther qui entre dans nos poumons lorsque nous respirons, transporte avec lui une image complète de ce qui nous environne, de nos actions et de celles des personnes qui sont avec nous. Cet enregistrement se grave sur l'atome-germe qui se trouve dans le cœur. Ainsi, tout ce que nous disons ou faisons, le meilleur comme le pire, s'y inscrit en caractères indélébiles.

Cet enregistrement est l'histoire de notre vie, et son individualité est aussi indispensable à notre évolution que l'est le cœur pour notre survie dans le monde physique. ... Ce panorama d'histoire de notre vie constitue la base de notre existence post-mortem ». Et aussi :

« Seul, parmi les autres atomes (qui sont sans cesse renouvelés), il est resté stable. Et cela de vie en vie, car il a fait partie de tous les précédents corps physiques de l'Ego et il servira de noyau au corps suivant. C'est pourquoi il a reçu le nom d'Atome-germe. »

Bref, le cœur via l'atome germe qu'il contient, porte en lui la mémoire de la vie présente, voire des vies passées si le lecteur adhère à la métempsychose. En cela il est en lien avec le noyau, qui contient les chromosomes, vitrine du Soi, mais qui peuvent subir des modifications. Ainsi appartenons-nous à la fois à notre famille (le sang, dont le cœur est la pompe) mais aussi à notre histoire (le vécu, les affects) et des choix (Vésicule Biliaire qui nourrit le Cœur) que nous faisons en conscience (Shen) ou pas. C'est ainsi que nous modelons nos cellules, d'une mitose à l'autre.

Cœur, Noyau : représentation du Soi (chromosomes)
Conscience et mémoire (hérédité et donc appartenance)

Schéma de la cellule :

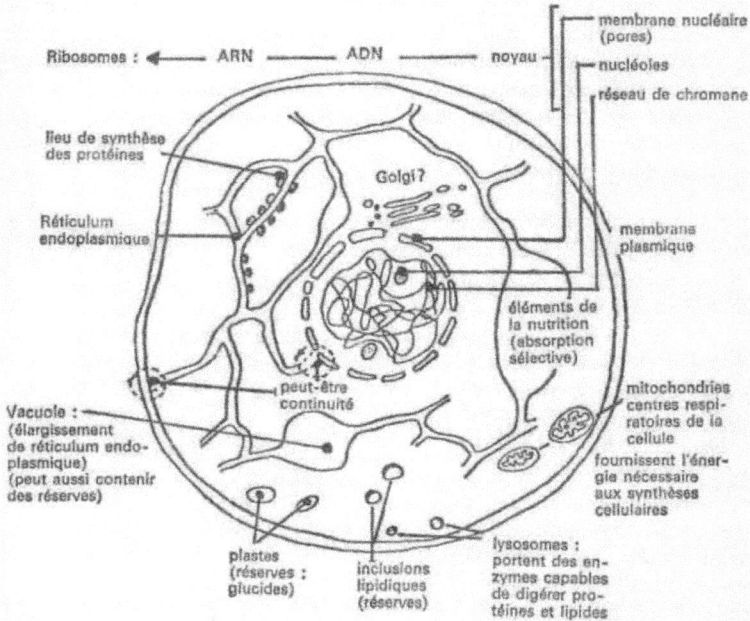

http://www.collabopm.com/Tremol_6.htm

43

Lysosomes – Rate -Pancréas :

Les lysosomes contiennent des enzymes, capables de détruire les substances qui ont envahi la cellule. Ils peuvent également digérés d'autres organites de la cellule endommagés. Ils constituent le système digestif de la cellule. C'est son système de nettoyage. Ces enzymes sont actives seulement à un pH de 5 (l'estomac a un pH compris entre 1,5 et 5). Elles sont le site majeur de la dégradation de molécules d'origine endogène et exogène. C'est à dire qu'elles « mangent » aussi bien ce qui ne sert plus à l'intérieur que ce qui pourrait nuire venant de l'extérieur (phagocytose).

Si l'on comprend aisément cette phagocytose (*phago* : manger et *cyto* : la cellule), le lecteur pourra avoir plus d'interrogation concernant le « manger interne ».

C'est ce qui se passe d'une certaine manière dans le jeune ou la restriction alimentaire. Le corps va puiser dans ses réserves. Le Docteur GERNEZ la préconise d'ailleurs une fois l'an pour lutter contre le cancer. L'organisme va brûler ses surplus, ce qui ne lui sert pas, donc ce qui peut devenir toxique si non évacué.

Ceci devient tout à fait étonnant pour le néophyte lorsqu'il apprend que :

« Le Docteur Kelley, médecin américain spécialiste en embryologie a fait à l'époque une découverte d'une importance capitale concernant le cancer mais qui n'a été reléguée par aucun organisme et aucune revue médicale. En fait, Kelley a mis en évidence deux choses stupéfiantes :

    1. les métastases, c'est du placenta,

    2. le pancréas est l'organe qui contrôle le développement des métastases.

Oui, le pancréas est déterminant dans l'arrêt des développements cancéreux, car c'est déjà lui qui arrête la fabrication de placenta pendant la 7ème semaine de la gestation (placenta – métastases – même chose). Si bien que chacun de nous développons au cours de notre vie des dizaines voire des centaines de cancers naissants qui sont avortés par notre pancréas, si bien que nous ne saurons jamais ce qui s'est passé. Cela bien sûr à condition d'avoir un pancréas en état… ».

Les lysosomes sont issus du réticulum et de Golgi dont nous verrons plus loin qu'ils sont apparentés à Foie (Foie contrôle Rate dans le cycle Ko). Le Foie, siège du corps du désir, chez les occultistes, donne des fringales, appelle sucres (Pancréas – sucré : goût de la Terre) et alcool …

Pour eux, la Rate est le siège du corps vital. Ce corps vital non seulement détermine la forme du corps physique, mais il le construit et le régénère. Il lui permet également d'éprouver des sensations … bref nous retrouvons ici la majeure partie des besoins de base de la pyramide. Il serait également le siège de la mémoire,

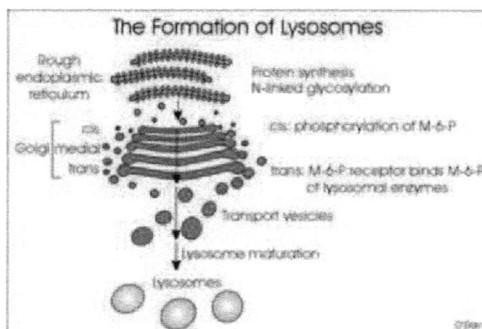

The Formation of Lysosomes

qui en négatif, donne la rumination mentale (les idées ne peuvent être évacuées et sont sans cesse réactualisées). Rate viendrait d'un nom néerlandais qui signifie « rayon de miel » (en relation avec le soleil).

Réticulum endoplasmique – Foie :

Il existe deux régions du réticulum aux fonctions distinctes :

Le réticulum endoplasmique rugueux (RER) ou granuleux (REG)	Le réticulum endoplasmique lisse (REL)
Il est recouvert de ribosomes et les protéines qui sont assemblées par ses ribosomes et qui sont ensuite introduites à l'intérieur du réticulum endoplasmique granuleux dans ce que l'on appelle les citernes du REG où elles vont connaître plusieurs destinées. Le réticulum endoplasmique granuleux fabrique toutes les protéines sécrétées par la cellule. Il est une usine à membrane de la cellule parce que c'est là que seront fabriquées les **protéines intégrées, les phospholipides et le cholestérol.**	Il prolonge le réticulum endoplasmique granuleux et on dit qu'il est formé de tubules en boucle, mais dans le réticulum endoplasmique lisse il n'y a pas de citernes; et il ne détient aucun rôle dans la synthèse des protéines mais les enzymes que l'on trouve dans le REL joue un rôle dans le processus suivant: **métabolisme des lipides, fabrication d'hormones stéroïdes, absorption, synthèse et transport de lipide**. Le réticulum endoplasmique lisse joue aussi un rôle de **détoxication de diverses substances** (médicaments, etc.) c'est aussi grâce aux enzymes du réticulum endoplasmique lisse que le **glycogène sera dégradé en glucose**. Un REL particulier est celui que l'on trouve dans les cellules musculaires de types squelettiques et cardiaques, il se nomme le réticulum sarcoplasmique. Son rôle est d'intervenir dans le **stockage et la libération des ions calcium** Ca++ lors de la contraction musculaire.

On retrouve la synthèse (personnalisée) des protéines, le glycogène, la détoxication, la fabrication d'hormones stéroïdes (rappel : le cortisol produit par les surrénales est transformé en cortisone par le foie). La synthèse des protéines est guidée par l'information contenue dans l'ADN selon le schéma simplifié : transcription de l'ADN en ARN messager et la traduction de l'ARN messager en une protéine. Les protéines sont donc « notre identité »

Apportons une précision quant au stockage et la libération du calcium nécessaire à la contraction musculaire. Le calcium est absorbé dans l'intestin. La présence de Vitamine D est nécessaire, du moins favorise-t-elle son absorption. Or la Vitamine vient principalement du soleil, représentation du père et/ou de Dieu (Râ, Christ …).

Calcium tire son étymologie de *calx,* la chaux. Le calcium serait le **5ème** élément chimique le plus abondant sur la croute terrestre.

La chaux est utilisé pour lutter contre l'acidité des terrains (tout comme la bile alcaline vient compenser l'acidité du chyme) ; sur les troncs des arbres pour éliminer les parasites (fonction de détoxication du foie). Mais chaux est aussi l'homophone de chaud : le soleil, le désir (foie à 38,5°). Et le Foie, nous l'avons vu, est le siège du corps du désir !

« Le corps du désir est le véhicule des sentiments et des émotions (*ces émotions déterminent les affects du Feu dans le cycle Chang)* qui changent d'un moment à l'autre … A quatorze ans, naît le corps du désir qui marque le début de l'affirmation de soi-même. Dans ses jeunes années, l'enfant se considère plutôt comme appartenant à une famille et il est plus subordonné aux désirs de ses parents que lorsqu'il a atteint quatorze ans.

En voici la raison: dans la gorge du fœtus et du jeune enfant se trouve une glande appelée thymus, très grande avant la naissance et

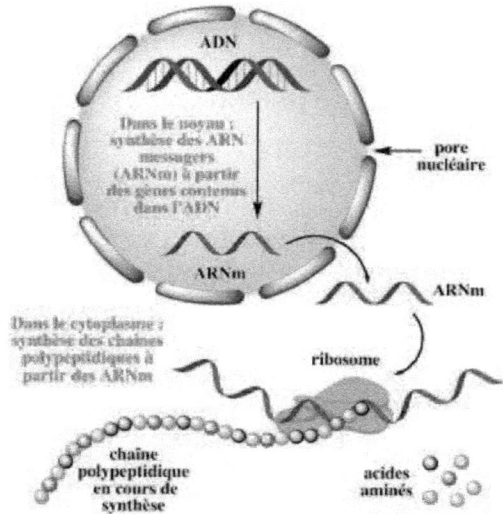

De l'ARN aux acides aminés (protéines)

qui diminue graduellement durant les années d'enfance pour disparaître finalement à un âge variant selon les caractéristiques de l'enfant. Les anatomistes ont été intrigués par le fonctionnement de cet organe et ne sont pas encore arrivés à une conclusion définitive, mais on a suggéré qu'avant le développement des os dont la moelle est rouge, l'enfant est incapable de fabriquer son propre sang et que le thymus, en conséquence, contient une essence fournie par les parents dans laquelle l'enfant puise pendant l'enfance et la jeunesse jusqu'à ce qu'il soit capable de produire lui-même son propre sang. Cette théorie est à peu près exacte, et tant que le sang des parents coule dans l'enfant, il se considère comme étant de la famille, et non comme un Ego. Mais aussitôt qu'il commence à produire son propre sang, l'Ego s'affirme, et il possède sa propre identité, le "je". »

Foie – Réticulum : protéines (reflet de l'identité),
Corps du désir : affirmation – donc réalisation – de soi
Expérimentation au travers les émotions – détoxication : épurement de l'Etre

Rein – Cytosol :

Le cytosol ou hyaloplasme est la phase liquide, translucide où baignent les organites (mitochondries, liposomes, réticulum …). Sa composition protéique est très élevée : les protéines représentent 20 à 30% de son volume.

Il est une réserve de matériaux : ions, vacuoles lipidiques et glycogéniques. Il régule les pH intra et extracellulaire grâce à la grande quantité d'eau et d'ions. Il intervient dans l'anabolisme et le catabolisme des glucides, des acides aminés, des acides gras et des nucléotides. Il transmet des signaux à partir de la membrane plasmique vers les organites et le noyau.

Le rein – organe trésor de l'Elément Eau - est un filtre, élimine les déchets toxiques (urée, acide urique, créatinine, glucose) produits par le fonctionnement normal de l'organisme, et ainsi, maintient constante la composition ionique du plasma. Il assure un niveau constant de sodium et de potassium ; il maintient le pH normal de l'organisme. Le méridien Vessie par les points assentiments (shu) contrôle l'énergie des autres méridiens noyau-cœur et autres organes – organites).

Il produit des hormones, des enzymes et des vitamines :

▶ La rénine, indispensable à la régulation de la tension artérielle.
▶ L'érythropoïétine (la fameuse EPO) qui agit sur la moelle osseuse pour produire des globules rouges en quantité suffisante pour véhiculer l'oxygène dans l'organisme.
▶ La forme active de la vitamine D, qui permet l'absorption du calcium par l'intestin et sa fixation dans les os, dont les reins sont maîtres.

Le Rein-Cytosol est donc relié aux autres organes-organites : il les « nourrit » (réserves de matériaux d'une part ; énergie ancestrale et Jing de l'autre), par ailleurs le Vaisseau de Attaques – ou Vital – emprunte ses points à Rein : R11 à R21, or Vital « le chong mai est l'océan des Méridiens ». Par ces fonctions le rein-cytosol apporte la stabilité à la cellule (en astrologie les reins sont régis par la Balance) et en cela minimise les risques et lui donne une certaine sécurité.

Le rein lien entre le ciel Antérieur et le ciel postérieur peut aussi être associé à l'ADN et l'ARN qui portent les informations, transmises ensuite aux protéines, bases de notre personnalité. Le Cœur ne peut être que le noyau, il est le centre, celui qui donne le rythme. Il est l'Empereur. Les Reins sont le patrimoine, l'héritage qui s'exprime dans les gènes.

> **Rein – Cytosol : équilibre plasmatique**
> **Gènes : le « messager » (Mercure – voir chapitre 7)**
> **Sécurité : réserves**

La Pyramide des besoins

Réalisation : Bois
Estime : Métal
Appartenance : Feu
Sécurité : Eau
Base : Terre

suit le cycle Ko :

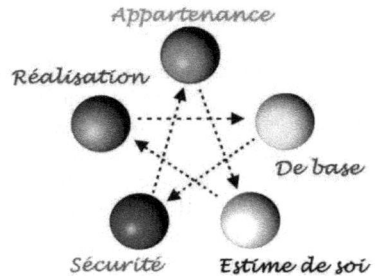

Références :

http://www.uquebec.ca/edusante/sociale/imp_sentiment_appartenance.htm
http://www.redpsy.com/infopsy/estime.html
http://eveilspirituel.net/textes-de-claudette-vidal.asp?i=22
http://www.meridiens.org/obslille/philippe/LES%20ENTRAILLES%20CURIEUSES2013.pdf
http://soleildelumiere.canalblog.com/archives/2013/02/04/26327158.html
http://www.youscribe.com/catalogue/ressources-pedagogiques/education/cours/la-mitochondrie-master-enseignement-svt-1400753
http://www.aura-sante.com/Bioelectronique-LCl-VINCENT_790.html
http://www.vdsciences.com/pages/biologie-cellulaire/biologie-cellulaire-11-lyzosomes.html
http://www.micheldogna.fr/detection-cancer-article-5-31-137.html
http://jean-paul.barriere.pagesperso-orange.fr/divers1/cordesi3.htm
http://www.uvp5.univ-paris5.fr/WIKINU/docvideos/Grenoble_1011/seve_michel/seve_michel_p01/seve_michel_p01.pdf
http://fr.wikipedia.org/wiki/Cytosol

5 Eléments et besoins sont des aspects généraux, qui s'appliquent à tous. Cependant nos envies, comportements, croyances se différencient d'un individu à l'autre, et ceci se met en place très tôt dans notre existence : d'une part, l'enfant, le bébé cherche à s'intégrer à son milieu tout en tentant d'en être « le centre du monde » ; d'autre part les parents projettent leurs attentes sur le nouveau-né. Ceci se fait pratiquement en simultané.

Il fallait donc choisir qui de l'enfant ou du parent aurait la primeur …

Chapitre 4

Les 5 stratégies de l'enfant

Le parent de par ses attitudes, son affection et son propre vécu va conditionner – en partie – le comportement de sa progéniture. L'enfant sait très rapidement à qui il a affaire, jusqu'où il peut reculer les limites et adopte pour cela ce que j'ai appelé stratégie, mais qui est une réaction tout à fait normale pour s'adapter à son environnement, mais aussi pour le modifier en sa faveur.
Le lecteur les connaît pour la plupart, et peut-être se reconnaitra-t-il en l'une d'elle.
Car cette stratégie, si elle a fonctionné et donné les résultats attendus, va se renforcer, et l'adulte continuera à s'en servir, même inconsciemment.
Etant également une réaction de survie, même si chez certains, les conséquences ont été négatives, et n'ont pas apporté les bénéfices escomptés, la personne sous stress réinitialisera le comportement quitte à nouveau à se mettre en échec.

Sont développés ici :

- La colère
- La séduction
- La plainte
- Le retrait
- La manipulation

Ces stratégies seront ensuite rattachées aux 5 Eléments

Ce qui deviendra plus tard une stratégie :

Le terme stratégie n'est pas adéquat, dans le sens où le bébé, puis l'enfant n'a pas d'intention consciente. Il réagit à des stimuli tant externes qu'internes : la faim, le froid, l'inconfort (mauvaise digestion, hoquet, diarrhée …) mais aussi l'absence de contact, de relation.
Aussi va-t-il exprimer ce mal-être, de différentes façons, en fonction du vécu :
- ▶ Les pleurs, la plainte quand il a faim, quand il est barbouillé, quand ses couches sont pleines, quand sa peau est irritée …
- ▶ Le rire, le sourire, la « risette » quand il est heureux, quand maman, papa, ou un proche s'occupe de lui, le papouille. Il s'aperçoit rapidement que l'adulte est content de ses gazouillis.

Il va également chercher à communiquer, à attirer l'attention puisque cette risette fonctionne à merveille, donc pourquoi ne pas l'utiliser. Et même les pleurs ! Sitôt la sirène en marche, les pompiers arrivent.
- ▶ Quelquefois les pompiers sont occupés, il faut donc monter le volume, et la colère se mêle aux pleurs. Pour certains, il ne restera plus que la colère, ou tout du moins les cris. Rappelons qu'il s'agit de se faire entendre. Il existe bien évidemment des colères quand l'irritation physiologique est importante.
- ▶ Après toutes ces manifestations, un peu de calme peut-être désiré. Certains bébés, si l'adulte ne va pas lui-même les solliciter, vont alors préférer l'exploration du monde extérieur : ils regardent, touchent, manient un objet, sont hypnotisés par la télé (mais beaucoup d'adultes le sont aussi). Ils vont ainsi progressivement opter pour le calme, le jeu en solitaire, loin des enjeux du groupe, des tracasseries des frères et sœurs. Il s'agit rarement du « petit dernier » qui en général, lorsque la différence d'âge n'est pas très importante, bénéficie de toutes les attentions.

Le cerveau et les facultés cognitives aidant, il va commencer à comprendre qu'il peut tirer parti de ses attitudes et comportements, et quand fonction de son auditeur, de la personne présente, la diplomatie sera de rigueur pour parvenir à ses fins.
- ▶ La manipulation est à prendre principalement au sens noble du terme. Manipuler : c'est d'abord prendre en main, saisir l'occasion, voire la créer. Bien sûr, il y aura ce petit côté roublard, mais qui parfois suscitera l'admiration des parents. Pourquoi donc s'en priver.

Stratégie, habitudes, croyances (dans l'ordre des 5 Eléments) :

Bébé pleure quand quelque chose ne va pas. Il attire ainsi l'attention de ses parents. De là peut se former la croyance que, chaque fois que il pleurera, quelqu'un fera attention à lui et lui portera secours. Et si personne ne vient, c'est qu'il ne pleure pas assez. Plus tard gémir deviendra une stratégie (l'adulte ne peut en effet plus pleurer, pressions sociales obligent). Nous pouvons faire la corrélation avec l'Elément Eau dont l'expression est gémir.

Gémir c'est chigner, pleurnicher, couiner, se lamenter. L'attitude corporelle par une résignation (absence de volonté – rein), un « affaissement » : épaules tombantes, dos vouté. Certains portent cette véritable souffrance due à des épreuves douloureuses sur le visage, d'autres sourient faussement comme pour être agréable, s'inquiète de votre situation … pour mieux parler ensuite de la leur. Se rappeler que chaque stratégie vise à des bénéfices qui sont résumé dans le tableau un peu plus loin.

Bébé crie quand quelque chose le gène et / ou que cela ne va pas comme il le voudrait. Et tant qu'il n'obtient pas ce qu'il veut, il hurle rendant son entourage inquiet. Plus il crie fort, plus on s'active autour de lui. Mettre la pression sur l'autre devient un moyen de se faire entendre (en même temps, par réactions physiologiques, il en met aussi sur lui). Ce sont les tyrans, les persécuteurs. La colère et les cris étant son arsenal, ce schéma s'inscrit dans l'élément Bois. Mais bémol : bébé crie lorsque cela ne va pas selon ses attentes. Ainsi ces personnes peuvent-elles être charmantes, dévouées … et devenir des volcans devant un obstacle, un retard, une incompréhension. Ces stratégies montrent également comment chacun gère son énergie et ses rapports à l'entourage, non pas sur un plan affectif, mais sur un plan pulsionnel. C'est pourquoi ce type peut paraître cyclothymique. Si la colère en effet est la seule émotion à faire monter l'énergie, la rage ou la colère disproportionnée la disperse. Les personnes peuvent donc ensuite se sentir épuisées, voire abattues.

Bébé fait risette et capte l'attention, devient l'attraction, quelque fois le clown. D'où le concept suivant : « pour qu'on s'intéresse à moi et / ou obtenir ce que je veux, je dois être plaisant, souriant etc. … ». Sans trop de surprise, la séduction, qui en science sociale, un procédé visant à susciter délibérément une admiration, attirance, voire l'amour d'un ou de plusieurs individus, est en lien avec le Feu.
Cette séduction : le sourire, la recherche du regard, est surtout l'apanage de la femme, qui soigne de ce fait, ses lèvres (rouge pour attirer), ses yeux, sa démarche. Cependant le marketing, la com abondent dans ce sens : tout est léger, adolescent, sourire. Des arguments de bonheur pour vendre. Ainsi le véritable charme est-il tronqué pour des intérêts mercantiles. Il s'agit alors de conquêtes de … marchés. Le terme revêt un caractère guerrier derrière une apparence toute féminine.
On peut également se poser la question : à savoir qui est réellement séduit ? La personne qui déploie ses atours, où la société qui impose ses diktats et sa mode ?

Bébé apprend très vite et **sait à qui il a affaire.** Il sait quelles sont les limites à ne pas dépasser, en fonction du parent ou de la personne présente. Ce qui n'empêchera pas certains de tester ces limites pour tenter de les repousser. Il comprend également qu'il peut tirer profit de divergences ou conflits entre les adultes.
Pour arriver à ses fins, il va donc utiliser la stratégie la mieux adaptée à son vis-à-vis : la risette (qui peut même être adressé à un parent au détriment de l'autre) ; se conformer - du moins en apparence – à l'autorité de l'un pour gagner sa sympathie ; crier ou chigner pour qu'on le laisse en paix. Plus tard elle peut devenir une forme de pouvoir, sans impliquer directement le manipulateur qui ne révèle pas ses véritables intentions. Il est donc difficile de le cerner.

Note : il existe 3 types de manipulation :

« La manipulation positive (type I)

L'intention d'une manipulation positive est systématiquement bonne, utile ou agréable. Même s'il ne s'agit pas réellement d'une manipulation au sens où on l'entend habituellement, il est important d'en parler. Ce premier type de manipulation (comme son nom l'indique) contient toujours une intention positive. Même lorsqu'un parent exerce un peu de pression pour amener son enfant à se laver régulièrement les dents ou lorsqu'une infirmière tient un discours réconfortant, une seringue à la main (n'ayez pas peur, vous n'allez rien sentir), l'intention demeure bonne et va dans le sens du bien, du bon, de l'agréable ou de l'utile. L'intention part du cœur et le manipulateur recherche d'abord le bien de la personne qui fait l'objet de la manipulation. Si par contre, l'on veut vous faire croire que quelque chose est bon pour vous alors que vous savez ou que vous sentez le contraire, soyez certain qu'il ne s'agit pas d'une manipulation positive.

La manipulation égocentrique (type II)

L'intention qui guide le manipulateur égocentrique est la recherche de son bénéfice personnel. Il ne songe qu'à ses intérêts, sans se préoccuper des désagréments, de la gêne ou du malaise que sa conduite peut causer à autrui. Le manipulateur de type II, c'est cet ami qui nous demande un service ou de l'argent en faisant en sorte que nous ne puissions pas le lui refuser. C'est celui qui, pour montrer son esprit, envoie des piques et se moque sans savoir s'arrêter lorsque cela devient blessant. C'est l'employé qui met des bâtons dans les roues de ses collègues pour se faire « bien voir » ou pour obtenir une promotion à leur place. C'est l'enseignant qui terrifie sa classe pour prouver sa puissance ou c'est encore le journaliste qui dramatise un sujet pour être certain que son reportage « damera le pion » à tous ses concurrents. Aucun de ces personnages n'agit par méchanceté. Ils ne veulent nuire à personne, ils pensent à leur intérêt personnel, sans songer ou sans trop se soucier des conséquences.
Les hommes politiques qui font des promesses et qui, une fois élus ne les tiennent pas, sont des manipulateurs de type II, au même titre que les entreprises qui délocalisent en licenciant leur personnel simplement pour augmenter les bénéfices. Ces dernières ne pensent qu'à leurs intérêts, sans se soucier des catastrophes sociales à venir. Un chef qui ne se sent pas à la hauteur fait de la manipulation de ce type pour imposer son autorité défaillante en divisant pour mieux régner ou en pratiquant le favoritisme. Le marketing est friand des manipulations égocentriques.

La manipulation malveillante (type III)

Si l'intention du premier type de manipulateur est positive et celle du deuxième égoïste, l'intention du troisième manipulateur est la destruction. Son unique et principal but est de détruire ce qui le menace ou ce qui lui paraît intolérable ou haïssable. On peut résumer l'intention de ce manipulateur du troisième type en affirmant que tout ce qu'il entreprend est destiné à vous abattre, à ruiner ce que vous faites ou à détruire un aspect de votre personnalité qui ne lui convient pas.
Quand il fait du tort à quelqu'un, le manipulateur mal intentionné prétend souvent le

contraire et affirme qu'il agit pour le bien de sa victime ou pour un motif valable. L'intention malveillante se cache souvent derrière une apparente honnêteté. Pour parvenir à ses fins, il emploie la désinformation, le mensonge ou la calomnie … Il ne reconnaît que rarement ses torts. Quand il est pris en faute, il ne regrette rien ; il ne s'excuse pas et n'éprouve aucune compassion pour ses victimes. Paranoïaque, il est très souvent obsédé par l'idée d'être en danger. Cette menace est pour lui tellement réelle qu'elle lui permet de justifier et de légitimer ses actes. »

D'après un texte de Philippe Maton
http://martinefrancois.unblog.fr/un-peu-de-tout/%e2%99%a6-les-differents-types-de-manipulation/

Il est bien évident que l'enfant n'est nullement dans la manipulation malveillante. La plupart du temps, ce qu'il fait l'est par amour, pour faire plaisir. Il est, dans ses premiers instants de vie, en fusion avec l'extérieur : d'abord avec sa mère, mais il ne sait pas encore distinguer le moi de l'autre. L'autre n'est que le prolongement de lui-même au même titre que ses jouets, ses affaires. Son apprentissage vise donc à s'approprier l'objet. Ce n'est que plus tard – et l'adulte doit d'ailleurs continuer à s'y atteler – qu'il comprend que cet autre est une entité distincte, avec des besoins, envies, personnalité différentes. Nous avons tous en nous cette stratégie, plus ou moins développée, car nous cherchons à modeler notre entourage selon nos représentations. Et, comme préciser dans l'extrait de Philippe MATON, l'éducation joue avec cette stratégie « mon petit chéri, sois gentil, fais plaisir à maman, papa … si tu es bien sage, tu auras … »

Bébé se tient tranquille, discret dans son coin, parce qu'il est centré sur une activité ou une bêtise. De lui-même, il demande à aller se coucher se sentant fatigué (ce qui se rencontre de moins en moins souvent, l'enfant étant soumis à trop de stimuli). Il s'isole pour avoir la paix ou fuir certaines pressions. Il y a en effet des enfants qui ont besoin de plus de temps de sommeil ; plus besoin de temps pour apprendre. S'ils sont sociables, jouent avec leurs congénères, aiment à se retrouver seuls. Ils sont plus lents, ou plus réfléchis … plus indépendants.

L'adulte en devenir se mettra en retrait, s'isolant ou aimant les moments de solitude. C'est d'ailleurs se préconisent les grands sages : des temps de retraite, coupé du monde, pour ainsi favoriser l'intériorisation. C'est encore la méditation, la prière, la contemplation. « Etre dans ce monde sans être de ce monde », c'est-à-dire pressentir que nous sommes plus que nos conditionnements, que ce que nous appelons réalité et que d'autres nomment mâyâ.

Nous ne sommes pas encore pleinement dans le spirituel, mais dans sa recherche. L'individu peut alors paraître froid, distant – comme le métal. C'est pour cela que je l'ai relié à Poumon, qui communique avec l'extérieur, reçoivent le Prana, et qui dans la méditation prennent une place importance via la respiration. Ils annoncent (cycle cheng) le spirituel (le Ciel antérieur).

Tableau :
Toute stratégie présente des aspects positifs et négatifs (la stratégie en elle-même n'est ni bonne, ni mauvaise, elle constitue un moyen pour atteindre ses objectifs et

combler ses attentes. Ce sont l'absence de conscience, la récurrence, l'abus qui en est fait qui font qu'elle devient sclérosante).

J'ai ensuite essayé de déterminer le ou les besoins qui sous-tendent l'emploi d'une stratégie plutôt qu'une autre. Et enfin quels ressorts utiliser pour en sortir. Ce qui a été appelé option nouvelle est un condensé, que certains utiliseront comme une affirmation positive, ou sur laquelle d'autres s'appuieront pour définir les actions à mener et les orientations à prendre. A condition, bien sûr que la stratégie en question soit vécue comme invalidante.

Je précise que le tableau n'est nullement exhaustif. Il apporte des bases de réflexion qui pourront déboucher sur d'autres axes, en fonction de paramètres propres à chacun.

Je me mets en colère :

positif	actif (hyper), aime la justice, passionné
négatif	cherche à convaincre, à contrôler, à trop bien faire
	surinvestissement, pression (sur soi et les autres)
	veut changer la face du monde / se sent impuissant.
besoin	de respect, de compréhension, d'attention … de réussite
option	lâcher prise, prise de recul, relativisation, détachement
nouvelle	se fixer des objectifs réalisables – mettre en avant ses qualités

Elément Bois – Besoin de réalisation :
L'arbre porte ses fruits (et « c'est à ses fruits que l'on reconnaît l'arbre »). L'enfant souvent se met en colère lorsque la maîtrise lui échappe et qu'il se retrouve en échec. Il crie lorsqu'il veut être entendu, le centre d'intérêt. Réaliser c'est prendre conscience et devenir réalité, concret (qu'on crée).

Je séduis :

positif	charme (au 1er sens du terme), communique avec tout son être, ressent
	et communique un sentiment de bien être
négatif	se conforme à l'attente des autres – dépendance
	à l'inverse, cherche à prendre l'ascendant, à conquérir.
besoin	de paraître, d'être le centre d'intérêt, d'amour … de pouvoir
option	je suis aimé pour qui je suis vraiment – je suis digne d'intérêt
nouvelle	je suis autonome - je n'ai besoin que de ma propre appréciation
	l'autre, la vie me comble

Elément Feu – Besoin d'appartenance :
Le Feu c'est l'amour, la passion, l'attirance. L'autre occupe tout notre horizon, et en retour nous avons besoin de son attention, sa complicité … Mais pour plaire nous devons attirer, aimanter, charmer. De ce fait nous devons correspondre aux attentes, critères de l'autre, sans quoi le coup de foudre ne sera qu'un amour éclair. Certains

vont jusqu'à dire que les attirances ou répulsions envers les personnes (importantes) que nous rencontrons, ne sont que le prolongement d'une relation antérieure (vies elles aussi antérieures, si toutefois on y croit).

Je manipule :

positif	ingénieux, psychologue, organisateur, conciliateur
négatif	calculateur, intéressé
	n'existe qu'au travers ses stratégies et mensonges
besoin	de contrôle, de paix intérieure, d'harmonie
option	exprimer ses désirs et envies sans crainte
nouvelle	accepter d'apparaître en plein jour

Elément Terre – Besoins de base :
La Terre est au centre, elle passe inaperçue (malgré l'écologie), et pourtant elle demeure notre « socle de base ». Elle est intersaison : non seulement elle fait le lien entre les autres Eléments, mais elle prépare à la saison suivante, c'est à dire qu'elle module, adapte les énergies, pour le bien être du corps.
La Terre nous ramène à la réalité que chacun doit façonner pour arriver à son accomplissement (comme le potier œuvre, pétrit l'argile – Adam lui-même aurait été créé à partir d'argile – pour confectionner l'objet). Cet apprentissage de la vie, de l'existence, de l'expérience contribue pleinement à l'évolution et est peut-être la raison de l'incarnation. Car respirer, boire, manger sont certes des facteurs essentiels à chacun, mais sur un plan plus large : pourquoi suis-je sur terre ? Qui suis-je réellement ? Est-ce que mon égo est le reflet fidèle de mon Etre, ou est-il perverti ? On comprend pourquoi la rate est liée à la réflexion et qu'elle est le « siège de la transmutation du moi » (De SOUZENELLE – p 260)

Je me mets en retrait :

positif	discret, autonome ... observateur, ne veut pas être influencé
négatif	froid, distant, insensible, auto-suffisant
	manque d'implication (peut-on compter sur lui ?)
besoin	de sécurité, d'assurance - indépendance
option	choisir la relation et ses conséquences ; (se) faire confiance
nouvelle	se mettre en avant quand cela est nécessaire

Elément Métal – Besoin d'estime de soi :
Le Métal sert à couper, se défendre, attaquer (armes), il sert également à la fabrication des pièces de monnaie, bijoux ... donc en lien avec la valeur personnelle et financière.
L'estime de soi se perçoit, par la gestuelle, les attitudes, et la façon de s'exprimer (cordes vocales, le souffle – poumons). Trop se mettre en avant trahi un besoin de reconnaissance, de se mettre en valeur. Celui qui est sûr de sa prestance parle au bon

moment et il est entendu. De même le guerrier dissuade (met en retrait) l'agresseur par ses armes et son assurance. Il n'a donc pas besoin d'en faire (Métal) trop. Néanmoins, il doit veiller à ne pas être trop discret sous peine de voir sa valeur en baisse. C'est le principe des rois, chefs de clan qui habituellement ne sont pas accessibles, mais qui viennent rencontrer leur troupe aux moments cruciaux.

Je me plains :

positif	*compatissant, compréhensif, gentil, à l'écoute, prêt à rendre service*
négatif	*cherche à susciter la sensibilité, la pitié, une prise en charge, une dépendance réciproque – compatit pour mieux ramener le débat sur ses propres besoins, manques ou difficultés ; « collant »*
besoin	*d'être consolé, rassuré ... valorisé*
option nouvelle	*grandir, s'émanciper ; prendre la responsabilité (responsable : qui a la réponse)* *avoir confiance en ses ressources*

Elément Eau – Besoin de sécurité :
L'eau rappelle le liquide amniotique, le cocon : nourrit, logé, blanchi. Mais l'eau au même titre que le feu est un grand danger. Si l'on peut arrêter le feu, l'eau quant à elle est incontrôlable : le déluge. Elle soulève donc des peurs (reins), et devant de telles catastrophes, l'homme se lamente. C'est dans ces moments-là qu'il se rappelle à Dieu, ou à toute autre divinité. La prière (du latin *precaria* : supplique), qui devrait être une « conversation » avec le Créateur, est plus souvent une requête, une imploration, une supplication ; donc très proche de la plainte.

Si la stratégie dérivée du grec *stratos* qui signifie « armée » et *ageîn* « conduire », est toujours lié à l'habilité à diriger et coordonner des actions afin d'atteindre un objectif, elle suppose également des « manœuvres » dans les relations avec autrui. C'est pourquoi il m'a paru intéressant d'aborder dans ce chapitre les mécanismes de domination développés par James REDFIEFD dans son livre « la prophétie des Andes ». REDFIEFD dit que nous avons tous besoin de l'énergie des autres : sous forme d'attention, de reconnaissance, d'approbation. Ces attitudes, souvent façonnées depuis l'enfance, peuvent, si l'on n'y prend pas garde, aboutir à des mécanismes de domination agressifs ou passifs.

4 (et non 5) mécanisme de domination :

L'intimidation :
Cette stratégie est basée sur l'attaque directe, qui peut déboucher sur la violence verbale, physique dans les cas extrêmes. La personne use de sa force physique, de menaces, de colère, de pression, de remarques ; elle aime donner des ordres, est autoritaire, inflexible, sarcastique. L'intimidateur cherche à susciter la peur chez son adversaire, qui sous stress lui fournira l'énergie convoitée. L'intimidateur a appris dans son enfance que seuls les plus forts survivent ; car selon les explications de

certains, celui-ci a développé cette stratégie pour faire face à des parents eux-mêmes intimidateurs, ou pour facilement prendre l'énergie de parents plaintifs.

L'interrogation :

L'interrogateur utilise des questions détournées pour acquérir l'énergie de son adversaire, ce qui reste néanmoins une attaque directe. Il brise le moral et la volonté par suspicion ou critique hostile ; il insiste sur la faute et l'erreur d'autrui ; harcèle quelquefois ; devient cynique …

L'interrogateur serait né de parents indifférents. C'est un enfant qui manque d'affection. Il a donc essayé dans son jeune âge d'obtenir l'attention de ses parents (et donc de l'énergie) en posant des questions, plein de questions.

L'indifférence :

L'indifférent choisit d'ignorer son partenaire/adversaire. Il le s'épuiser tout seul.

Ce type est de nature solitaire. Bien qu'il apprécie la compagnie, il est généralement timide et peu sûr de lui. C'est pourquoi il esquive la confrontation directe pour éviter de perdre son énergie. Il pense devoir tout faire de lui-même ; a besoin d'espace, d'indépendance. Il cultive le mystère, et quand quelque daigne s'intéresser à lui, il se nourrit de cette énergie.

Cette stratégie a été développée dans l'enfance par une personne aux parents interrogateurs en ne répondant aux questions sournoises ou intimidateurs pour ne pas supporter leur pression.

La Plainte :

Le plaintif peut être une vraie sangsue. Il provoque la sympathie, ressasse sa tragédie : pessimiste, vulnérable, il cherche l'aide d'autrui, quitte à le faire culpabiliser, à jouer sur les sentiments. Pour maintenir la relation (dont il a besoin) il donne des explications interminables, se confond en excuses, essaie même de résoudre les problèmes des autres. Ce sont des poissons-pilotes qui cherchent la sécurité auprès d'une autorité.

Ce serait la meilleure stratégie à adopter qu'a trouvé un enfant face à des parents intimidateurs.

Tableau récapitulatif (avec des mots clés)

Agressif	Passif
Intimidateur égocentrique, dominateur, coléreux, menaçant, peut devenir furieux et violent, ne sait pas écouter, maintient sous pression. Expression : « je dois tout faire seul, réussir à tout prix. »	*Plaintif* accommodant, vulnérable, se laisse utiliser, soupire et pleure facilement, réclame de l'aide ou veut résoudre les problèmes des autres. Expression : « mais je n'y arriverai jamais. »

combat intérieur (intimidateur)	combat intérieur (plaintif)
peur d'être dominé	*J'en fais tant et personne ne me*
peur de manquer	*remarque.*
Quelqu'un d'autre peut y arriver avant	*Je ne sais pas comment obtenir de*
moi.	*l'énergie d'une autre façon.*
Personne ne me remarque.	*Si je change, tu ne m'aimeras plus.*
Personne ne s'intéresse à moi.	*Tu ne t'intéresses pas vraiment à moi.*
Je dois le faire tout seul.	*J'ai besoin d'être reconnu.*
Personne ne s'occupe jamais de moi.	
Interrogateur	**Indifférent**
Critique, soupçonneux, questionneur,	solitaire, insaisissable, manque de
sceptique, perfectionniste, moralisateur,	confiance, fuit le conflit.
cherche à tout savoir, à contrôler.	Expression: « je ne sais pas… peut-être,
Expression: « pourquoi ne fais-tu pas…?	de toute façon. »
combat intérieur	**combat intérieur**
Pendant mon enfance on n'a jamais	*Je ne suis pas sûr de me débrouiller*
reconnu mes qualités.	*tout seul.*
Les gens m'abandonnent et j'ai peur.	*je n'ai pas confiance en moi.*
Je veux une preuve de ton amour.	*Je serai piégé et je ne pourrai pas*
Tu vas me quitter.	*m'acquitter de ma tâche.*
Tu as besoin de moi, j'ai besoin de toi.	*Je ne sais pas ce que je ressens.*

http://www.coachingquintessence.net/pages/Les_mecanismes_de_domination_selon_James_Redfield-2479172.html

Si les termes utilisés (et je ne suis pas entièrement d'accord avec le choix des auteurs) ne se retrouvent pas forcément avec la description donné des 5 stratégies des pages précédentes, des similitudes sont frappantes.

L'intimidateur a le plus d'affinité avec « je me mets en colère » :
Le rapprochement est saisissant. Le mécanisme de domination apporte néanmoins un éclairage nouveau : la colère répétée, se traduit en comportements, qui ne sont pas toujours décelés par la personne, mais qui sont perçus – consciemment ou instinctivement – par l'extérieur. Ce qui au départ est un appel au secours, une irritation, un mal être, devient un handicap dans la vie et les relations. Ce comportement peut être plus insidieux, la pression non dite mais bien présente. Ce sont tous ces rapports de pouvoir, où il est nécessaire de connaître les codes pour éviter les impairs.
En relation avec l'Elément Bois et de ce fait à la réalisation de soi, sommet de la pyramide, ce mécanisme est évidemment lourd de conséquence. En effet il peut isoler, et n'oublions pas que la réalisation de soi passe par l'appartenance et l'estime de soi. Or, la colère, l'intimidation, la pression peut, chez certains provoquer de la culpabilité (cycle Raé / Ko inversé) lors de la prise de conscience des conséquences

de ses actes. S'ensuit alors une alternance d'agressivité et de culpabilité, qui ne peut bien évidemment pas favoriser l'épanouissement personnel.

L'interrogateur et « je séduis » :
« Miroir, mon beau miroir, dis-moi qui est la plus belle », le séducteur a besoin de conquête pour être rassurer quant à son pouvoir de séduction. Dans ce cas l'interrogation ne sera pas négative (ni critique, ni soupçonneuse ... quoique : on peut chercher le défaut chez le concurrent pour bénéficier des bonnes grâces de l'auditoire). Si le séducteur ne pose pas de question directe, ses yeux, eux, questionnent : « me regardes-tu ? ». Car il est en écho au besoin d'appartenance et le combat intérieur de l'interrogateur le souligne ardemment : la peur de l'abandon, une preuve de l'amour porté. Il est donc alors nécessaire d'être conforme, connaître les codes, et pour cela questionner, être chébran, être à l'affut.

L'indifférence et « je me mets en retrait » :
Par définition l'indifférent est distant, et il est intéressant de noter que ce type, dont le combat intérieur dit « je ne suis pas sûr de pouvoir m'acquitter de ma tâche, de me débrouiller seul », renvoie à la notion de valeur et d''estime de soi. Soit j'ai suffisamment de ressources, j'en suis conscient et la question en se pose pas, soit je cherche de l'aide. Le problème vient du conflit intérieur : l'absence ou l'insuffisance d'estime de soi conduit à un certain nombre de comportements, dont la fuite, la solitude (pour ne pas montrer ses faiblesses, zones d'ombre), le retrait. Nous sommes tous différents les uns des autres. L'indifférence, vue sous cet angle, ne serait-elle pas une peur d'affirmer ses propres qualités et limites (le jugement sous-jacent renvoie à la culpabilité, émotion du Métal).

Le plaintif et « je me plains » (on s'en serait douté) :
Je vais réveiller le lecteur : nous sommes tous des plaintifs en herbe. La plupart du temps, nous n'assumons pas nos origines, notre énergie, notre potentiel. La peur (Rein) dirige le plus gros de nos actions : peur de manquer, peur de l'autre (verrous, barrières, assurance-vie ... sécurités renforcées). Quitte à un mauvais jeu de mot : je cherche à être plein (comblé) donc je me plains. Nous cherchons confusément à « remplir » ; la nature a horreur du vide dit-on, alors que l'atome serait constitué de plus de 99% de vide ! Ce vide pourtant angoisse. Dans les maladies dégénératives, comme Alzheimer, les malades dans leur dernier stade, émettent des sons, des râles. Ces sons provoquent des vibrations qui leur permettent de se sentir encore vivants. Les gémissements, la plainte pourraient donc soulever une question bien plus importante qu'il n'y paraissait.

Comme l'indique le tableau ci-dessus, les 4 types vont par paires. Ainsi l'intimidateur s'adresse-t-il au plaintif (et inversement) ; alors que l'interrogateur s'intéresse à l'indifférent. En effet, pour rester dans son mécanisme l'intimidateur (le « sado ») a besoin d'une personne qui accepte, voire suscite, ses excès et ses attitudes. C'est la plaintif (le « maso ») qui s'y colle. En retour, le plaintif a besoin de matière à se lamenter : l'intimidateur par son agressivité le lui fournit.

L'interrogateur a besoin de poser des questions, de suspecter. Si son vis-à-vis lui donne des réponses sans sourciller, le jeu n'a plus d'intérêt. Il lui faut donc un indifférent, qui, par son mutisme, va renforcer ses soupçons et justifier sa méfiance. A l'inverse, l'indifférent, qui aime la solitude, l'absence de conflit, va être conforté dans son mécanisme face à un interrogateur, source de stress.

Selon le schéma des 5 Eléments suivant :

Intimidateur / Bois –
Plaintif / Eau :

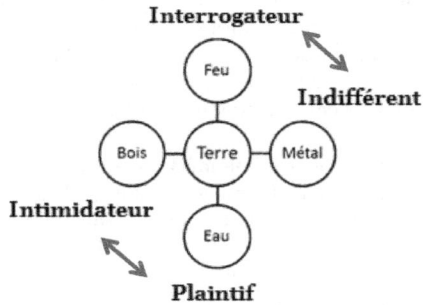

- ▶ On ne peut se réaliser (Réalisation de Soi – Bois) sans sortir de son confort, des sentiers battues (Sécurité – Eau)
- ▶ L'affirmation de soi (Crier – Bois) s'oppose à la peur, le fait d'être timoré
- ▶ Le Bois croît, s'élève, va vers le ciel ; l'Eau ruisselle, s'infiltre pour devenir une source. Le second peut symboliser le départ, les origines ; le premier le retour, l'arrivée
- ▶ …

Interrogateur / Feu – Indifférent / Métal :

- ▶ Le Feu est chaud, fait fondre, fusionne ; le Métal est froid, coupe, tranche : pour trouver l'estime de soi (individuel), il est nécessaire de sortir du groupe, du collectif (appartenance).
- ▶ Le Feu peut être symbole de spiritualité (bougie, étincelle divine …) alors que l'argent, les bijoux ramènent au monde matériel.
- ▶ Les émotions humaines (Feu) s'opposent souvent à l'inspiration « divine » (prana - Poumons).
- ▶ …

Reste le manipulateur et l'Elément Terre !

Dans la description de REDFIELD, il me semble qu'un mécanisme a été zappé (il y en a peut-être d'autres) : celui que j'appelle le médiateur. Ni agressif, ni passif, il cherche le compromis, à recouvrer un équilibre entre les forces en présence. Il négocie, arrondit les angles, arbitre. Il prend alors une place enviable, et s'approprie de l'énergie par sa position stratégique, puisque les honneurs lui reviennent en cas de réussite. Cependant, il aura avant dépensé son énergie, fait monter son adrénaline, dans les phases aigues de la médiation.

Là encore, pour avoir la vedette, le conflit, le déséquilibre doit exister, sinon il est au chômage. Il peut donc créer lui-même des difficultés afin de mieux pouvoir ensuite les résoudre. Ce mécanisme peut voir le jour chez l'enfant à la fratrie importante, ou chez le second, qui, entre le premier et son droit d'ainesse, et le dernier qui bénéficie d'une plus grande indulgence, choisit cette position stratégique afin de pouvoir exister.

Le Médiateur et « je manipule » :

Le médiateur doit user de patience, diplomatie ; il doit faire en sorte de ne léser personne (ou le moins possible), tout en ramenant la situation a un état d'équilibre. Il doit rester les « pieds sur terre » pour trouver des solutions réalistes et pérennes (enfin c'est ce qu'il dit). Cependant toute négociation est un jeu d'échecs : on peut alors chanter, faire chanter, déchanter (expression de la Terre).

Bibliographie
Le symbolisme du corps humain Annick De SOUZENELLE
L'erreur de Descartes : Antonio DAMASIO; Odile Jacob Editions
Looking for Spinoza, Antonio DAMASIO; Odile Jacob Editions
Aline Apostolska : vision inédite de votre signe astral – Editions Dangles

Chapitre 5

Les messages contraignants, encore appelés drivers

Le parent par ses attentes et son éducation va en retour conditionner l'enfant.
Les messages contraignants ont été déterminés par l'Analyse Transactionnelle. Ce
sont des messages parentaux, des « mots d'ordre », enregistrés très tôt (ils sont la
plupart du temps inconscients) qui formulent une condition de reconnaissance.
Ils sont le résultat d'injonctions fréquemment entendues.
De ce fait, la personne va perpétuer le type de réponse attendue pour être
en adéquation avec son entourage.
Chaque individu dispose d'un ou plusieurs drivers qui s'activent sous stress
et qui déterminent son comportement.

Nous n'abordons pas ici les projections parentales non exprimées, tel que le projet-
sens des décodeurs. Ce projet-sens est lui aussi souvent inconscient. Il vient pour
combler des attentes et besoins transgénérationnels, dans le sens où le parent a déjà
hérité d'un contexte, de frustrations, de « tares » émotionnelles de ses propres
parents.

- Les cinq messages parentaux
  - o Sois fort
  - o Sois parfait
  - o Fais plaisir
  - o Fais des efforts
  - o Dépêche-toi
- Lien avec les 5 Eléments
- Incidences

Les Drivers :

Éric BERNE, père de l'Analyse Transactionnelle les a regroupés par faille et en a dénombrés 5 ! Il les a nommés ainsi : Sois fort - Sois parfait - Fais plaisir - Dépêche-toi - Fais des efforts

Synthèse des 5 messages parentaux :

Sois Fort :
Hérité d'affirmations de type : « il faut être courageux », « un garçon ne pleure pas », « ce qui ne nous tue pas nous rend plus fort », le porteur est orienté résultats, fait face à des situations de crise, il maîtrise (ou réprime) ses émotions et s'écoute peu. Il cherche donc des solutions selon des critères neutres et objectifs.

Avec les autres, il se montrera souvent exigeant, et pourra montrer du mépris envers celles et ceux qui montrent ce qu'il considère être des faiblesses. Il commence par donner des conseils et finit par faire à la place de l'autre. Le « sois fort » n'encourage guère à l'autonomie. Mais ceci révèle un manque profond de confiance en soi, qui le pousse à établir des relations de dominance, et c'est sans doute pour cela qu'il cache ses émotions, et ce qui le rend vulnérable.

Synthèse	Ne s'accorde pas de droit à l'erreur, et l'appel à l'aide est un aveu de faiblesse
-	Angoisse de craquer sous la pression de la valeur d'une tâche Pas question de saisir ce qui se passe en lui (émotions, sentiments …). Manque de sensibilité. Réticence à demander de l'aide, mépris pour ceux qui en demandent. Faire face
+	Capable de supporter l'angoisse, l'inconfort, la difficulté Capable de faire face à des situations difficiles. L'As du système D Capable de prendre sans défaillance des fardeaux supplémentaires Fort sens du devoir. Capable de prendre des décisions désagréables
Sous stress	Solitude. Froideur, distance. Rigidité et intolérance. Se montre invulnérable vis-à-vis des autres. Veut tout prendre en charge. Se referme sur lui-même et ne partage pas ce qu'il ressent. Risque : se suffire à lui-même

Sois Parfait :
Hérité d'affirmations de type : « tu peux mieux faire » ; « c'est pas mal, j'attendais mieux » ; « c'est dommage tu aurais pu avoir plus », le « sois parfait » est un grand travailleur, doué pour planifier, explorer, analyser les tenants et les aboutissants d'une tâche, d'un projet pour le mener à bien.

Mais ils accordent beaucoup d'attention aux détails, placent la barre très haut, et sont souvent insatisfaits de leurs productions, comme de celles des autres.

Dans leurs relations, ils pointent souvent le défaut, ce qui ne va pas et sont en revanche avares de compliments, voire d'encouragements. En réalité ils craignent l'échec et se perdent en réflexions car ils ont du mal à déléguer, préférant faire les choses eux-mêmes (l'autre ne pouvant bien évidemment pas répondre au degré de perfection recherché).

Synthèse	Se noie dans les détails et craint le jugement : tout est évalué en bien ou en mal
-	Ne sait pas toujours évaluer les priorités. Se perd dans les détails. Ne se fie qu'à lui-même pour vérifier Faire le mieux possible du 1er coup, sans la moindre erreur Eviter toute critique (critique interne !) Manque de tolérance à la critique. A force de chercher la solution la meilleure, il rate des acceptables
+	Cisèle ses phrases. Détecte ce qui ne va pas Surveille bien. Planificateur et organisateur. Bons administrateurs
Sous stress	Peut se noyer dans des détails. Devenir rigide et s'angoisser ce qui l'incite à imposer ses propres règles. Ne délègue plus. Risque : Dépression. Devenir envahissant, critique. Mettre la barre trop haute

Fais plaisir :

Hérité d'affirmations du type : « sois gentil », « tu vas faire de la peine à maman/papa », « tu serais adorable si … », « ne sois pas égoïste » ; le « fais plaisir » est conciliant, altruiste. Il pense que pour plaire, être admis, il doit répondre aux besoins et attentes des autres avant les siens. Il est donc prêt à rendre service, à aider, se plie en quatre pour autrui et peut même anticiper leurs demandes.

Ses qualités : positif, agréable, aidant … sont appréciées au sein d'une équipe de travail ; elles favorisent un système participatif et réduit les conflits. Mais elles peuvent l'amener à se soumettre, s'oublier … par crainte d'être rejeté. « Fais plaisir » peut également facilement tomber dans la dépendance affective, et le déni de soi peut engendrer des frustrations, des sentiments d'ingratitude.

Il a du mal à prendre des décisions ; à exprimer opinions et désirs ; à dire non ; à fixer les limites ; à demander quelque chose pour lui. De ce fait il obtient rarement ce à quoi il estime avoir droit (intérieurement).

(Je pense personnellement que certains « Fais plaisir » alterne avec un autre driver, ou après une phase de « gentillesse » menant à la frustration, ils entrent dans une période réactive où ils peuvent alors être beaucoup moins conciliants, au grand étonnement de leur entourage)

Synthèse	Néglige ses propres besoins et craint de décevoir
-	Anxieux de l'approbation Dépense d'énergie pour vérifier que l'autre n'est pas malheureux Ne pose pas de question, ne vérifie pas. Heureux d'avoir deviné juste Opine de la tête. Difficulté à confronter

+	Enclin aux compromis et trop conciliant, aide S'intègre bien dans une équipe (ne dirige pas) Ciment de cohésion. Intuition, empathie. Tolérant, souple, plein d'humour
Sous stress	Ne pas prendre en considération l'autre. Sûr de son bon droit. Risque de devenir envahissant. Peut devenir agressif.

Fais un effort :

Hérité d'affirmations du type : « remues-toi un peu », « forces-toi », « allez, du courage » ; le « fais des efforts » s'implique donc grandement, déploie une énergie colossale pour les projets qui lui tiennent à cœur. Les obstacles ne lui font pas peur et il les prend à bras le corps, quitte à payer de sa personne. Appliqué, il reconnaît aussi les efforts produits par les autres ; il fait preuve de bonne volonté, de persévérance, de détermination.

Mais il peut devenir entêté, avoir du mal à finir, car le résultat ne l'intéresse pas (une fois terminé : plus d'effort à fournir – il peut de ce fait minimiser, dévaloriser les accomplissements des autres). Il ne s'autorise pas non plus de plaisir, et peut même compliquer sa tâche pour avoir à faire un effort. Sa voix, comme son attitude générale, sera souvent plaintive et impatiente.

Il faut dire qu'on lui a sapé son énergie. L'enfant devrait apprendre dans la joie, là où il y a effort, il y a souvent un manque d'intérêt ou de pédagogie. Dans les deux cas, on ne se soucie pas des envies de l'enfant, et on tente donc d'imposer les siennes ou de répliquer l'éducation reçue ; il en ressent donc pas l'attention dont il a besoin.

Synthèse	Perte de vue du résultat visé et crainte de la critique.
-	Traîne, souffle, prolonge pour éluder la conclusion. Tout est difficile. N'achève pas les phrases. S'enlise, redoute les silences, sape le projet d'un groupe. Se désolidarise, projets en l'air…
+	Son énergie s'investit dans une direction nouvelle. Utile dans la 1ère phase d'un projet. Peut abandonner un projet pour un autre. Sait déléguer. Sait faire de l'humour.
Sous stress	Peut devenir agressif, arrogant et rejeter la responsabilité de ses échecs sur les circonstances ou sur les autres

Dépêche-toi :

Hérité d'affirmations du type : « tu es lent », « on va être en retard », dépêche-toi de finir ton assiette ». La motion de temps est au centre du monde du « dépêche-toi » : il travaille vite, est efficace, est performant dans l'urgence ; il veut des résultats rapidement ; avancer en allant droit au but, sans se préoccuper de ce qu'il perçoit comme inutile ou superflu.

Il peut néanmoins s'agiter inutilement, s'éparpiller, faire les choses à moitié.

Le « dépêche-toi » a une fâcheuse tendance à presser les autres pour qu'ils s'adaptent à son rythme, à se montrer impatient. Il peut s'avérer persécuteur, avoir tendance à expliquer les choses, à donner – toutes – les informations nécessaires, et faire éventuellement à la place des autres pour gagner du temps. Il peut finir ultra stressé et ultra stressant.

Ce cas est intéressant (les autres aussi) : d'où peut venir cette précipitation ?
► *D'une fuite devant l'ennemi, sous peine de tomber sous la mitraille, d'être arrêté, torturé ...*
► *De la mort imminente d'un parent pour arriver avant son trépas*
► *D'une réhabilitation qui se transmet de génération en génération et qui tarde à venir*

Synthèse	Précipitation et pression pour faire mieux et bien.
–	Inhibe la réflexion de la personne. Se donne trop peu de temps. Parle très vite. L'excitation et l'énergie viennent du trop peu de temps Etre entre deux lieux – ne pas être là. Interrompt ou finit les phrases de l'autre Il leur arrive d'interrompre celui qui parle ... il va trop lentement !
+	Peu de temps disponible : rend de l'énergie au groupe. Sait gérer les urgences
Sous stress	N'a jamais le temps. Peut s'angoisser, devenir hostile. Peut aller jusqu'à l'auto destruction

Note :
Chaque message recèle un sens exprimé et un autre latent. Il y a un constat dans l'instant : il faut assumer tes actes, encaisser une nouvelle (sois fort) ; être présentable (sois parfait) ; être attentif à l'autre dans certaines circonstances (fais plaisir) ; y mettre du sien (fais un effort) ; et ne pas rater l'événement (dépêche-toi) ... et ceci peut se comprendre dans le ponctuel. Cependant, avec du recul, pourquoi devrais-je être fort, être courageux ... et ce en permanence ? Si ce n'est pour répondre à une mémoire, compenser l'attitude d'un aïeul.
Si je reprends le message « dépêche-toi » en exemple. Il se peut qu'un parent, pendant un conflit, fuyait l'ennemi avec sa famille. Pour arriver à couvert, passer la frontière, tous ont dû courir. Malheureusement cette personne souffrant d'une entorse, d'un problème cardiaque, n'a pu échapper aux soldats : abattue ou arrêtée, puis disparue. Les survivants, effondrés, lui ont peut-être crié « vite, plus vite », ou bien la croyance de devoir aller plus vite pour survivre s'est ancrée. Elle a ensuite été transmise aux générations suivantes sans pour autant leur préciser l'événement.

Lien avec les 5 Eléments :

Ce lien n'est pas toujours évident, et c'est tant mieux. Ainsi apportera-t' il un nouvel éclairage, de nouvelles optiques à celles plus évidentes. N'oublions pas que le concept des 5 Eléments vient de Chine, où la pensée et la manière de s'exprimer diffèrent de l'occident : « *Le mot, en chinois, est bien autre chose qu'un signe servant à noter un concept. Il ne correspond pas à une notion dont on tient à fixer, de façon aussi définie que possible, le degré d'abstraction et de généralité. Il évoque, en faisant d'abord apparaître les plus actives d'entre elles, un complexe indéfini d'images particulières* »

La pensée chinoise ; Marcel GRANET

Les mots chinois sont à ce titre composés de petites figures ; et le Tao résume à peu près cette idée qui veut que le yang ne va pas sans le yin et inversement. Rien n'est catégorique, fixé. Ce qui rend d'ailleurs complexe les échanges commerciaux pour celui qui n'y a pas été initié.

Que le lecteur ne s'attende donc pas à une évidence. Le mot est porteur d'énergie qui peut s'épanouir ou se contracter, donnant des effets contraires et parfois surprenants. D'autres éléments de réponse viendront éclairer ou éclaircir les notions qui suivent dans le chapitre suivant. Commençons par le plus évident :

Dépêche-toi :

L'énergie doit être mise rapidement à disposition, et pour la mobiliser, la colère est l'émotion qui est tout à fait appropriée. Mais à l'inverse, le fait d'être stressé, bousculé, pressé par le temps pour provoquer de la colère : lorsqu'un automobiliste suit d'un peu trop près la voiture, cherchant à doubler (il est d'ailleurs lui-même excité parce que vous n'allez pas assez vite). Le « dépêche-toi comprime, compresse. Le territoire est envahi, et la colère vient en réponse à cette agression.

L'intimidateur, dans les mécanismes de domination, se sert souvent du tempo, du timing : « où en êtes-vous ? » ; « ça n'avance pas » car ces motivations, son combat intérieur (pages précédentes) sont : *La peur de manquer - Quelqu'un d'autre peut y arriver avant moi.*

Nous sommes dans le besoin de réalisation, et plus on avance en âge, plus le temps raccourcit et accélère (du moins beaucoup ont cette impression). D'où les crises de la quarantaine : remise en question du couple ; de la cinquantaine : du professionnel – on s'achemine vers une fin de carrière, si à 50 ans tu n'as pas une Rolex … ; de la soixantaine : retraite, et donc nouvelle orientation personnelle. A chaque fois un bilan de ce qui n'a pu être réalisé, et le choix et/ou la possibilité ou non de le faire. Rappelez-vous c'est aux fruits que l'on reconnaît l'arbre : le Bois.

Mais l'inverse s'applique également, car la précipitation n'est pas bonne conseillère. Chaque chose en son temps. Les fruits, les récoltes, les récompenses … ont besoin de maturation. Tout vient à point pour qui sait attendre. Pour faire le bon choix, avoir du discernement (Vésicule Biliaire), il est nécessaire de prendre du temps, même si quelque fois la décision est instantanée (inspiration, instinct : relève plus du Métal).

Dans l'éducation « Dépêche-toi » empêche l'enfant de se connecter à ses valeurs, ses rêves, et en cela il ne lui permet pas de se découvrir, de révéler sa véritable personnalité (protéines – foie). Bien souvent, j'ai pu constater qu'un enfant à qui on fait confiance, arrive à ses fins. A son rythme, qui n'est pas celui du parent ou de l'éducateur. Certains savent très tôt ce qu'ils veulent faire, pour d'autres, l'orientation professionnelle est tardive.

La société actuelle va dans le sens de l'accélération, et par incidence du manque de contrôle : classe d'éveil, langue étrangère à la maternelle ; puis polyvalence, délais de livraison courts, mutation, délocalisation (perte de territoire) ; manque de personnel dans les institutions : hôpitaux, maisons de retraite. Tout ceci n'aurait pas les incidences que l'on connait si le besoin fondamental de l'Elément Bois était suffisamment nourri (cycle cheng) : bases (reins) solides ; sécurités individuelle, professionnelle, financière assurée (Eau) ; respect des traditions (Energie Ancestrale) : c'est-à-dire laisser là encore du temps pour l'adaptation à la nouveauté – les jeunes le font très rapidement, les séniors doivent s'investir : si le politique veut le bien-être de ses concitoyens, et une société ouverte sur l'avenir, encore faut-il s'en donner les moyens en impliquant un maximum de personnes – et si le Bois était suffisamment contrôlé (cycle Ko) : respect de chacun – estime de soi – liberté d'action, avec mise à disposition de l'énergie et des ressources pour faire et se réaliser (mitochondrie et côlon).

Sur le plan physiologique, le foie est l'organe le plus chaud (38,5°) et remplit de nombreuses fonctions. Parmi elles, la production de la bile qui émulsionne les graisses. Sans bile pas d'absorption des lipides. Or ces lipides sont fondamentaux : apports en énergie, esthétique (9 kg de lipides pour une personne de 65 kg), fluidité de la membrane cellulaire et plus particulièrement celle des cellules nerveuses ainsi que de l'influx nerveux : on retrouve ici le « dépêche-toi » à travers la rapidité du processus de conduction électrique des neurones qui dépendant pour une grande partie des acides gras (dont les fameux omégas 3). La bile agit également sur la lubrification des intestins et favorise le péristaltisme.

Dépêche-toi : Elément Bois – besoin de réalisation / maturation

Fais des efforts :

Dans les expressions populaires, faire un effort c'est quelquefois donner un coup de rein, c'est aller puiser dans son capital ressources. A l'inverse lorsque l'on demande un effort à quelqu'un qui en fait déjà, il aura tendance, non pas à se mettre en colère, mais à se justifier, voire se plaindre : « je fais ce que je peux », « j'en ai déjà fait beaucoup », « vas-y toi, tu en as de bonnes ». Le « fais des efforts » rend quelque part l'autre impuissant, ou insuffisant. Pas assez : de force, de volonté, de capacités … il n'a pas les reins assez solides. Et en cela il subit doublement : la charge qu'il a à gérer et les remontrances, critiques reçues. De quoi en avoir plein de dos, l'énergie sapée. La personne, ou l'enfant faisait de son mieux, la remarque lui indique qu'il ne correspond pas aux attentes – comme les autres drivers – et le remet en question concernant ces aptitudes. Ceci peut donc créer un doute (qui peut annihiler la volonté : Reins) et mettre en insécurité.

L'effort agit sur les muscles (Bois – cycle cheng), les contracte, ce qui rejaillit sur les articulations, les os qui dépendant de l'Elément Eau ; la posture se modifie : l'échine se courbe, indiquant énergétiquement une atteinte de Vaisseau Gouverneur et/ou du Méridien Vessie, puis on a les reins cassés. Un travail peut être usant, mais il l'est encore plus lorsqu'il est effectué à reculons (Reins – Energie Ancestrale / Vessie : arrière du corps), sans enthousiasme.

A l'inverse lorsqu'il est réalisé dans la collaboration, l'entraide (échange – relation de Poumon qui nourrit Rein), la charge bizarrement devient moins lourde ; la fatigue est moindre.

Dans l'éducation le « fais un effort » coupe l'enfant de ses facilités. Ce qui est facile correspond à notre énergie, nos prédispositions (le Ciel Antérieur du Rein, notre capital personnel et familial). Repérer ces facilités permet de mieux cerner la personnalité (Eau nourrit Bois) et invite à l'épanouissement de l'Etre. Chacun possède un potentiel, qui répond ou non aux attentes sociétales mais qu'il serait néanmoins important de respecter et de mettre en avant ; surtout si l'on croit que chacun fait partie d'un tout, et a son rôle, petit ou grand, dans l'univers.

Précision : de l'extérieur, le travail peut sembler acharné, colossal, alors que pour l'intéressé, il est simplement passion, vibration. Si chacun trouvait sa vocation, il n'y aurait plus d'effort à fournir ; seulement de l'investissement et du plaisir à partager pour mettre en œuvre sa propre essence.

Il en va de même pour apprendre à nager (Eau) : la meilleure façon est de se laisser porter, de ne faire qu'un avec le courant, et non pas se débattre, ce qui finit invariablement par épuiser.

Pour être dans sa « voie », et ne pas faire d'effort, le cycle cheng indique que l'individu doit être nourri d'une estime de soi suffisante. Cette fierté (à distinguer de l'orgueil) va modifier sa posture : la poitrine va se bomber, les poumons mieux respirer – captant ainsi le précieux Prana, et activant les mitochondries pour produire de l'énergie dont les Reins-effort ont besoin ; le cycle Ko indique qu'il est nécessaire de contrôler ses besoins de base : manger, boire, se reposer, mais aussi se distraire, prendre soin de sa personne.

Sur le plan physiologique, le rein entre dans la régulation de la pression artérielle, et a donc un impact directe sur le cœur (cycle Ko).Or le cœur est aux avant-postes lorsqu'il faut fournir un effort Rappelons que l'organisme ne fait pas la différence entre réel et virtuel, entre effort intellectuel et effort physique ; quelle que soit la sollicitation, le mécanisme sera le même : libération de sucre dans le sang (pancréas endocrine : cycle Raé), augmentation du rythme cardiaque (Cycle Ko).

Plus basic, l'effort consomme de l'eau ; il met également en route tout un catabolisme qui va dégrader les protéines que l'on retrouve dans les muscles, les hormones, l'hémoglobine … ces protéines usagées (et autres acide lactique) devront ensuite être éliminées, et ce sont les reins qui s'y collent.

Fais des efforts : Elément Eau – besoin de sécurité / facilité

Fais plaisir :

« C'est un bon chien, ça, donne la papatte … c'est bien, mon kiki ». Vu l'exemple, on se demande qui tire le plus de gratifications du maître ou du chien de la gestuelle réussie. Sur un certain plan, l'enfant n'est pas mieux loti : « il a fait un gros caca, le pépère ; mais c'est bien ça ; ça fais plaisir à maman ». A l'adolescence c'est l'enfant qui enverra « chier » ses parents : il faut bien qu'en retour l'Etre se construise.

Contrairement aux autres drivers, « fais plaisir » est tourné vers l'autre : il faut que tu te dépêches, que tu fasses des efforts, que tu sois fort, ou parfait et que tu **me** fasses plaisir. Nous sommes dans le relationnel, le plus souvent attribué au Métal / Poumon (échanges avec l'extérieur, et par extension communication). Le fait de faire plaisir peut effectivement rehausser l'estime de soi : la « bonne action » demandée par l'Eglise, « l'image » de l'école (qui n'existe plus). A l'inverse si tu ne me fais pas plaisir, si tu n'es pas sage, c'est la honte, le péché, la culpabilité (émotions de Métal). Le problème, c'est de savoir qui définit le bon du moins bon, le sage du moins sage …

Que disent les psys : « *l''estime de soi est, dans la psychologie, un terme désignant le jugement ou l'évaluation faite d'un individu en rapport à ses propres valeurs (ou* les valeurs d'autrui lorsqu'il est enfant). *Lorsqu'un individu accomplit une chose qu'il pense valable, celui-ci ressent une valorisation et lorsqu'il évalue ses actions comme étant en opposition à ses valeurs, il réagit comme « baissant dans son estime ». Selon certains psychologues, l'expression est à distinguer de la « confiance en soi » qui, bien que liée à la première, est en rapport avec des capacités plus qu'avec des valeurs».* Il s'agit donc bien de valeurs qui renvoient là encore au Métal.

*Faire preuve d'estime de soi c'est avant tout aimer qui l'on est (*Feu dans le cycle Ko*) et être persuadé que l'on mérite les bonnes choses de la vie (*être nourri sur tous les plans : besoins de base - Terre dans le cycle cheng). *C'est aussi rejeter les idées suivantes :*
• *Nous sommes tous des victimes réduites à subir tout ce qui nous arrive.*
• *Nous sommes incompétents, pas à la hauteur.*
• *Il y a quelque chose de "mauvais" en nous.*
Ces notions nous serviront pour les chapitres suivants.
L'estime de soi dépend du « miel » et du « sucre » reçu (Pancréas – Terre), qui sont eux-aussi relatifs. Le miel peut être remplacé par le chocolat, et pourquoi pas la carotte ; ainsi que d'une bonne dose d'amour, de joie de vivre, tout cela dans un sentiment d'appartenance épanoui (Feu).
Jerry MICHINTON, spécialiste en développement personnel, préconise 52 principes pour favoriser l'estime de soi dont : accordez-vous chaque jour une parenthèse de plaisir. A commencer par le plaisir au 1er sens du terme : *« Parce qu'une bonne estime de soi est indispensable à notre santé mentale, une sexualité satisfaisante et épanouie (*Maître Cœur – cycle Ko*) peut aussi contribuer à l'estime de soi. Comme*

de se sentir adéquat et reconnu en tant que bon amant ou bonne amante, de reconnaître en nous ce qui peut séduire et plaire, de savoir jouir et faire jouir. Toutes ces qualités érotiques forment des bases solides de confiance en soi et augmentent notre estime de nous-mêmes ».

Dans l'éducation le « fais plaisir » … prolongé, produit les effets inverses de l'estime de soi. L'enfant, puis l'adulte deviennent tributaire du regard, jugement d'autrui, plutôt que de se centrer sur ses propres valeurs. Il peut le déconnecter de son potentiel, du but de son incarnation diraient certains. L'inspiration du poumon est étouffée. Ce qui se retrouve sur un plan physiologique, le plaisir, la satisfaction nous rend léger et facilite la respiration qui s'apaise (incidence directe sur les poumons). A l'inverse « cœur qui soupire n'a pas ce qu'il désire ».

Le « fais plaisir » devrait se transformer en « fais-toi plaisir », tout comme il est désormais admis qu'avant d'aimer l'autre, il convient de s'aimer soi-même.

Fais plaisir : Elément Métal – besoin d'estime de soi / « fais-toi plaisir »

<u>**Sois parfait :**</u>

La première béatitude est cet état de plénitude ressenti par le bébé qui vient de téter : « j'ai bien mangé, j'ai bien bu, j'ai la peau du ventre bien tendue, merci petit Jésus ». Une des perfections de la nature est véritablement la période in utero qui mène à l'incarnation (Elément Terre). Elle commence peut-être par un « dépêche-toi », un besoin de réalisation, à travers la course effrénée de 20 à 150 millions de spermatozoïdes vers le graal, plus fort encore que le marathon de New York. Un seul sera vainqueur, pas d'ex aequo. Certains vont jusqu'à dire que le stress du départ peut être retrouvé dans la mémoire du corps. S'ensuit un formidable périple où toute l'histoire de l'humanité se rejouerait : à 3 mois le fœtus a l'aspect de celui du cochon (ce qui pourrait expliquer qu'en chaque homme il y a un cochon qui sommeille), et à 6 mois au chimpanzé. Si ce n'est pas parfait ça ! Mais revenons à l'étymologie.

Le mot « perfection » vient du verbe latin *perficio*, dans lequel *-ficio* est la forme du verbe *facio, facere* : faire ; le préfixe per- traduit l'idée d'une action menée « jusqu'au bout ». Parfait signifie donc « ce qui est fait jusqu'au bout, totalement ». Il s'agit donc de donner corps, de façonner jusqu'au produit final. Et bizarrement bébé, dans ses premiers jours et jusqu'à un certain âge (tout reste à définir les quels critères qui définissent l'homme « fait jusqu'au bout ») tête, dort, élimine … les besoins de base cités précédemment. Et lorsque l'ado commence sa « mutation », nous retrouvons sensiblement les mêmes activités.

La perfection, dit-on, n'est pas de ce monde. Ce à quoi nous répond-on : tout est parfait ! Ce qui est parfait un jour ne l'est pas forcément le lendemain : regarder les tableaux de maîtres où la femme était charnelle, rondouillarde selon les critères d'aujourd'hui. Ce que nous qualifions de parfait dépend donc d'un système de valeurs et de croyances (Elément Bois), et de ce que nous aimons, ce qui nous séduit (Elément Feu). Ce que nous haïssons, ce qui n'entre pas dans nos normes, est généralement jugé imparfait. La Religion, ou son prétexte car les enjeux étaient souvent tout autres, nous prouve à travers l'histoire qu'il n'est pas bon d'afficher sa différence : Cathares, Protestants, Juifs. Cette perfection peut même conduire à un certain aveuglement (Yeux – Elément Bois, cycle Raé) : comment ne pas trouver absurde –on pourrait en rire si cela n'avait causé des millions de morts – qu'un petit homme névrosé, n'ayant rien d'un Apollon blob aux yeux bleus, prône la race arienne.

Le perfectionniste est tatillon, peut se perdre dans des détails, cherche les meilleures solutions ; et cela peut paraître obsessionnel vu de l'extérieur, un peu comme l'individu Rate qui mentalise, ressasse, rumine, cherche un idéal qui par définition ne s'atteint pas. L'individu va donc s'employer persister pour répondre à la demande du « sois parfait ». Physiologiquement, la pression est constante, l'énergie mobilisée … ce cas de figure peut déboucher sur ce que les décodeurs appellent le conflit de résistance qui impacte le pancréas. (Le corps pour répondre à une sollicitation permanente ou récurrente a besoin d'énergie. L'énergie principale de l'organisme est le glucose et l'organe qui se charge de régler la glycémie est le pancréas. Le fait de stimuler ainsi le pancréas engendre la résistance, c'est-à-dire un état de qui-vive, de guerre intérieure ; un peu comme la résistance française qui harcelait l'ennemi pendant l'occupation).

Dans l'éducation, le sois parfait n'est pas atteignable (sans cesse de nouveaux challenges). L'enfant risque de se perdre, c'est-à-dire de se couper de sa propre essence, de ses propres ressources (Reins – cycle Ko). Son désir de perfection peut soit le couper des autres, une sorte de snobisme qui voudrait que ceux-ci ne sont pas à la hauteur de ses attentes : surestime de soi (Métal dans le cycle cheng) ; ou à l'inverse une dévalorisation (Métal) car malgré les efforts consenti le résultat n'est pas obtenu.

Il est intéressant de voir qu'une attente physiologique du pancréas – diabète – rejaillit sur les yeux (Foie – Bois : cycle Raé) et sur les reins (dialyse – Eau : cycle de rébellion).Est-ce à dire que le « sois parfait »sabote l'énergie même de la personne : son jing (Reins) et qu'elle l'empêche donc de se réaliser (Bois). Elle court-circuite les envies de la personne (Foie – corps du désir), créant un état permanent d'insécurité (Reins) de qui-vive ?

Sois parfait : Elément Terre – besoin de base / « reste naturel »

Sois fort :

La force suggère des ressources, des armes : elle pourrait donc faire référence au Métal, qui apporte valeur et pouvoir. La force est décuplée par la colère, la rage, ou la rancune (Bois). Cependant nous sommes ici dans l'image de soi, les apparences : c'est le boxeur qui dévisage son adversaire sur le ring avant le combat ; c'est la nécessité de maîtriser ses émotions (affects – Feu) lors d'une mauvaise nouvelle ; c'est ne pas pleurer, ne pas crier, ne pas se plaindre, ne pas sombrer dans la mélancolie (spleen –Rate) … donc il n'y a plus trop de choix, si ce n'est celui du Feu. Par ailleurs il est plus facile de rester fort lorsque l'on est bien entouré et supporté (appartenance).

L'union fait la force dit le proverbe. *« Le shen est la lumière de la lucidité, de la conscience, qui brille dans nos yeux quand nous sommes éveillés. Lorsque ce centre est ouvert et énergisé, notre intuition est forte et nous connaissons notre mission réelle. »* Ainsi est-il plus facile de rester dans son axe : à cœur vaillant rien d'impossible ! Et cet axe, si l'on en croit l'Elément Feu est constitué du Cœur et du Grêle – suppléés par Triple Réchauffeur et par Maître Cœur.

Notions :

Le Triple Réchauffeur (TR) est un concept flou qui a soulève bien des controverses. Les médecins chinois se sont interrogés s'il était un viscère ou une fonction.

- Le TR contrôle la circulation de toutes les formes de Qi, aux différents stades de la production et constitue dès la première respiration, l'usine énergétique de l'être humain. Il est un lieu de passage à 3 niveaux qui constitue à la production du Qi nourricier et du Qi producteur. Une perturbation du TR se traduit par un blocage dans les 3 niveaux.
- Le classique des difficultés, au chapitre 66, précise que le Qi originel réside dans la partie basse de l'abdomen, entre les deux reins, qu'il se propage aux viscères grâce au TR, pour pénétrer ensuite dans les 12 méridiens.
- Il divise le corps en trois parties : le Réchauffeur supérieur qui comprend Cœur, Poumon, Maître Cœur, gorge et tête ; le moyen avec Estomac, Rate, Vésicule Biliaire ; l'inférieur avec Foie, Rein, Intestins, Vessie. Mais il assure également le lien entre ces 3 parties.

Le Maître Cœur a des fonctions plus ou moins semblables à celles de Cœur : il gouverne le sang et abrite l'Esprit. De ce fait MC a une puissante influence sur l'état mental et émotionnel de l'individu. « C'est le Cœur qui gouverne les 5 viscères Yin et les 6 viscères Yang ; il est la résidence de l'Esprit et il est tellement dur que nul facteur pathogène ne peut s'y installer. Si le Cœur est effectivement envahi par un facteur pathogène, l'Esprit souffre et cela peut entraîner la mort. Si le Cœur est effectivement attaqué par un facteur pathogène, ce dernier est absorbé par Maître Cœur … »

On comprend mieux la nécessité d'un Feu « fort » (en équilibre) pour que toutes les fonctions physiologiques du corps ainsi que l'Esprit (la conscience, les facultés cognitives …) et l'émotionnel soient stables et efficients.

A l'inverse un cœur faible est propice à l'essoufflement, à la fatigue … le manque de force. « Lorsque le cœur est fatigué, cela entraîne des répercussions sur l'ensemble de l'organisme, et plus précisément sur le fonctionnement des autres organes comme par exemple le rein, les poumons, le cerveau et même également sur l'activité des muscles du corps ».Mais on sait également aujourd'hui que l'état du Grêle conditionne grandement notre état physique Il est essentiel dans l'immunité, la prévention des maladies auto-immunes et des allergies. Il produirait plus de sérotonine - qui a une incidence directe sur l'humeur : dépression, mais aussi agressivité - que le cerveau. Une atteinte du grêle (une partie du cerveau entérique) peut aussi avoir des répercussions sur l'organisme en entier.

Dans l'éducation, le « sois fort » va renforcer la sensation interne de faiblesse : si on vous demande d'être fort, c'est que vous ne l'êtes pas. De l'extérieur, la personne va s'endurcir, cacher, enfouir toute forme de peur (Rein – cycle Raé), au risque de perdre sa sensibilité, son intelligence de cœur. Mais là encore, le cœur est mis sous tension. Si l'on en croit le décodage biologique, le cerf pour garder son hégémonie et son harem, doit combattre ses prétendants, et, en cela, sollicite son cœur. S'il perd le combat il risque l'infarctus. Chez l'être humain, l'aspect "territoire" concerne ce que le sujet ressent comme une possession : le travail, la famille, la maison, voire l'épouse, les enfants etc. les associations et autres secteurs de notre vie ou nous voulons garder le contrôle, le pouvoir de décision ou demeurer le décideur, le chef ... En un mot : rester le chef de son territoire. Ce qui revient à dire être le plus fort.

Le « sois fort » peut donc couper des affects, du cœur, de son âme (car l'âme est émotion). Par ailleurs la véritable force est d'accepter ses faiblesses, de les assumer ; plutôt que de les ignorer. Le guerrier entre en conflit quand il le faut, mais cherche la paix la plupart du temps. Il connait sa force mais ne l'utilise que contraint et ... forcé. Il cherche le compromis, véritable et juste, dans une relation gagnant-gagnant source de respect et d'union, s'appuyant en cela sur sa force intérieure.

Sois Fort : Elément Feu – besoin d'appartenance / acceptation de ses faiblesses (source de force intérieure).

Incidences :

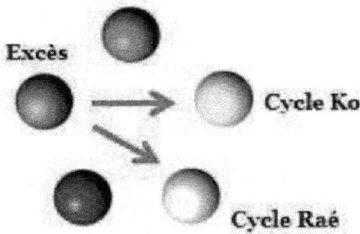

Un excès d'un messager contraignant peut, dans la logique de la Médecine Chinoise, avoir un impact sur le Méridien suivant dans le cycle Ko (excès de contrôle), ou sur le Méridien précédent : cycle de révolte (voir schéma).
Exemple d'un excès Bois :
Le Bois va contrôler en excès la Terre Et se révolter contre le Métal.

Dépêche-toi :

Excès	Cycle Ko	Cycle Raé
Elément Bois	Elément Terre	Elément Métal
Driver : « Dépêches-toi » Option : maturation	Energie nutritive Matière - incarnation Toucher - Centrage Capacité à intégrer l'information	Valeurs (argent) Energie (ATP – Prana) Faire ; action Pouvoir
Colère Affirmation de soi	Soucis Douceur (sucre)	Tristesse Chagrin, culpabilité, honte
Besoin de réalisation	De base	Estime de soi
Je me mets en colère J'intimide	Je manipule Je joue le médiateur	Je me mets en retrait Je suis indifférent

« Dépêche-toi »ne permet pas d'être pleinement dans le temps présent, dans le concret, la réalité (Elément Terre). Ainsi la personne ne peut-elle pas apprécier, sentir (toucher – Terre), se nourrir de l'expérience en cours. Le message l'empêche également de réfléchir (pensée – Rate) posément. La croissance (associé en MTC au Bois) s'effectue physiologiquement pendant les périodes de sommeil et de repos : ainsi le physique (la matière, l'incarnation – Terre) peut-il être lésé.

« Dépêche-toi » empêche de respirer, ne permet pas l'introspection nécessaire pour s'autoévaluer, faire un bilan. Il faut faire (Métal) à outrance, dans l'urgence. L'énergie ne peut être canalisée (du moins comme on l'entend), et le pouvoir ne peut s'exercer. Il s'exerce dans le calme, l'affirmation et non dans la précipitation. Pour donner une image parlante : faire (côlon) dans l'urgence ne reflète pas vraiment une quelconque autorité, mais montre plutôt des impératifs « intestinaux » que ne contrôlent pas la personne. Difficile alors d'être dans l'estime soi lorsque l'on est sur le « trône » sans trôner. Une des solutions possibles face à la demande de se dépêcher est de se mettre en colère pour faire respecter son rythme, son territoire, sa gestion du temps et de l'espace.

Sur un plan physiologique, un problème de foie : cancer, problème de cholédoque … risque de rejaillir sur le pancréas. La cirrhose peut provoquer une hypertension portale (augmentation de la pression au niveau de la veine porte) qui à son tour risque d'engendrer une dilatation de la rate et des varices œsophagiennes (Estomac). Un foie en excès peut mener à un épuisement (appelé vide par excès), il ne peut alors plus remplir correctement son rôle de détoxification ; la peau (Poumon) peut alors tenter de prendre le relais. Le plus spectaculaire étant sans doute l'ictère. Certains affirment qu'en drainant le foie, les problèmes d'acné, de cellulite, d'eczéma peuvent être améliorés, voire solutionnés.

Sur un plan émotionnel, la colère, le cri, implique fortement les cordes vocales (donc l'air des poumons) et le poitrail : la personne, tel un gorille, tend ses pectoraux ; ou comme le buffle est prête à charger. En cela il est loin de « se dilater la rate » (rire). Noter une autre expression qui dit : courir comme un dératé, et qui fait un lien supplémentaire avec « dépêche-toi ».

Plus basique : se faire de la bile engendre soucis, une inquiétude (Terre) et cause de la mélancolie (Rate) voire de la tristesse (Métal) ; alors qu'en déchargeant sa bile, on vocifère, on « crache », ou s'arrache les poumons, et on perd sa lucidité d'esprit (le mental – Rate – est obscurci).

Note :

La Médecine chinoise est plus complexe. Ainsi Foie en excès va demander à être plus nourri par « sa mère » : Rein. Or :

> *« La thyroïde est toujours liée au rein qui la « gouverne ». Le rein est le moteur de tous les mouvements du corps, il régule sa température et maintient l'énergie vitale. Il régit les fonctions émotionnelles de la peur, l'angoisse, les phobies et la mémoire.*
>
> *Un vide de yin* (ce qui nous intéresse*) du rein est associé à l'hyperthyroïdie (insomnie, crainte de la chaleur, transpiration nocturne, perte de poids, soif permanente, irritabilité) et un vide de yang du rein à l'hypothyroïdie (apathie,*

hypersomnie, frilosité, transpiration spontanée, prise de poids, rétention d'eau). »
On sait que la thyroïde est liée à la notion de temps : elle est révèle le conflit de ne pas être assez rapide : « il faut faire vite »

Fais des efforts :

Excès	Cycle Ko	Cycle Raé
Elément Eau	Elément Feu	Elément Terre
Driver : « Fais des efforts » Option : facilité(s)	Charisme / séduction Persona (personnalité sociale) Affects – sentiments - émotions	Concret, matière Le physique (l'intégrité) Energie nutritive
Peur Volonté	Amour – haine Mental et émotionnel	Soucis Douceur (sucre)
Besoin de sécurité	D'appartenance	De base
Je gémis Je me plains	Je séduis J'interroge	Je manipule Je joue le médiateur

« Fais des efforts » sous-entend ne pas être à la hauteur, souligne l'incapacité. Il pourrait donc renvoyer au Métal. Néanmoins, le ressenti premier est que, malgré la bonne volonté (Eau), les bonnes intentions et l'enthousiasme, le résultat ne plait pas (plaire – séduction : Feu), que la gratitude (Feu), la reconnaissance ne sont pas au rendez-vous. L'enfant (ou l'adulte) peut aussi avoir la sensation qu'il ne comprend pas, ne saisit pas ce qui lui est demandé et/ ou qu'il n'intègre pas (Grêle) les informations données, que le rendu est insuffisant : or physiologiquement, le cœur est le moteur, la pompe de l'organisme, celui qui doit battre plus fort pour augmenter la cadence (comme chez les galériens, et le « fais des efforts » en est un). C'est encore un aveu d'impuissance, de stérilité : Maitre Cœur, encore appelé Circulation-Sexualité (Feu Ministériel). Difficile alors d'être dans la séduction avec un tel ressenti.
« Fais des efforts » nécessite un apport énergétique : appel de nourriture dans le cycle cheng et sollicitation de poumon pour une plus grande production d'ATP, mais aussi et surtout une demande en glucose élevée (Pancréas – Terre). Il est bon de souligner que le cerveau et le corps ne font pas la différence entre réel, et imaginaire : un stress véritable, un stress fantasmé, un stress anticipé … produisent les mêmes effets. « Fais des efforts » pour l'organisme signifie une mobilisation des ressources, et donc activation du pancréas. Cependant, la douceur qu'est censé apporter le sucre n'est pas au rendez-vous. Les efforts produits sont insuffisants, et le plaisir est reporté à plus tard. Il en résulte naturellement une plainte, qui, pour porter ses fruits, demande à être entendue et respectée. La plainte ici n'est pas plaintive, mais exprime un mécontentement, une doléance.
Sur le plan psycho-émotionnel, « fais des efforts » montre un décalage entre le receveur et les autres. On lui demande plus, pour être au niveau de, l'égal des autres.

En d'autres termes ce qu'il est ne suffit pas. Bien évidemment le message ne vise pas l'individu en lui-même, cependant le ressenti peut atteindre son intégrité. Et ce qu'il est passe d'abord par le corps, le physique, le visible en lien avec l'Elément Terre. La personne ne peut pas compter sur ses seules ressources ; elle ne se nourrit pas (Terre) de son potentiel (Rein – Jing), jugé par autrui imparfait. La sensation d'être différent, inférieur (dévalorisation associé au Métal, la « mère » trop sollicitée pour être nourri) entrave donc le sentiment d'appartenance de l'Elément Feu.

Physiologiquement, un trouble rénal grave engendre les problèmes suivants :

	En lien avec :
► gonflement ou œdème ;	Rein
► pression artérielle élevée ; fatigue ; essoufflement;	**Cœur**
► perte d'appétit ; nausées et vomissements; soif;	**Rate - Estomac**
► mauvais goût dans la bouche ou mauvaise haleine;	**Rate - Estomac**
► perte de poids;	**Rate - Estomac**
► démangeaison persistante et généralisée ;	
► contractions ou crampes musculaires ;	Foie
► urine trouble ou de couleur foncée.	Rein

Les Eléments Feu et Terre y sont en position dominante.

Fais plaisir :

Excès	Cycle Ko	Cycle Raé
Elément Métal	Elément Bois	Elément Feu
Driver : « Fais plaisir » Option : fais-toi plaisir	Croyances – éthique Désirs Décisions – autorité	Affects – sentiments – émotions Apparences – normes Charisme – « rayonnement »
Tristesse Loyauté	Colère, rage, rancune Affirmation de soi	Amour - haine
Besoin d'estime de soi	De réalisation de soi	D'appartenance
Je me mets en retrait Je suis indifférent	Je me mets en colère J'intimide	Je séduis J'interroge

« Fais plaisir » est centré sur l'autre. On demande à la personne de se conformer aux attentes d'autrui ; ceci fait partie des phénomènes observables de tout groupe qui exerce sur ces membres une pression de conformité, qui tend à unifier les conduites, opinions, idées … Deux facteurs régulent cette pression de conformité : le besoin d'approbation et le besoin de certitude qui sont en relation avec la recherche de sécurité (Elément Eau dans le cycle Cheng).

• La recherche d'approbation d'autrui, du moins dans les premières années de l'enfance, définit un critère de notre propre valeur (Métal) : personne ne peut tenir dans l'affirmation de sa valeur, s'il n'y a pas au moins un être au monde qui lui donne raison : on voit donc ici l'importance de la notion d'appartenance – Feu dans la construction de l'estime soi.

- La certitude s'appuie la plupart du temps sur l'accord, la validation d'une information par les autres. Nous nous rallions d'autant plus facilement à une opinion groupale que nous n'avons pas de critère objectif accessible.

Faire plaisir serait donc adopter un comportement adéquat pour l'extérieur dans le but d'être intégré, reconnu par le groupe ; tout en reniant son propre pouvoir de décision, sa propre autorité qui dépendent toutes deux de l'Elément Bois. « Fais plaisir » - dans le sens opte pour ma demande et non la tienne - est donc à l'opposé de l'affirmation de soi. On voit ici toute la difficulté de cet étage de la pyramide de Maslow coincé entre le clan, la famille, qu'elle soit de sang ou des amis, ce lien de conformité ; et le désir de se réaliser qui sous-entend quelque part se démarquer, « sortir du lot », assumer ses priorités quitte à se dissocier du groupe. Ceci se retrouve aussi dans ce que l'on nomme loyauté (familiale ou autre) et qui pousse l'individu à honorer le parent ou son substitut dans ses croyances ou ses normes, voire sa problématique, plutôt que de s'en émanciper, et vivre « sa vie ». S'il est parfois nécessaire de prendre du recul, pour mieux jauger de la situation et des événements, et ainsi pouvoir mieux asseoir sa vision des choses ; le retrait, la timidité, le manque de « coffre » va contrarier l'affirmation de soi.

A l'inverse, un trop grande estime de soi peut scléroser les envies, désirs de la personne : « mon rang, standing me l'interdit ». La réalisation de soi passe par des tâtonnements : l'œuvre au noir avant l'œuvre au blanc. Et si l'on refuse ses zones d'ombre, l'Etre n'est pas complet. Idem pour le sentiment d'appartenance qui dans un premier va renforcer l'estime de soi : les « normes » étant identiques, sont de ce fait valorisantes … mais limitantes ou sclérosantes. Si l'on sort de ces normes, le groupe peut s'offusquer, voire exclure l'individu qui remet en cause ses fondements.

Sur un plan psycho-émotionnel, la tristesse est une énergie descendante, et va donc à l'encontre de celle de la joie (Feu) qui élève, rend léger ; et de celle de la colère (Bois) qui pousse en avant. « Fais-moi plaisir » a donc tendance à « abaisser » : celui qui l'emploie replace l'autre dans une position d'enfant, même involontairement (sauf si ces paroles sont dites dans l'intimité, cela va sans dire).

Sur le plan physiologique :

« En cas d'insuffisance respiratoire, le manque d'oxygène va entraîner une difficulté à assurer les fonctions normales de l'organisme. La personne va s'essouffler, se fatiguer plus rapidement, progressivement pour des efforts de moins en moins importants. En cas de baisse importante de l'oxygénation du sang, une cyanose, coloration bleue de la peau, apparait, surtout au niveau des extrémités (doigts). Initialement, peu d'autres symptômes sont apparents, et l'organisme adapte par des mécanismes sa capacité d'oxygénation du sang, au prix d'une augmentation de la tension au niveau des artères pulmonaires ce qui engendre une __insuffisance cardiaque droite__ : les symptômes en sont alors une tachycardie, des œdèmes (gonflements) des jambes, l'augmentation de la __taille du foie qui devient sensible__. L'évolution se fait vers une insuffisance cardiaque gauche et donc globale avec majoration de la gêne respiratoire et fatigue. »

Sois parfait :

Excès	Cycle Ko	Cycle Raé
Elément Terre	Elément Eau	Elément Bois
Driver : « Sois parfait » Option : reste naturel	Energie ancestrale Ciel antérieur (inné) et postérieur (acquis) …	Croyances – éthique Désirs Décisions – autorité
Tristesse Loyauté	Peur Volonté	Colère, rage, rancune Affirmation de soi
Besoin de base	De sécurité	De réalisation de soi
Je manipule Je joue le médiateur	Je gémis Je me plains	Je me mets en colère J'intimide

L'organisme, le corps humain est un trésor de la nature. C'est la création la plus complexe et la plus finie – de ce que l'on connait de l'univers à ce jour. Certains organes n'ont pas encore révélé toutes leurs richesses (et pas seulement le cerveau, mais aussi la rate, la glande pinéale …). La perfection ne se vérifie que dans le réalisé, ce qui reste en l'état d'élaboration, de conception mentale ne s'est pas encore confronté à la matière. Il reste hypothétique.

Le rein (1er point de rein à droite) reçoit l'énergie de la terre, tout comme il est le réceptacle de l'énergie ancestrale (qui vient aussi des parents). Ces deux attributs renvoient aux racines, la lignée familiale, et rappelle qu'Adam : A ou aleph ℵ, 1ère lettre de l'alphabet, qui dit-on contiendrait toutes les autres, symbole de Dieu, et dam : le sang (Adam est donc Dieu dans le sang, Dieu incarné, ou Dieu voyageant dans l'Ame) ; Adam l'homme rouge est tiré d'Adamah, la terre. Il est à l'image de Dieu, donc parfait !

Par ailleurs, chacun est la résultante de deux lignées (et en ce sens un médiateur : celui qui trouve la médiane, l'équilibre entre les deux), la manifestation la plus authentique des gènes familiaux, d'un acte d'amour et de projections plus ou moins conscientes de ses géniteurs. En ce sens il répond parfaitement et incarne au plus juste le projet parental. Nos origines nous consacrent donc parfaits, et sous cet éclairage, le driver est inapproprié : c'est un déni du parent qui le formule.

Cependant l'enfant est soumis à une éducation qui fluctue en fonction des croyances à la fois parentales et sociétales : les règles de vie ne sont pas les mêmes d'un continent à un autre ; et les lois évoluent également d'une époque à l'autre. Les comportements varient donc et eux aussi s'incarnent : la morphopsychologie, les traits de structure fonction de Daniel WHITESIDE, la programmation neuro-gestuelle de Joseph MESSINGER, soulignent que nos conditionnements s'expriment dans le physique (Terre). Le « Sois parfait » coupe l'individu de sa nature (Rein : le ciel antérieur et le ciel postérieur), de son potentiel, de l'inné (des acquis de ses vies antérieures pour ceux qui y croient). C'est aussi une lourde tâche qui vient impacter Vessie, dont les points assentiments régulent les autres méridiens. De là à générer des problèmes de dos ! La colonne représentant notre axe, et renfermant la moelle, qui par Annick de SOUZENELLE est « une des entrailles curieuses qui a la charge d'assurer la pérennité, le retour à l'UN. Elle est pour les Chinois, l'essence, la quintessence ; elle trouve son épanouissement dans le cerveau. La tête est (ou serait) le dernier lieu de gestation du divin : « l'Etre accouche par la tête, il est le Dao ». Chez les grecs, il est Pallas Athéna. Pour les Hébreux, il est יהוה, le tétragramme sacré. »

« Sois parfait » va bousculer également les croyances, la capacité de décision, puisque de toute manière quoique l'on fasse, cela ne sera jamais assez bien : la personne peut donc être des plus pointilleuse ou ne plus rien faire : l'arbre ne porte plus de fruit. Le foie n'a plus la foi, plus de désirs. Le corps du désir, dont nous avons vu qu'il avait son siège dans le foie, forme les globules blancs du sang (Max HEINDEL), intéressant lorsque l'on sait que la rate est le plus grand organe lymphoïde du corps et qu'elle joue un rôle essentiel dans l'immunité. Elle est aussi la principale source de production de cytokines et un acteur incontournable du système cholinergique antiinflammatoire.

Est-ce à dire qu'un excès de Rate : détails, rigidité, absence de délégation (selon le driver) risque d'épuiser le foie dans sa fonction de leucopoïèse ?

Sur un plan psycho-émotionnel, le « Sois parfait » nuit à la réalisation de soi, qui, comme déjà dit précédemment, fait appel à l'expérimentation, et non à la nécessité de réussite. Il nuit également à la sécurité de l'enfant qui est dans la crainte – quasi permanente – de l'échec.

La physiologie est également parlante : en effet le problème de pancréas le plus connu est le diabète Curieusement, c'est la fonction endocrine qui est touchée : c'est-à-dire en rapport avec le sang, qui dans la symbolique renvoie à la famille, au clan. Si la pathologie évolue les deux organes en ligne de mire sont les reins (dialyse) et les yeux (cécité, organes du Bois). Une des caractéristiques du diabète insipide (la vie n'aurait-elle plus de saveur ?) est la polydipsie, l'envie fréquente d'uriner. Est-ce une tentative pour reconquérir son territoire, son potentiel inné ?

Il est clair que l'atteinte des yeux montre que la vision de soi, des autres, de la vie est coupée. Elle peut alors entraîner une introspection (Métal – continuité du cycle Raé), une vision intérieure, recentrant alors la personne sur son ressenti, ses besoins et ses objectifs.

<u>Sois fort :</u>

Excès	Cycle Ko	Cycle Raé
Elément Feu	Elément Métal	Elément Eau
Driver : « Sois fort » Option : acceptation de ses faiblesses	Relationnel, communication Intériorisation	Energie ancestrale – racines – hérédité La force
Joie – amour – haine Les affects	Tristesse Pouvoir – fierté – valeur	Peur Volonté
Besoin d'appartenance	D'estime de soi	De sécurité
Je séduis J'interroge	Je me mets en retrait Je suis indifférent.	Je gémis Je me plains

Selon la formule consacrée, Dieu sonde les cœurs et les reins. D'après Angel Manuel RODRIGUEZ, directeur de l'institut de Recherche biblique : *« Philon d'Alexandrie, philosophe juif, semble suggérer que les reins étaient offerts à Dieu à cause de leur rôle purificateur du sang (*Lois spéciales, *1.216)... (*Chez les Israélites*) les émotions négatives étaient également associées aux reins. Lorsque le psalmiste a écrit « Alors que s'aigrissait mon cœur » (Ps 73.21), il disait littéralement « j'avais les reins percés », ce qui signifie qu'il était en proie à une détresse émotionnelle profonde ... les reins sont associés au caractère ».* Ceci rejoint les qualificatifs des Reins en Médecine chinoise qui dit qu'ils sont les dépositaires du Jing, l'essence vitale d'un être, qui influe donc fortement sur le caractère et la personnalité de l'individu. Le cœur quant à lui représente à la fois la part affective : sentiments, émotions ; et également l'essence de l'être, son centre. De ce fait cœur et reins sont intimement liés.

« Sois fort » stimule ou impacte de ce fait le caractère et l'affectivité de la personne : « tu dois avoir un cœur vaillant et les reins solides » ; l'enfant se construit donc une armure (cycle Ko – Métal) pour encaisser, ne pas ressentir ou en tout cas faire face. On comprend alors les deux stratégies possibles face à ce message : soit se mettre en retrait, physiquement, pour ne pas avoir à prouver sa force, ses capacités – quitte à intervenir ensuite pour en faire étalage et ainsi ménager ses effets et répondre positivement aux attentes du driver ; soit « se blinder », se couper pour ne pas ressentir en jouant l'indifférence. Les comportements qui en découlent peuvent alors nuire au relationnel (Métal) par son exigence vis-à-vis de lui et des autres ; par le fait de vouloir se débrouiller seul, de ne pas demander de l'aide. L'estime de soi (dont nous avons vu 3 composantes majeures : les compétences académiques, physiques et sociales) évolue au cours de la vie. D'abord les compétences physiques : l'enfant cherche à être autonome et multiplie les apprentissages ; puis il entre en compétition dans sa scolarité, se confronte aux autres ou veut exprimer le meilleur de lui-même à travers les compétences académiques. Elles lui assureront un travail, une place dans la société, une évolution de carrière. Cependant avançant en âge, les priorités évoluent, le relationnel prend (ou devrait prendre) plus d'importance : on se retrouve, on s'entraide (visible plus encore chez les personnes âgées). En ce sens, le « Sois fort » est presque voué à l'échec, puisque la force, les ressources, comme les exigences s'amenuisent au cours des ans.

Le « Sois fort » coupe également des pleurs, des sanglots. Les sanglots procurent un véritable relâchement (lâcher prise du Côlon) du corps. Ils ont un impact fort sur la respiration et sur le diaphragme, qui pour certains est le muscle principal de l'organisme, agissant sur de nombreux domaines (ventilation, massage des organes, péristaltisme, souplesse du dos …). Les pleurs favorisent l'intériorisation, nécessaire à la véritable estime de soi qui ne dépend pas de l'extérieur. Ainsi « Sois fort » construit une image et une estime de soi artificielles, qui peuvent masquer un véritable doute de soi, une « schizophrénie » engendrant culpabilité et des remords du fait que : je ne suis pas tel que je veux paraître.

Ce « je suis », ou du moins sa partie immergée (Eau) s'exprime par le caractère, les gènes, l'hérédité (Energie ancestrale – Rein). Le « Sois fort » interfère de ce fait sur ce patrimoine et tente de le colorer, le modifier. Le problème c'est qu'en répétant la nécessité d'être fort, donc toujours plus fort, la personne perd son échelle de valeur (Métal) et se met en insécurité : « au faible, le fort fait souvent tort », « la raison du plus fort est toujours la meilleure » ...

Anecdote : l'expression dit : quand on n'est pas le plus fort, il faut être le plus malin ; or le singe est l'animal de L'eau (le Tigre pour le Bois, le dragon pour le Feu, l'ours pour la Terre et l'aigle pour le métal).

Sur un plan physiologique, un stress (le cœur gouverne les activités mentales et émotionnelles) les premières fonctions impactées sont la respiration et les surrénales qui s'activent. Si pour certains les surrénales dépendant du Triple Réchauffeur, d'autres affirmant que : « *les reins contrôlent la composition et la sécrétion des liquides organiques dont dépend l'énergie vitale, ils commandent le système de défense contre le stress, ils dirigent les glandes surrénales, ce rôle leur donne la gestion de nos peurs et de nos attitudes de réaction face au monde (agression, réactivité, fuite = adrénaline ou calme = cortisone)* »

Un excès de Cœur donnera des urines foncées, peu abondantes, des palpitations avec ou sans angoisse, et une oppression au niveau du thorax.

Le système cardiopulmonaire est bien connu et souligne l'impact d'un organe sur l'autre ; tout comme la tension lie le cœur et les reins : le rein par le système rénine – angiotensine, et le cœur par « *le facteur natriurétique auriculaire, encore appelé peptide natriurétique atrial, auriculine ou cardionatrine, est une hormone polypeptidique essentiellement synthétisée par l'oreillette droite du cœur qui, en conditions physiologiques normales, régule l'homéostasie du sodium, du potassium et de l'eau par élimination rénale. Cette hormone est normalement produite sous l'effet de l'étirement mécanique de la paroi de l'oreillette droite du cœur en cas d'hypertension et favorise ainsi par son action la baisse de la pression artérielle.* »

Références :

http://www.blogpersonalbranding.com/2009/11/comment-reussir-identifiez-vos-croyances-drivers-et-levez-les-freins/
http://issuu.com/ithaque-coaching/docs/dossiers_d_ithaque_messages_contraignants
http://www.stressexperts.eu/index.php?option=com_content&view=article&id=49:messages-contraignants-et-drivers&catid=1:publications&Itemid=6
http://www.e-sante.fr/lipides-roles-dans-organisme/guide/1333
http://mapage.noos.fr/plegarrec/estime-de-soi.html
http://www.sexologiequebec.com/fr/estime-de-soi-et-sexualite.html
http://www.paperblog.fr/2843752/le-shen-ou-energie-de-l-esprit/
http://insuffisance-cardiaque.be/q/3
http://www.retrouversonnord.be/cerf.htm
http://www.principes-de-sante.com/article/therapies-thyroide-medecine-traditionnelle-chinoise.html
http://sante.canoe.ca/condition_info_details.asp?channel_id=0&relation_id=0&disease_id=249&page_no=1
http://sante-medecine.commentcamarche.net/faq/8611-insuffisance-respiratoire
http://www.congress-info.ch/asa-tcm/anciens-congres/upload/File/handouts10/Perle%202_La%20Rate%20et%20le%20systeme%20cholinergique%20anti%20inflammatoire.pdf
http://french.adventistworld.org/index.php?option=com_content&view=article&id=472
http://www.therapieducorps.fr/blog/2012/03/01/Le-méridien-du-Rein.aspx
http://fr.wikipedia.org/wiki/Facteur_natriur%C3%A9tique_auriculaire

décodage biologique des maladies – Christian Flèche / Editions le Souffle d'Or
la dynamique des groupes – Roger MUCCHIELLI, Editions ESF
la symbolique du corps Humain – A De SOUZENELLE, Editions Dangles

Chapitre 6 :

Les 5 blessures d'Ame

Les blessures d'âme sont appelées ainsi car profondes.
On dit également qu'elles sont existentielles ou fondamentales car elles donnent la couleur ou le ton de l'existence, conditionnent les rapports humains, le mode fonctionnement de chacun,
et sont à la source de ce qui arrive dans la vie de chacun.
C'est le psychiatre John PIERRAKOS qui a été le premier à les identifier, et à faire le lien entre ces blessures et les apparences extérieures visibles.
Lise BOURBEAU les a repris et les a vulgariser.

Chaque individu a des blessures profondes
(et nous souffririons tous d'au moins trois blessures selon certains) qu'il tente de masquer.
C'est pour cela que masques et blessures vont ensemble.
Ces marques se sont forgées très tôt dans l'existence, pour se conforter ensuite à l'adolescence et à l'âge adulte. La souffrance générée par ces blessures donne lieu à des réactions de défense.
Le processus étant le plus souvent inconscient, la personne va de ce fait restée bloquée dans ses schémas négatifs.

Les 5 blessures sont :
- Le rejet
- L'abandon
- L'humiliation
- La trahison
- L'injustice

Pour s'en rappeler : T.R.A.H.I. (Trahison, Rejet, Abandon, Humiliation, Injustice)

- Liens possibles avec les 5 Eléments
- Les couleurs
- Incidences et développement

Note :
Les informations qui suivent sur les drivers n'engagent que les auteurs
(PIERRAKOS, BOURBEAU, et praticiens dans ce domaine).

Les 5 blessures :

Selon Lise BOURBEAU, « *la majorité des enfants, passent par quatre étapes.*
1. *L'enfant connaît la joie d'être lui-même, première étape de son existence,*
2. *Puis il connaît la douleur de ne pas avoir le droit d'être lui-même (2ème étape)*
3. *Vient ensuite la période de crise, la révolte, (3ème étape).*
4. *Afin de réduire la douleur, l'enfant se résigne et finit par se créer une nouvelle personnalité pour devenir ce que les autres veulent qu'il soit. Certaines personnes demeurent enlisées à la troisième étape durant toute leur vie, c'est-à-dire, qu'elles sont continuellement en réaction, en colère ou en situation de crise.*
C'est Durant les troisième et quatrième étapes que nous créons plusieurs masques (nouvelles personnalités) qui servent à nous protéger contre la souffrance vécue lors de la deuxième étape. Ces masques sont au nombre de cinq et correspondent à cinq grandes blessures de base vécues par l'humain ».

La blessure de rejet :

Généralité :
La personne se sent rejetée au plus profond de son être, est atteinte dans son droit d'exister. Cette blessure concerne souvent un enfant non désiré et/ou rejeté par un parent. Ce dernier est généralement du même sexe : « le parent du même sexe a pour rôle de nous apprendre à aimer, à nous aimer, et à donner de l'amour. Le parent du sexe opposé nous apprend à nous laisser aimer et à recevoir de l'amour ». Elle va donc chercher sans cesse l'amour de ce parent, ou à ses substituts.

Sa relation avec ses parents :
♦ Avec le parent du sexe opposé, la personne a peur de se rejeter elle-même, elle peut donc faire des manières, ne pas être totalement lui-même, dans l'espoir de ne pas décevoir. Ou elle a tendance à être distante. Et si elle est rejetée par ce parent ou une autre personne de l'autre sexe, elle pensera qu'elle y est forcément pour quelque chose.
♦ En général, le parent du même sexe a lui aussi été blessé du rejet. Il va donc fuir également et tenter de faire partir son enfant du domicile, ce qui accentuera le sentiment de rejet. L'enfant, lui, est très sensible aux discours et attitudes de ce parent, il est facilement blessé par celui-ci. Il peut alors développer rancune, haine si la souffrance est trop forte.

Ses caractéristiques :
♦ Le rejeté va adopter une attitude de fuite (appelé masque), pensant que s'il fuit les situations de rejet, il ne souffrira pas. Il a tendance à se réfugier dans un monde imaginaire, car il doute de son droit à l'existence terrestre.
♦ Il préfère ne pas s'attacher aux choses matérielles, qui l'empêcheraient de fuir. Or, le sexe est vécu par celle-ci comme quelque chose de très matériel, peu spirituel. Elle va donc fuir le sexe, ou s'arranger inconsciemment pour être avec quelqu'un qui le fuit aussi.

- Il se sent constamment inférieur aux autres, inutile. Il pense que les gens l'écoutent par politesse, qu'ils ne sont pas intéressés. « Une personne interprète les incidents à travers les filtres de sa blessure et elle se sent rejetée même lorsqu'elle ne l'est pas »
- Il aime la solitude « car s'il recevait beaucoup d'attentions, il aurait peur de ne pas savoir quoi faire. C'est comme si son existence était de trop ».

Celui qui souffre de la blessure du rejet entre souvent dans un cercle vicieux : « il met son masque de fuyant lorsqu'il se sent rejeté pour ne pas souffrir ; il devient tellement effacé que les autres ne le voient plus. Il se retrouve de plus en plus seul et se donne ainsi raison de se sentir rejeté ». Le fuyant s'arrange pour que les circonstances lui donnent raison : il va tout faire pour être rejeté, sans le savoir, en se dévalorisant sans cesse, il ne comprend pas qu'on puisse l'aimer. Et quand quelqu'un s'attache à lui, il ne croit pas cette personne, il va donc se rejeter lui-même pour saborder la situation.

Sa plus grande peur : est la panique.
S'il sait qu'une situation le mettra dans l'embarras, il préfèrera ne pas se confronter à la situation, la fuir, se cacher. Il a tendance à se faire un monde du moindre problème et ne voudra pas l'affronter.
Conseil pour en sortir :
La blessure du rejet s'estompe peu à peu quand l'affirmation de soi prend place : l'individu éprouve l'envie de s'exprimer davantage, les situations de panique sont de moins en moins nombreuses … Il est important que la personne se centre sur ses projets familiaux, professionnels ; qu'il fasse les choses pour lui-même et pas pour le regard ou l'approbation des autres.

Tableau récapitulatif :

Eveil de la blessure	De la conception à un an. Ne pas sentir le droit d'exister. Avec le parent du même sexe.
Masque	Fuite
Caractère	Détaché du matériel. Perfectionniste. Intellectuel. Passe par des phases de grand amour à des phases de haine profonde. Ne croit pas à son droit d'exister. Difficultés sexuelles. Se croit nul, sans valeur. Recherche la solitude. Capacité de se rendre invisible. Trouve tous les moyens pour fuir. Se croit incompris. Difficulté à laisser vivre son enfant intérieur.
Yeux	Petits, avec de la peur ou impression de masque autour des yeux.
Corps	Contracté, étriqué, mince.
Peur	Panique
Vocabulaire	nul ; rien ; inexistant ; disparaître
Alimentation	appétit coupé par les émotions ou la peur, Petites portions. Pour fuir : sucre, alcool ou drogue. Prédisposition à l'anorexie.
Maladies possibles	Peau, diarrhée, arythmie, cancer, problèmes respiratoires allergies, vomissement, évanouissement, coma, hypoglycémie, diabète, dépression, tendance suicidaire, psychose.

La blessure d'abandon :

L'abandon est différent du rejet : c'est se sentir délaissé par quelqu'un : une mère qui travaille trop, un père qui n'a d'attention que pour le frère cadet ... La blessure se situe au niveau de l'avoir et non de l'être (comme dans le cas du rejet). La personne abandonnée témoigne souvent d'un manque d'échange, et notamment avec le parent de sexe opposé. Elle ne se sent pas assez nourrie affectivement. Ce traumatisme débutant vers les 2 ans. Pour se protéger, celui qui a peur de l'abandon plonge dans la dépendance : besoin de soutien, sentiment d'incomplétude s'il est seul.

Sa relation avec ses parents

La blessure de l'abandon est donc en rapport avec le parent de sexe opposé. La crainte de l'abandon peut s'ajouter une peur du rejet : on se sent abandonné par le parent du sexe opposé parce qu'il ne fait rien contre le rejet du parent du même sexe. Les mères dépendantes ont énormément besoin de leur enfant pour être heureuses, et elles ne manquent pas de le leur faire sentir.

Ses caractéristiques :

♦ Le dépendant est le plus apte à devenir une victime, car il est prêt à se créer des problèmes simplement pour attirer l'attention sur lui. Il dramatise tout. Ses problèmes deviennent presque salvateurs pour lui, car ils lui permettent de trouver le soutien qu'il apprécie tant.

♦ Il peut sembler paresseux, alors qu'il a simplement du mal à se mettre au travail ou à faire des activités seul. Il demande beaucoup de conseils, mais ne les écoute pas forcément. Ce qui compte surtout pour lui, c'est de voir qu'il est soutenu, que les autres s'intéressent à son problème. Il est très attaché aux lieux, aux personnes, a du mal à ne pas être triste quand il part en vacances.

♦ Il a tendance à paraître chaleureux, aimable, pour que les autres ne l'abandonnent pas. La femme dépendante a un besoin important de se sentir désirée sexuellement : elle pense ainsi être plus importante aux yeux de son homme.

Sa plus grande peur : est la solitude.

Il est prêt à faire de nombreux sacrifices pour l'éviter, ce qui peut faire croire aux autres qu'il aime la souffrance. Ce type de personnes a souvent du mal à voir que son couple ne va pas bien, elle préfère se cacher la vérité.

Conseil pour en sortir

Le Dépendant est en voie de guérison lorsqu'il prend conscience que, tout en étant seul, il se sent bien. Il éprouve alors moins le besoin de chercher de l'attention. Il faut qu'il commence à avoir envie d'entreprendre des projets sans l'appui des autres, qu'il apprenne à se faire confiance.

Tableau récapitulatif :

Eveil de la blessure	Entre un et trois ans avec le parent du sexe opposé. Manque de nourriture affective ou du genre de nourriture désiré.
Masque	Dépendance

Caractère	Victime. Fusionnel. Besoin de présence, d'attention, de support et surtout de soutien. Difficulté à faire ou à décider quelque chose seul. Demande conseil. Voix d'enfant. Difficulté à se faire dire non (à accepter un refus). Pleure facilement. Attire la pitié. Un jour joyeux, un jour triste. S'accroche physiquement aux autres. Psychique. Vedette. Recherche l'indépendance. Aime le sexe.
Yeux	Grands, tristes. Regard qui attire.
Corps	Long, mince, manquant de tonus, dos courbé, bras semblent trop longs et pendant le long du corps.
Peur	Solitude.
Vocabulaire	Seul ; je ne supporte pas ; je me fais bouffer ; on ne me lâche pas
Alimentation	Bon appétit. Boulimique. Aime les aliments mous. Mange lentement.
Maladies possibles	Dos, asthme, bronchites, migraines, hypoglycémie, agoraphobie, diabète, glandes surrénales, myopie, hystérie, dépression, maladies rares qui attirent davantage l'attention, maladies incurables.

La blessure d'humiliation :

Cette blessure se réveille entre l'âge d'un et trois ans, au développement des fonctions du corps physique, période où l'enfant apprend à manger seul, à être propre. Elle s'active lorsqu'il sent qu'un des parents a honte de lui : il s'est fait remarquer en public, s'est sali … Quelle que soit la circonstance, celui-ci s'est senti abaissé, dégradé, mortifié, honteux au niveau physique ou comportemental. Cette blessure est le plus souvent vécue avec la mère. Certains ajoutent qu'il a ressenti un gros manque de liberté, les parents contrôlant exagérément.

Il préfère donc s'auto-flageller, plutôt que de sentir la honte venant d'autrui.

Sa relation avec ses parents

Il cherche à tout prix à plaire au parent qui s'est occupé de son développement physique. Il veut avoir les mêmes désirs que lui, désire lui plaire ou, au moins, ne pas lui faire honte.

Ses caractéristiques

♦ Il cherche tout le temps à aider les autres, jusqu'à se mettre dans des situations désagréables pour lui. Il a tellement peur de faire du mal aux autres qu'il est à l'affût de leurs humeurs et n'écoute même plus ses propres besoins.

♦ Il veut se montrer solide, devient performant et endosse les responsabilités ; et plus il en prend sur son dos, plus il prend du poids. Il est rarement reconnu pour tout ce qu'il fait. Il ne réalise pas qu'en faisant à la place des autres, il les abaisse à son tour en leur faisant sentir que sans lui ils ne peuvent y arriver seuls

♦ Il a tendance à trop rire de lui-même, en se prenant pour cible. Celui qui a été blessé par l'humiliation se sent toujours coupable et/ou se dévalorise. Il a donc du mal à exprimer ses vrais besoins : il n'ose pas en parler par peur d'avoir honte ou de faire honte à quelqu'un.

♦ Il a du mal à profiter des choses pleinement, culpabilise presque lorsqu'il est heureux. « Le sens du devoir est important pour les personnes masochistes ». Ces personnes ont souvent un problème avec le sexe qui leur paraît sale, dégoûtant.

La plus grande peur : est la liberté
Il aurait peur de ne pas savoir la gérer tout seul, de faire des choses honteuses, alors il se crée inconsciemment des contraintes.

Conseil pour en sortir
Cette blessure se referme à partir du moment où la personne se permet de demander des services sans se sentir gênante. Elle sait prendre moins de choses sur ses épaules. Elle se sent alors plus légère, plus libre, car elle arrête de se créer des limites et prend le temps de cerner ses besoins et de les satisfaire avant de dire oui aux autres.

Tableau récapitulatif :

Eveil de la blessure	Entre un et trois ans avec le parent qui s'est occupé de son développement physique. C'est en général la mère. Manque de liberté. Se sentir humilié par le contrôle de ce parent.
Masque	Masochisme
Caractère	Souvent honte de lui-même et des autres ou peur de faire honte. N'aime pas aller vite. Connaît ses besoins mais ne les écoute pas. En prend beaucoup sur son dos. Se croit malpropre, sans cœur … moindre que les autres. Joue à la mère. Hypersensible. Se punit en croyant punir l'autre. Veut être digne. Vit du dégoût. Honte au niveau sexuel mais sensuel et n'écoute pas ses besoins sexuels. Compense et se récompense par la nourriture.
Yeux	Grands, ronds, ouverts et innocents d'un enfant.
Corps	Gros, rondelet, taille courte, cou gros et bombé, tensions au cou, à la gorge, aux mâchoires et au pelvis. Visage rond, ouvert.
Peur	Liberté.
Vocabulaire	être digne ; petit ; gros
Alimentation	Aime aliments riches en gras, chocolat. Boulimique ou plusieurs petites portions. Honte de s'acheter ou manger des " gâteries ".
Maladies possibles	Dos, épaules, gorge, angines, laryngite, problèmes respiratoires, jambes, pieds, varices, entorses, fractures, foie, glande thyroïde, démangeaisons de la peau, hypoglycémie, diabète, cœur

La blessure de trahison :

Pour les uns, ces personnes ont eu ou ont encore un fort complexe d'Œdipe. L'enfant sentait que son parent de sexe opposé, avec qui il entretenait une relation fusionnelle, avait particulièrement besoin de lui. Puis, ces liens se sont rompus, à cause de ce parent. Pour d'autres la blessure s'installe lorsque le parent du même sexe opposé dévalorise ou maltraite le parent de sexe opposé (et ce toujours en lien avec le complexe d'Œdipe).

Ses caractéristiques

♦ Il essaie de respecter ses engagements, d'être fidèle en tout. Très exigeant avec lui-même, il aime le montrer aux autres et leur prouver qu'il est invincible. Il arrive toujours à l'heure, veut rendre les choses à temps voire en avance. Il apprécie les personnes responsables, fortes, importantes. Il a parfois l'intention de contrôler les autres aussi, pour s'assurer qu'ils ne le trahiront pas, qu'il peut leur faire confiance.

♦ Il a des opinions très tranchées, et cherche parfois à les imposer aux autres, il est peu tolérant, ne supporte pas la lâcheté. Il a tendance à comprendre plus vite que les autres et ne supporte pas que l'on mette du temps à expliquer quelque chose. Il n'a pas beaucoup de patience avec les autres. Il a du mal avec la paresse et ne se repose qu'une fois la sensation du travail parfaitement fait accomplie.

♦ Il cherche aussi à contrôler son futur, du coup il n'est jamais dans le moment présent. Et si les choses ne sont pas comme il l'avait prédit, il panique.

♦ Il ne se confie pas beaucoup et déteste montrer ses faiblesses, car il a peur que les autres en profitent Il ne pardonne pas facilement. Très rancunier, il peut renier quelqu'un pour une petite faute.

La plus grande peur est « la dissociation », la séparation.
Il a à la fois peur d'être trahi et de passer pour un traître. Il ne s'attire donc que des relations peu stables, sans engagement, pour ne pas avoir à connaître ces situations qui lui font peur. Paradoxalement, même s'il veut tout…contrôler, il a peur de s'engager, car un désengagement par la suite lui paraît inenvisageable. Il prend toute promesse comme quelque chose de très sérieux, d'immuable. Il préfère donc ne pas s'engager, plutôt que d'avoir un jour à rompre le pacte.

Conseil pour en sortir :
Le masque s'efface à l'instant où l'individu entreprend de lâcher prise et ne cherche plus, ou moins, à être le pôle d'attention. En outre, ses émotions sont moins intenses si quelqu'un ou quelque chose vient bouleverser ses plans. Surtout, il est fier de ses propres exploits même si les autres ne les reconnaissent pas.

Tableau récapitulatif :

Eveil de la blessure	Entre deux et quatre ans avec le parent du sexe opposé. Bris de confiance ou attentes non répondues dans la connexion amour/sexuel. Manipulation.
Masque	Contrôle
Caractère	Se croit très responsable et fort. Cherche à être spécial et important. Ne tient pas ses engagements et ses promesses ou se force pour les tenir. Ment facilement. Manipulateur. Séducteur. A beaucoup d'attentes. D'humeur inégale. Convaincu d'avoir raison et essaie de convaincre l'autre. Impatient. Intolérant. Comprend et agit rapidement. Performant pour être remarqué. Comédien. Se confie difficilement. Ne montre pas sa vulnérabilité. Sceptique

Yeux	Yeux qui voient tout rapidement.
Corps	Exhibe force et pouvoir. Chez l'homme, épaules plus larges que les hanches. Chez la femme, les hanches plus larges et fortes que les épaules. Poitrine bombée. Ventre bombé.
Peur	Séparation et reniement
Vocabulaire	as-tu compris ? ; Je suis capable ; laisse-moi faire seul ; Je le savais ; Fais-moi confiance ; Je ne lui fais pas confiance.
Alimentation	Bon appétit. Mange rapidement. Ajoute sel et épices. Peut se contrôler lorsqu'il est occupé mais perd le contrôle par la suite
Maladies possibles	Maladies de contrôle et de perte de contrôle, agoraphobie, spasmophilie, système digestif, maladies finissant en " ite ", herpès buccal.

La blessure d'injustice :

« Une personne qui souffre d'injustice ne se sent pas appréciée à sa juste valeur, ne se sent pas respectée ou qui ne croit pas recevoir ce qu'elle mérite » (soit trop, soit pas assez). Cette blessure se crée quand l'enfant vit avec des parents autoritaires, froids et sévères. Vers 4 à 6 ans, selon, il devient conscient qu'il est un être humain à part entière, avec ses spécificités, différences, qualités et défauts. Il trouve injuste de ne pas pouvoir intégrer son individualité, de s'exprimer et/ou d'être pleinement lui-même. Il vit surtout cette blessure avec le parent de même sexe, souffre de sa froideur, de ses critiques fréquentes, de son autoritarisme. (Souvent le parent souffre de la même blessure). Il a donc une problématique à l'autorité, et peut devenir rigide.

Ses caractéristiques
- Le rigide est plutôt envieux des autres ou a honte lorsqu'il estime recevoir plus que ce qu'il ne mérite. Il est obsédé par la notion de bien et de mal. C'est pour cela que la Religion a des chances d'avoir un impact ou une influence sur lui
- Très optimiste, il prend les problèmes sous un bon jour, et ne demande de l'aide qu'en dernier recours. Il cache ses émotions (par le rire, notamment, mais aussi par des vêtements serrés et de couleur sombre).
- Il a une peur panique de se tromper. Il aime que le rangement soit bien fait (et peut devenir maniaque). Il oublie souvent de donner des marques d'affection à ceux qu'il aime.
- La notion de mérite est cruciale pour lui : il déteste dire qu'il est chanceux car cela signifie injustice. Il recherche la perfection, et fait tout pour ne pas avoir de problèmes et de soucis.
- S'il est convaincu d'avoir raison face à une autorité, il se justifiera jusqu'à avoir raison.

La plus grande peur est la froideur.
Il croit qu'il est lui-même chaleureux, il fait des efforts pour l'être, mais beaucoup le disent froid, car il éprouve une difficulté à exprimer la tendresse qu'il ressent. Et il ne peut se résoudre à accepter qu'on le voie ainsi car, alors, il se trouverait injuste.

De même il a mal au cœur lorsqu'une personne est froide avec lui.

Il a du mal à se laisser aller, à ressentir du plaisir. Il a pourtant l'air sexy, car il (elle) aime être attirant, mais il s'engage difficilement de peur de se tromper dans le choix de son partenaire. Souvent la personne victime d'injustice souffre également de rejet (ce qui n'est le cas inversement)

Conseil pour en sortir :

La blessure de l'injustice est en voie de guérison lorsqu'on devient moins perfectionniste et que l'on se permet des erreurs sans vivre la critique et la colère. C'est-à-dire lorsqu'on s'accorde à montrer sa sensibilité sans peur du jugement d'autrui.

Tableau récapitulatif :

Eveil de la blessure	Entre quatre et six ans avec le parent du même sexe. Devoir performer et être parfait. Blocage de l'individualité.
Masque	Rigidité
Caractère	Perfectionniste. Envieux. Se coupe de son senti. Se croise souvent les bras. Performant pour être parfait. Trop optimiste. Vivant, dynamique. Se justifie beaucoup. Difficulté à demander de l'aide. Peut rire pour rien pour cacher sa sensibilité. Ton de la voix sec et raide. N'admet pas qu'il vit des problèmes. Doute de ses choix. Se compare à mieux et à pire. Difficulté à recevoir en général. Trouve injuste d'en recevoir moins et encore plus injuste d'en recevoir plus que les autres. Difficulté à se faire plaisir sans se sentir coupable. Ne respecte pas ses limites, s'en demande beaucoup. Se contrôle. Aime l'ordre. Rarement malade, dur pour son corps. Colérique. Froid et difficulté à montrer son affection. Aime avoir une apparence sexy.
Yeux	Regard brillant et vivant. Yeux clairs.
Corps	Droit, rigide et le plus parfait possible. Bien proportionné. Fesses rondes. Petite taille serrée par vêtement ou ceinture. Mouvements rigides. Peau claire. Mâchoire serrée. Cou raide. Droit de fierté
Peur	Froideur
Vocabulaire	as-tu compris ? ; Je suis capable ; laisse-moi faire seul ; Je le savais ; Fais-moi confiance ; Je ne lui fais pas confiance.
Alimentation	Préfère aliments salés aux sucrés. Aime tout ce qui est croustillant. Se contrôle pour ne pas grossir. Se justifie et a honte lorsqu'il perd le contrôle.
Maladies possibles	Epuisement professionnel, anorgasmie (femme), éjaculation précoce ou impuissance (homme). Maladies finissant par" ite" telles que tendinite, bursite, arthrite, etc. Torticolis, constipation, hémorroïdes, crampes, circulation du sang, foie, varices, problèmes de peau, nervosité, insomnie, mauvaise vision.

Liens – possibles – avec les 5 Eléments :

Commençons par le plus évident.

Injustice – Rigidité :

Une éventualité semble se dégager :
- Blocage de l'individualité : c'est-à-dire la non réalisation de soi
- Colérique
- Préfère les (se nourrit de) aliments salés : le salé est le goût de l'Elément Eau – cycle cheng
- Mauvaise vision : les yeux sont les ouvertures du Foie
- La notion de bien et de mal, la religion : le Bois est lié aux croyances, la vésicule biliaire décide et juge
- …

L'injustice appelle à la révolte, la rébellion, à l'affirmation de sa vision des choses. Elle est contrôlée (Poumon – cycle Ko) par le fait de ne pas « se sentir apprécié à sa juste valeur ». La colère est une revendication. Et lorsqu'elle devient trop importante, la rage ou la rancune qui en découlent aveuglent (Yeux – Foie). De ce fait la personne devient imperméable et n'entend plus raison, seul compte ce qui est vécu comme une injustice, un non-respect du territoire (Bois).

Tous ces paramètres semblent donc rapprocher l'injustice de l'Elément Bois. Qui plus est la Vésicule biliaire en lien avec la rectitude interne ne peut qu'être atteinte par ce qui est jugé comme injustice.

Injustice – Rigidité / Elément Bois

Humiliation – Masochisme :

- La honte est un sentiment du Métal
- L'apprentissage de la propreté est relié au stade anal (Côlon)
- La dignité rejoint l'estime de soi
- C'est ce qui est fait (action – Métal) qui n'est pas apprécié.
- La liberté (la peur liée à la blessure) c'est respirer à pleins poumons
- …

L'humiliation « est un rabaissement de l'autre conduisant à une mortification, un état d'impuissance ou soumission ». Etymologiquement humiliation est l'action d'abaisser, de même racine qu'humble et humus : le sol, la terre. Humilier est donc abaisser – quelque fois – plus bas que terre. Chez les animaux, notamment les chiens, à l'issue d'un combat, le vainqueur sodomiserait le vaincu (le côlon est associé au pouvoir et l'identité). Chez l'homme, la posture en dit long aussi, puisque la tête est basse, ce qui empêche physiologiquement une pleine respiration.

Le chagrin et la tristesse qui en découlent peuvent être incommensurables.

Mortification est littéralement faire mourir : c'est-à-dire expirer (poumons).

Humiliation – masochisme / Elément Métal

Abandon – Dépendance :

- Le besoin de présence, d'attention, la nourriture affective, le fusionnel renvoient aux affects, à l'amour, aux sentiments.
- Le besoin d'être une vedette implique d'attirer regards et attentions.
- La difficulté à faire seul montre une nécessité d'être entouré, de faire partie d'un groupe, d'un clan, d'une tribu, d'une famille.
- La solitude (la peur de la blessure) est l'inverse du sentiment d'appartenance
- …

« *L'abandon, anciennement « à bandon », trouve son origine dans la langue germanique et signifie littéralement « au pouvoir de ». Le verbe abandonner qui en découle signifiant l'action de quitter… de cesser de s'occuper… de livrer au pouvoir de… Il en irait pour la personne qui éprouve éloignement, séparation ou opposition comme de l'abandon de ne pouvoir supporter d'être différenciée de l'autre sans se sentir désespérément livrée à soi-même … Sans raison d'être si ce n'est celle de reconquérir, par tous les moyens, le cœur, la présence de celui qui la quitte …*»

Dans l'abandon, l'éloignement est insupportable : « loin des yeux, loin du cœur ».

L'aspect positif de l'abandon (qui n'a rien à voir avec la blessure abordé) est le fait de se livrer en toute confiance à l'autre, s'en remettre à la vie. C'est-à-dire être dans la Foi, qui n'a rien de religieux, et qui vient du latin *fidès* : fidèle. La foi s'oppose souvent à la logique, elle vient du cœur ou des tripes, de l'intime.

Foi est l'émotion associée au centre d'Energie du Cœur en Biokinésiologie.

Abandon – dépendance : Elément Feu

Rejet – Fuite :

- Peur, panique : émotions de l'Elément Eau
- Ne pas sentir le droit d'exister : pourrait faire référence à la respiration, symbole de vie, tout comme le fait de se sentir nul, sans valeur qui fait directement allusion au Métal. Cependant les auteurs précisent qu'il n'a pas été désiré : atteinte du Jing du ciel antérieur transmis par les parent ; et, le terme rejet est à double sens (comme beaucoup de mots dans la langue française) : il est un refus, une exclusion, une tentative avortée : un rejet de greffe ; mais il est aussi une nouvelle pousse d'une plante. Il s'agit donc, comme mentionné dans le chapitre 2, de l'essence vitale, la trame de vie contenue dans la graine ou la semence d'un être, lui permettant de se développer selon les critères de son espèce, à l'image du gland qui ne peut produire qu'un chêne.

Le rejet tend à montrer que la personne n'est pas conforme aux attentes et ce dans son énergie, dans son être (et non dans ses actes : honte / humiliation) : c'est la mère qui repousse son premier né parce que c'est une fille ; c'est le groupe qui rejette l'un de ses membres parce qu'il est différent (handicap …).

Par ailleurs le rejet, d'exclusion, renvoie plus à la notion de perte de territoire (Vessie)

Rejet – fuite : Elément Eau

Trahison – Contrôle :

« *La trahison est le geste d'une autre personne lorsqu'il est vécu ou interprété comme brisant une loyauté. Pour qu'il y ait trahison, il faut qu'il y ait déjà un lien et il faut que ce lien implique une fidélité quelconque ... Avoir le sentiment d'être trahi me ramène automatiquement aux ententes explicites ou implicites qui existaient entre moi et celui qui m'a trahi. Cela me permet aussi de constater que je comptais sur le fait que l'autre serait solidaire de cette entente. En effet, la trahison arrive toujours comme une surprise. Elle rompt la confiance. On ne se sent jamais trahi par quelqu'un à qui on ne faisait pas confiance.* ».

Elle peut être le signe d'une lâcheté : Simon Pierre qui renie 3 fois le Christ (peur – Rein – cycle Raé), ou quelque chose de réfléchi, de calculé … en échanges de quelques avantages matériels ou honorifiques. C'est en tout quelque chose de sournois, caché : le poignard dans le dos. Et ainsi c'est la base même de la relation qui est remise en cause : on ne peut plus compter, s'appuyer sur cet autre. L'édifice s'écroule (base de la Pyramide).

Trahison – Contrôle : Elément Terre

Les couleurs :

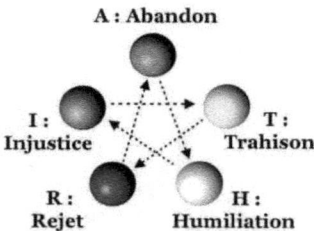

A : Abandon
I : Injustice
T : Trahison
R : Rejet
H : Humiliation

Les 5 blessures : T.R.A.H.I. (approche mnémotechnique) empruntent le cycle Ko des 5 2léments.
Ceci permet de retrouver plus facilement les liens et les correspondances avec les autres informations déjà présentées dans les chapitres précédents.
Les couleurs peuvent-elles apporter un éclairage ?

- ► Le jaune « cocu » de l'adultère, la trahison
- ► La honte nous rend livide, blanc comme linge.
- ► On peut donner son bleu à quelqu'un (le licencier), ce qui peut provoquer chez lui une peur bleue
- ► On peut être vert d'écœurement, de rage
- ► Lorsque l'on est dans le rouge, il est nécessaire d'aller à l'essentiel, et de laisser ce qui est inutile. Le sportif abandonne lorsqu'il est lui-aussi dans le rouge.

Voyons plus en détails :

Le jaune :

« *Le Jaune est la couleur du Soleil et donc symbole de la puissance des dieux et des déesses du ciel. Le Jaune est une couleur mâle, synonyme de lumière et de vie, et qui ne peut être obscurcie contrairement aux autres. Le Jaune symbolise la force, la jeunesse et l'éternité divine. Le Jaune étant le symbole des dieux, il devient sur terre*

l'attribut de la puissance des rois, des princes, et des empereurs, et prouve l'origine divine de leur pouvoir.
*Cette symbolique du Jaune le lie aussi au monde chtonien, aussi bien en tant que représentation de la fertilité de la terre (le Jaune est la couleur des épis de blé mûrs), mais aussi de la mort (c'est la couleur que prend notre peau lorsque nous approchons de la mort) ... Chez les Chinois le Jaune est l'opposé du Noir, avec qui il s'associe pour former les deux couleurs du sang du Dragon démiurge. Dans la symbolique chinoise, le Jaune émerge du Noir, comme la terre émerge des eaux primordiales. (*Nous retrouvons ces deux couleurs dans la Bible : « Dieu créa les ténèbres (noir) et forma la lumière (jeune)
*Mais comme toute couleur, le Jaune a aussi une symbolique négative, lorsqu'il se trouve à mi-chemin entre le ciel et la terre. Il devient alors le soufre Luciférien, le symbole de la perversion de la foi, de l'orgueil, de la présomption, de l'adultère et de **la trahison**. Dans le temps, les traîtres, les adultérins, etc... étaient marqués sur eux ou sur leur maison d'une marque Jaune afin que tous sachent ce qu'ils avaient fait. Le Jaune était donc aussi une marque d'infamie. »*
Sans oublier l'étoile jaune obligatoire pour les Juifs en des temps regrettables.

Note : la couleur souligne et reprend les qualificatifs des différentes blessures des tableaux des pages précédentes :

- Le jaune –soleil est essentiel à la **vie terrestre** : photosynthèse pour les plantes, algues et certaines bactéries, luminothérapie pour les humains.
- C'est la couleur du blé et du miel : des nourritures essentielles (blé : pain, pâtes, couscous ... miel et produits dérivés : gelée royale, propolis ... excellent pour la santé de l'organisme) donc en lien avec **l'énergie Iong** nutritive de la Rate (qui signifierait rayon de miel). Ce sont des **besoins de base**.
- C'est aussi le foin, la paille qui sert de litière, de couchage
- Le jaune représente le lien (comme dit plus haut) entre le ciel et la terre, ou le ciel sur la terre. En cela il tient le rôle un **médiateur** entre l'homme et Dieu.
- En tout lieu la nature apporte à l'homme ce dont il a besoin (avant qu'il n'entre dans la société de consommation ... à moins qu'il ne s'agisse en vérité de consommation de la société) : du gibier et des fruits adaptés au climat qui lui apportent dont les éléments nutritifs pour survivre, des plantes pour le soigner ... en cela : tout est **parfait** (sans compter les saisons qui sont vitales pour l'équilibre de notre écosystème)
- Le jaune est utilisé dans la neurasthénie, la dépression, le spleen (**soucis, rumination ... mental liés à la Rate**), et certains la préconisent dans les troubles de l'alimentation.

Le blanc :
« Tout comme sa couleur contraire, le Noir, le Blanc symbolise aussi bien l'absence que la somme des couleurs, l'Un et le Tout... Il se situe à la fois au début et à la fin du jour ... aux moments charnières, entre autres lors d'un nouveau départ.

D'ailleurs c'est la couleur des candidats, ceux qui vont changer de condition.

Le Blanc est donc une couleur liée aux rites de passage, et aux mutations de l'être, suivant le schéma classique de toute initiation : mort puis renaissance... Mort, et donc de deuil : en Orient les personnes endeuillées sont en blanc et non en noir comme en Occident ... mais aussi couleur du linceul, des fantômes et autres apparitions.

Le Blanc est la couleur de la pureté, ce moment où rien n'a encore été accompli ; de l'innocence originelle, ainsi que la pureté retrouvée par celui qui a su retrouver son état primordial. Le Blanc est aussi la couleur de celui qui renaît après la mort initiatique, de celui qui a passé l'épreuve. C'est la couleur de ceux qui ont été baptisés; ainsi que celle des druides, des poètes et des rois celtes, c'est-à-dire des membres de la classe sacerdotale. Le Blanc, qui est une couleur initiatrice, est aussi la couleur de la révélation, de la grâce, de la transfiguration qui éblouit, qui éveille la compréhension et dans le même temps la dépasse. C'est la couleur de ceux qui ont connu Dieu, et elle se manifeste de façon visible par la présence de l'auréole blanche. Enfin dans l'alchimie, l'œuvre au blanc annonce qu'après l'œuvre au noir, la materia prima se trouve sur la voie de la pierre philosophale. »

- Le blanc symbole de l'innocence ne peut connaître **l'humiliation, la honte**. Est honteux celui qui se sent coupable, et l'innocent ne l'est pas par définition.
- Le blanc, symbole de pureté apporte crédit et respect ; c'est à dire **valeur et estime de soi** : la pureté des traits, la pureté du diamant ... on sacrifiait aux Dieux des enfants et/ou des jeunes filles vierges.
- L'innocent n'a pas conscience de la valeur des choses, ni intéressé par la chose, et reste **indifférent** aux chants des sirènes (séduction du Feu dans le cycle Ko).
- Mais l'innocent du village en est aussi le paratonnerre. Il est respecté, estimé de tous car il sert d'exutoire, d'expiateur des « fautes » de ses concitoyens. Ce n'est pas à véritablement parlé par plaisir qu'il remplit ce rôle dont il n'a pas **conscience,** mais en tout cas cela « **fais plaisir** », du moins rend service à la communauté.
- Avoir carte blanche : c'est avoir tous les **pouvoirs**.
- Le blanc est la couleur des nuages ... les poumons, la respiration ; du lait sorti du sein (poitrine – poumon) de la mère ; c'est encore la couleur de la lune qui a des effets sur le cycle féminin (cycle Raé, Maître Cœur) sur la colite, la maladie de Crohn ; sur les gastralgies et gastrites (Estomac : cycle cheng inversé) ; sur les douleurs articulaires (Rein – cycle cheng) ... sur les essoufflements, bronchites et asthme (Poumons)

Le bleu :

« Le Bleu est la couleur la plus profonde et la plus immatérielle, c'est la couleur des choses vides tel l'air, l'eau, le cristal ... Le vide étant exact, pur et froid, le Bleu est la plus froide des couleurs. Le Bleu était chez les Égyptiens la couleur de la vérité. La vérité allant avec la Mort et les Dieux, le Bleu céleste représente le seuil qui sépare l'homme de ceux qui dirigent, de l'au-delà, son existence.

Le Bleu est aussi la couleur le plus souvent associé à la spiritualité ...

Dans le combat entre le ciel et la terre, le Bleu et le Blanc s'allient contre le Rouge et le Vert, comme on peut le voir dans l'iconographie chrétienne (dans la lutte de Saint Georges contre le dragon par exemple). Cet aspect sacré du bleu se retrouve aussi dans l'expression "sang bleu" qui désigne les nobles, donc des personnes plus proches de Dieu que le commun des mortels. Le Bleu, comme le Blanc est une couleur mariale, qui symbolise le renoncement aux valeurs matérielles et l'envoi de l'âme libérée vers Dieu. Dans le langage populaire, le bleu symbolise la perte, le manque la castration, l'ablation, la passivité, ou le renoncement, alors qu'il représente en réalité la mutation, la sublimation des désirs et la possibilité d'un nouveau départ. Cette symbolique se retrouve dans la tradition barbare des bagnes français où celui qui était homosexuel passif devait se faire tatouer le sexe en bleu pour exprimer son renoncement à la virilité. »

- Le bleu symbole de l'infini (de l'au-delà, de la spiritualité) : le ciel … antérieur ? la mer ou l'océan primordial chez les occultistes : tout ceci renvoie aux **origines, l'énergie ancestrale**, ce qui a existé avant.
- S'en remettre à Dieu, selon les croyants, préserve de tout danger (la vision bien évidemment évolue au cours des siècles : mourir en martyr n'est plus d'actualité chez les Chrétiens) : l'homme se met sous la protection de Dieu, ou des dieux : **besoin de sécurité**
- L'accès à la spiritualité, nirvana … est une suite d'épreuves, d'initiation où il est demandé toujours plus au pratiquant : c'est le chemin qui devient de plus en plus étroit au fur et à mesure qu'il gravit la montagne (**fais des efforts**).
- Le bleu incite aux rêves, la contemplation, à l'évasion … à **la fuite** si l'on peut dire (car la contemplation est aussi méditation, donc ancrage dans la réalité).
- Le bleu symbole d'immensité : l'océan de l'humanité où chaque goutte d'eau est un être humain, différente et faisant partie du tout. Ainsi pas d'exclusion possible, ni de **rejet**. Rejeter : c'est s'amputer, l'autre n'est qu'un miroir qui souligne ce qui est en moi. Le sentiment de rejet existe pourtant, mais il est illusoire sur d'autres plans.
- La plupart des religions, elles, sont inscrites dans le rejet : celui qui ne répond pas au dogme, est châtié, brulé … on est d'ailleurs très proche du sadisme, et du masochisme : la flagellation la crucifixion, Jéhovah qui demande à Abraham de sacrifier son fils, les kamikazes qui pour rejoindre le paradis … et 72 vierges (ça peut motiver) se font exploser … avec bien sûr le mur des lamentations (**gémir** – Eau ; **plaintif**). « Mon Dieu, ayez pitié de nous »
- Le bleu nuit favorise : l'intégration, l'abstraction, le sommeil, l'unité, l'harmonie, l'appartenance familiale, sociale et communautaire.

Le vert :
« Le Vert est un mélange de jaune et de bleu, mais il est aussi à égale distance du rouge (couleur infernale) et du bleu (couleur céleste), ce qui fait du Vert une couleur médiane entre le chaud et le froid, le haut et le bas, c'est une couleur rassurante, rafraîchissante et surtout humaine. C'est aussi et surtout la couleur du règne végétal.

Il est aussi lié à la foudre. En Chine le vert correspond au trigramme de l'ébranlement et du tonnerre, symbole du début de l'ascension du yang et de l'élément Bois. Le Vert est aussi la couleur de l'espoir, de la force, de l'acidité mais aussi de la longévité (c'est la couleur de l'immortalité). Si le rouge est la couleur de l'homme (Mars), le vert est celle de la femme (Vénus) Le Vert représente donc la mère, était la couleur des toges des médecins au Moyen-âge, et de nos jours c'est toujours la couleur des apothicaires. Le Vert est une couleur prisée par les chrétiens et symbolise justice et espérance.
Mais le Vert est aussi la couleur de la moisissure, de la putréfaction, et du teint des malades. La pierre portée au front par Lucifer avant sa chute est l'émeraude ... Satan, sur un des vitraux de la Cathédrale de Chartres, a la peau et les yeux verts. Il est aussi le Graal qui est censé être fait d'émeraude ou de cristal vert, et qui contient le sang de Dieu. Au milieu de tout, le Vert est une couleur d'équilibre, de paix, et une couleur neutre. »

- Le vert est la foudre : **colère – Elément Bois**
- Couleur de l'immortalité : donc pas besoin de **se dépêcher** !
- Mère, médecin, apothicaire … c'est-à-dire prendre soin de soi, devenir autonome, car qui sait mieux que soi-même ce qui est bon pour soi. Tout ceci invite à mieux se connaître … et quelque part à **se réaliser** (en tant qu'Etre unique et/ou distinct).
- Lucifer (le porteur de lumière) apporte la connaissance à l'homme. Connaissance vite tronquée Lucifer serait responsable de la tentation et du paradis perdu, donc de la mort et du péché. Voici donc la **justice** et la **colère** divine (version humaine) qui entre en jeu, qui définit le bien et le mal … d'où les **croyances** actuelles, qui ont certes évoluées, mais qui en restent néanmoins fortement imprégnées.
- Lucifer apporte donc cette lumière pour que l'homme – encore une fois – évolue et **se réalise**.
- Couleur de Vénus, il est associé chez les occultiste au chakra de la gorge : c'est-à-dire à l'expression ou l'**affirmation** de soi.

Note : j'entends le lecteur qui crie au scandale ! Le vert est la couleur du chakra du cœur, comme vous le dira tout site sur le web. Et il est bien ce web, très uniforme … même si on y trouve des absurdités astronomiques ! Ainsi, peut-on lire que le premier chakra, Mulâdhâra, de couleur rouge correspond à la planète Saturne ! Il est bien connu que saturne est la planète rouge … ou encore que le soleil gouverne Manipura, le 3ème chakra au niveau du plexus solaire de couleur … jaune. Si la couleur correspond, l'adjectif également, le soleil devrait normalement occuper une place centrale. Il est un emblème christique : le Lion de Juda. Et en astrologie le lion régit le cœur !
L'Occident n'a pas attendu l'Orient et répond aux Chakras par ses 7 Planètes Intérieures, mais là les informations sont beaucoup plus rares. Il existe donc d'autres modèles, dont celui de l'ayurvéda, impossible là encore à retrouver, et qui diffère de l'omniprésent actuel.

Pour en revenir au vert, couleur de Vénus, dans une approche occulte, il est associé à la gorge. Le vert est le complémentaire du rouge, couleur de Mars, des pulsions, des instincts situé au niveau du second chakra. Mars dieu de l'agriculture est de ce fait celui des semences, les gonades. Et dans certains écrits, il est dit que l'énergie sexuelle a servi à former les cordes vocales, puis le cerveau. Une coupe de l'utérus ressemble d'ailleurs étrangement à celle de la thyroïde. Ceci se vérifie à l'adolescence principalement chez les garçons qui muent lorsque leurs hormones s'activent. La procréation fait place au Verbe créateur.

En biokinésiologie les émotions du centre d'énergie de la gorge sont : douceur, agressivité qui peut résumer le binôme Vénus – Mars. Notons encore que le verbe n'exprime que notre vérité, elle-même issue de nos expériences et croyances.

- Le vert kaki évoque la **rigidité.**

Le rouge :

« Le Rouge symbolise de façon universelle le principe vital, sa force, sa puissance et son éclat. Le Rouge est la couleur du feu, du sang et est aussi ambivalent symboliquement qu'eux, selon sa nuance claire ou sombre.

▶ *Clair, il est tonique, incite à l'action. Il entraîne, encourage et provoque. Il symbolise l'ardeur et la beauté, il est l'image de la force impulsive et généreuse, de la jeunesse, de la santé et de la richesse. Il est aussi une couleur guerrière, associée à Mars, dieu de la Guerre.*

▶ *Sombre, il est un signal d'alerte, incite à la vigilance, et inquiète (feu rouge, la lampe rouge qui interdit l'entrée d'un bloc opératoire, etc). Ce Rouge permet la vie, mais répandu il symbolise la mort. Ceci explique le tabou qui pèse sur les femmes pendant leurs règles : le sang en passant de l'utérus obscur à l'extérieur diurne change de polarité. De symbole de vie, il devient symbole de mort. Cet interdit a été valable pendant un temps pour toute personne versant le sang d'autrui (bourreau et forgeron en habits rouges étaient intouchables). Cette ambivalence entre vie et mort se retrouve aussi dans les rites funéraires des hommes de Neandertal et des premiers Cro-Magnon qui enduisaient leurs morts d'ocre rouge avant de les enterrer, pense-t-on pour leur permettre de renaître plus tard dans le ventre de la Terre-Mère*

▶ *Enfin, lorsque le rouge est pourpre, il devient symbole de pouvoir et de despotisme, il mène alors à la haine, à l'égoïsme et à la passion aveugle.*

Le Rouge est aussi la couleur de la lampe des maisons closes, où il symbolise la transgression du tabou sexuel. Mais il est également la couleur du cœur, de la libido et de l'âme. C'est aussi la couleur de la Science, et de la Connaissance ésotérique, interdite aux non-initiés. Le Rouge est donc une couleur ambivalente, symbole d'action et de passion, de libération et d'oppression»

- Le rouge attire (notamment les taureaux, mais pas que ... les sous-vêtements féminins les plus stimulants seraient de cette couleur) : **séduction** – attirance.

- Des études montrent que les équipes qui portent des maillots rouges ont le plus de chances de remporter la confrontation : « **sois fort** ». Les peintures de guerre comprennent généralement du rouge pour impressionner l'adversaire (**émotionnel**).
- L'ocre rouge permet un retour (cycle cheng) à la Terre.
- Le rouge est la couleur la plus chaude (**Feu**). C'est la couleur du sang : le clan, la famille (**appartenance**). Mais aussi de la cruauté (**haine**)
- Le rouge est un vitalisant, dynamisant : tout comme l'**amour** donne des ailes, la **joie** rend léger, et en leur absence – comme dit plus haut – les forces, l'envie, l'enthousiasme nous **abandonnent**.

Incidences et développement :

Injustice - Rigidité / Elément Bois : « Dépêche-toi »

Raide comme la justice dit-on ! Face à une erreur, la personne, la plupart du temps, réagit promptement : il s'agit de rectifier au plus tôt une opinion fausse ou faussée. Ceci passe par l'affirmation de soi : énoncé de ses actes, discours. Cela n'attend pas, et si l'autre n'est pas disposé à l'écoute, le ton est prêt à monter. C'est un besoin naturel de chacun que de ne pas laisser parler quiconque à sa place, surtout lorsqu'il formule des vérités contraires. **Perfectionniste** donc, puisqu'il s'agit de clarifier sa position afin que chacun la comprenne et qu'aucune ambiguïté ne subsiste. Quitte quelquefois **à se justifier beaucoup**, voire de trop.
Un peu plus de détails pour ces perfectionnistes :

	Informations sur la blessure :	Apports du driver :
Caractère	▪ Trop optimiste. Vivant, dynamique. ▪ Difficulté à demander de l'aide. ▪ N'admet pas qu'il vit des problèmes. ▪ Difficulté à se faire plaisir sans se sentir coupable. ▪ Ne respecte pas ses limites, s'en demande beaucoup.	▪ La vie à 100 à l'heure ▪ Parce que l'autre ne répondrait pas assez vite. ▪ ... par manque de temps ▪ Se faire plaisir c'est prendre du bon temps ... qu'il n'a pas ▪ Pour saisir ses limites, il faut se poser
Yeux	Regard brillant et vivant. Yeux clairs.	Ouverture du Foie. La vue est l'organe le plus sollicitée chez l'homme. Tout passe par l'image. Pour se dépêcher et être efficace, il faut avoir l'œil
Corps	Droit, rigide et le plus parfait possible. Bien proportionné. Mouvements rigides.	Dépêchez-vous et vous sentirez des tensions musculaires notamment au niveau des

		fessiers. La marche est un excellent exercice pour le corps. La mâchoire est un lieu où s'exprime la colère
	Mâchoire serrée. Cou raide. Droit de fierté	
Maladies possibles	▪ Epuisement professionnel, ▪ anorgasme (femme), éjaculation précoce ou impuissance (homme). ▪ Maladies finissant par" ite" telles que tendinite, bursite, arthrite, etc. ▪ ... hémorroïdes, crampes, circulation du sang, foie, varices, problèmes de peau, nervosité, insomnie, mauvaise vision.	▪ Dépêche-toi conduit au burn out, l'organisme est hyper-sollicité en quasi permanence ▪ Dépêche-toi donc pas facile de se retenir, et pour la femme besoin de temps pour les préliminaires ▪ Les « ites » signifient inflammation ... colère (celui qui s'enflamme) ▪ L'anus est l'œil du foie (hémorroïdes) – la nervosité (se dépêcher ne favorise pas le sommeil ... etc

Pour avoir raison, « se faire justice », il faut avoir le droit pour soi. Mais cette justice est souvent dépeinte avec une balance, un glaive ... et les yeux (Foie) bandés. La justice n'est pas toujours juste elle évolue au cours des siècles et varie d'un endroit à l'autre : la peine de mort a été abolie en France en 1981, et ne l'est toujours pas dans certains états. Pour avoir raison, j'élève le ton, je joue de mon autorité, j'influence ... bref, je fais en sorte de prendre l'ascendant, de susciter la crainte, d'**intimider**.

Abandon - Dépendance / Elément Feu : « Sois fort »

« L'union fait la force », mais elle rend dépendant, tributaire. Sans les autres, fini la force ! Soit on vit l'abandon et l'on se coupe, la plupart du temps, de ses sensations – émotions, on devient fort pour faire face, pour survivre. L'abandon est une rupture de lien, dans les autres blessures l'autre est toujours plus ou moins présent : trahison, humiliation, injustice nécessite cet autre qui est acteur. Le rejet peut être temporel ou partiel : on rejette un comportement, une opinion. Avec l'abandon : il y avait, il n'y a plus. Soit on s'abandonne, ce qui nécessite une totale confiance (en soi – en l'autre) et l'on se rend complètement dépendant, à la merci de l'entourage, de la vie, de l'univers. Et la véritable force c'est d'accepter ses faiblesses, de s'y confronter.

	Informations sur la blessure :	Apports du driver :
Caractère	▪ Fusionnel. Besoin de présence, attention, support et soutien. ▪ Difficulté à faire ou à décider quelque chose seul.	▪ « l'union fait la force » ▪ Attitude opposée au « fort » qui assume seul *

	• Difficulté à se faire dire non (à accepter un refus). • Vedette. Recherche l'indépendance. Aime le sexe.	• Celui qui est fort (comportement plutôt masculin) ne dit pas non : il endosse, prend à son compte • Celui qui se sent fort n'a besoin de personne, si ce n'est de conquêtes : la force partant du hara en lien avec le deuxième chakra (sexualité)
Yeux	Grands, tristes. Regard qui attire.	*Séduction*
Corps	Long, mince, manquant de tonus, dos courbé, bras semblent trop longs et pendant le long du corps.	Attitude opposée : abandon corporel (visible en état de relaxation) … peut être après la bataille *
Maladies possibles	• Dos, asthme, bronchites, migraines, hypoglycémie … glandes surrénales • Dépression, maladies rares qui attirent davantage l'attention, maladies incurables.	• La force demande du tonus, de la prestance, de l'énergie … et des prises de tête • Tant qu'à faire, prendre une pathologie à la hauteur de « ses capacités »

* la personne habituée à assumer est beaucoup plus désemparée que les autres le jour où l'inverse se produit. Il y a effondrement des ressources et le tigre devient un petit chaton. Idem pour le tonus du corps : il est ferme, dynamique, puissant … mais lorsque la machine cale …

Tout comme la « séduction » demande : mon beau miroir, dis-moi qui est la plus belle, la dépendance, par crainte d'abandon, pose la question de la présence, du soutien : est-ce que tu es là ? Est-ce que tu m'aimes ? Est-ce que je peux compter sur toi ? … Celui qui est fort ne doute pas (du moins ne le montre-t-il pas). Ici l'incertitude, le doute par anticipation sont *fortement* présents. L'**interrogation** (de l'autre, de ses propres besoins, sur l'avenir …) est donc une stratégie privilégiée pour ce type de blessure.

Trahison - Contrôle / Elément Terre : « Sois parfait »

Celui qui a été trahi, ou qui a peur de l'être, va développer à la fois un contrôle important sur les gens et les événements pour prévenir toute tromperie, tout incident : il devient suspicieux ; et vouloir la perfection dans ce qu'il entreprend : comment en effet trahir, renier ce qui est parfait, idéal. Mais l'idéal est perfectible, il évolue lui-aussi. Ceux de notre jeunesse : ardents souhaits, amour, se sont pour la plupart envolés. La réalité, l'expérience, le vécu (Terre) s'en sont chargés. Est-ce à dire que nous les avons trahis ? Un peu tout de même.

Note : l'idéal, c'est la croyance (Bois) parfois rigide qui influe fortement (cycle Ko) sur la volonté de contrôler notre petit monde (Terre). La réalité étant toute autre, il est presque évident que nous ne pouvons que trahir ces modèles, le plus souvent erronés, et qui, en tout cas, ne peuvent perdurer. La perfection d'un jour n'est pas celle du lendemain.

	Informations sur la blessure :	Apports du driver :
Caractère	▪ Se croit très responsable et fort. Cherche à être spécial et important. ▪ Ne tient pas ses engagements et ses promesses ou se force pour les tenir. ▪ Convaincu d'avoir raison et essaie de convaincre l'autre. Impatient. Intolérant. Comprend et agit rapidement. ▪ Performant. Se confie difficilement. Ne montre pas sa vulnérabilité. ▪ Sceptique	▪ Il faut être parfait, donc responsable et important ▪ Les promesses sont très ambitieuses, difficiles donc à tenir ▪ Je suis parfait donc j'ai raison … et si je suis parfait, les autres ne le sont pas : impatience et intolérance devant leurs tentatives vers une autre perfection. ▪ Donc je ne me confie pas … ▪ Et je suis sceptique vis-à-vis du discours et idéaux d'autrui
Yeux	Yeux qui voient tout rapidement.	Pour repérer ce qui ne va pas
Corps	Chez l'homme, épaules plus larges que les hanches. Chez la femme, hanches plus larges et fortes que les épaules. Poitrine bombée. Ventre bombé.	Ce sont les caractéristiques masculines et féminines types … La poitrine et le ventre bombés chez la femme sont gages de fertilité

La perfection et le contrôle étant des plus compliqués à pérenniser, il est nécessaire soit de trouver d'heureux compromis (**médiateur**) soit d'user de **manipulation** afin d'obtenir les résultats escomptés ou s'en approcher.

Humiliation - Masochisme / Elément Métal : « Fais plaisir »

Celui qui a été humilié cherche la réhabilitation : en cela il cherche à se conformer aux attentes d'autrui, de rehausser son appréciation … et va donc faire en sorte de procurer du plaisir, de la satisfaction chez l'autre.

C'est le mea culpa (**culpabilité** – Métal) : souffrir c'est montrer à l'autre que l'on aime. C'est Christ qui donne sa vie pour le rachat du monde, et cela passe par les insultes, les brimades, la couronne d'épines. L'exemple est certes extrême, mais combien de fois (quelquefois par jour) nous sommes-nous abaissés, reniés, tus pour ne pas briser une relation, un équilibre (même instable). L'estime de soi demande une vigilance pour trouver le juste ratio entre les intérêts d'autrui, l'aspect relationnel (avec ses enjeux) et le respect de soi-même. Et ceci peut se révéler compliqué chez des personnes violentées, battues, maltraitées : leurs souffrances étant devenue réalité et donc une norme bien difficile ensuite à dépasser. La plus grande peur (certainement de tout être humain) est de prendre sa **liberté.**

	Informations sur la blessure :	Apports du driver :
Caractère	• Fréquemment honte de lui-même et des autres ou peur de faire honte.	• Faire plaisir comporte des risques : il convient de vraiment bien connaître l'autre pour ne pas se tromper dans ses choix.
	• Connaît ses besoins mais ne les écoute pas.	• Quand on veut faire plaisir, l'autre passe avant
	• En prend beaucoup sur son dos. Se croit malpropre, sans cœur …	• *Malpropre : gros intestin*
	• Joue à la mère. Hypersensible.	• *Hypersensible- relationnel (Métal)*
	• Se punit en croyant punir l'autre.	• *Punition : fessée (valeurs – GI)*
	• Compense et se récompense par la nourriture.	• Se fait plaisir sous réserve de culpabiliser ensuite d'avoir mangé
Yeux	Grands, ronds, ouverts et innocents d'un enfant.	Le contraire du coupable … on n'humilie pas un innocent
Corps	• Gros, rondelet, taille courte, • Cou gros et bombé, tensions au cou, à la gorge, aux mâchoires et au pelvis. Visage rond, ouvert.	• L'humiliation ratatine • Les mots ne peuvent sortir pour se justifier, se défendre : on ravale. Toute cette zone est donc impactée
Maladies possibles	• Dos, épaules, gorge, angines, laryngite, problèmes respiratoires, jambes, pieds, varices, entorses, fractures, foie, glande thyroïde, démangeaisons de la peau, hypoglycémie, diabète, cœur	• Endroits où l'humiliation peut se voir : la face ; la gorge (la voix) ; la peau • Les varices sont une atteinte des veines : le recevoir au niveau de l'affection …

Les personnes qui ont été humiliées tentent de ne rien laisser paraître et en cela deviennent **indifférentes** à ce qui leur arrivent, une sorte de détachement (forcé qui n'en est pas toujours un). Elles ont perdu cette capacité à trancher (Métal), à donner une valeur aux choses, et vivent donc dans l'indifférencié : tout se vaut, bien et mal deviennent des abstractions.

Elles peuvent même aller jusqu'à penser être au-dessus de ces considérations, alors qu'elles sont à l'inverse empêtrées, enlisées, « dans le trou » (la tristesse est une énergie descendante).

Rejet - Fuite / Elément Eau : « Fais des efforts »

Les premiers efforts, du moins visibles, dans l'existence, sont ceux de la naissance. La mère pousse pour l'expulsion (du latin *expulsare, pulsare, pellere* : repousser, donc pas bien loin de rejeter). De même pour intégrer (le contraire du rejet) une école, une entreprise, une tribu, il y a des rites de passage : examen, entretien, épreuves … qui incitent au meilleur (parfois du pire) de soi. L'effort ne doit être une action naturelle, puisque beaucoup y rechigne, la fuit : ce sont toutes les bonnes résolutions prises en début d'années qui s'envolent bien rapidement et qui ne voient pas le jour, ou n'aboutissent pas.

	Informations sur la blessure :	Apports du driver :
Caractère	▪ Détaché du matériel. Perfectionniste. Intellectuel. ▪ Passe par des phases de grand amour à des phases de haine profonde. ▪ Ne croit pas à son droit d'exister. Difficultés sexuelles. ▪ Recherche la solitude. Capacité de se rendre invisible. Trouve tous les moyens pour fuir. ▪ Se croit nul, sans valeur. Se croit incompris. ▪ Difficulté à laisser vivre son enfant intérieur.	▪ Détaché du résultat, du concret, de peu que ses efforts ne soient pas à la hauteur ▪ Amour quand l'effort paie, haine quand il échoue ▪ En lien peut être avec la naissance ▪ Fuite pour ne plus être sollicité, pour ne pas être toujours dans l'effort ▪ Faire un effort signifie se dépasser, d'où le sentiment de ne pas être « assez », et d'être incompris
Yeux	Petits, avec de la peur ou impression de masque autour des yeux.	Peur – panique (Eau)
Corps	Contracté, étriqué, mince.	Moins j'ai de capacités (physiques, intellectuelles) moins je serai sollicité

Pour ne plus être rejeté par, ou intégré à, un autre groupe, il est nécessaire de susciter la pitié (qui étymologiquement signifie « sentiment de devoir », pieux), la sympathie. La pitié est ambivalente : elle est à la fois empreinte de mépris et de compassion.
Lorsque l'on soumet le corps à trop d'effort, il va soupirer, pousser des petits **gémissements**. Et lorsque l'on rentre fourbu, ce sont des « oh là là, doucement … pff ». On sollicite répit, attention, voire douceur.
C'est encore la femme qui se lamente, pleure son mari ou son enfant défunt et qui rejette la mort. C'est le malade qui fuit l'opération, l'arrachage de dents, parce qu'il a eu assez mal …

107

« *D'après Karen BIERMAN, de la Pennsylvania State University, la majorité des enfants rejetés développent les comportements suivants :*
* *une baisse du comportement altruiste, un fort comportement agressif ou colérique (*Bois, cycle d'engendrement*)*
* *un fort comportement immature,* (Emotionnel : Feu, cycle Ko*)*
* *une impulsivité ou un manque d'attention (*Mental – Rate : cycle Raé)
* *et une forte anxiété sociale (*relationnel : Poumon, la mère)

BIERMAN explique que les enfants ayant un bon savoir-vivre savent quand et comment rejoindre un groupe pour jouer. Les enfants ayant déjà eu l'expérience d'un ou plusieurs rejets auparavant sont souvent plus réservés et, plutôt que de tenter de s'inclure dans un groupe, restent seuls et préfèrent jouer dans leur coin. Les enfants au comportement plus agressif ou athlétique ont plus de facilité à s'inclure dans un groupe, et peuvent devenir le chef d'un groupe lors de harcèlements d'autres enfants plus moralement fragilisés. Les enfants d'une minorité, handicapés ou possédant d'autres caractéristiques ou comportements inhabituels, ont un plus grand risque au rejet ... Les enfants rejetés sont le plus souvent sujets à être harcelés (cycle Cheng) et à avoir moins d'amis que les autres enfants, mais ces conditions ne sont pas toujours présentes. »
On notera l'interaction ou la confusion - que je fais peut être moi-même - entre rejet et humiliation (ou harcèlement). Ceci peut s'expliquer par l'amalgame fréquent entre Etre (ou sa manifestation ; Eau) et faire (Métal). La société définit une personne le plus souvent par ce qu'elle fait. C'est l'anecdote du Petit Prince : «Si vous dites aux grandes personnes « j'ai vu une belle maison en briques roses, avec des géraniums aux fenêtres et des colombes sur le toit ... » elles ne parviennent pas à s'imaginer cette maison. Il faut leur dire : « j'ai vu une maison de cent mille francs ». Alors elles s'écrient : « comme c'est joli ! » ».

Note : rejeter c'est repousser, c'est-à-dire aller en arrière (le Méridien Vessie – Eau est le grand méridien du dos). Humilier c'est abaisser, couvrir de honte : la personne se replie sur elle-même, courbe la tête : elle perd son pouvoir (Côlon).

Références :

http://www.revelessencedesoi.com/article-les-5-blessures-d-ame-ou-existentielles-description-masque-utilise-cles-de-guerison-vous-re-c-78472652.html
http://ddata.over-blog.com/xxxyyy/4/26/11/71/5-blessures-d-ame--revelessencedesoi.com.pdf
http://www.kinesiologie-marseille.com/2013/09/les-5-blessures-de-l-%C3%A2me.html
http://www.psychanalyse-en-mouvement.net/actualites/article-36-2003123036-abandon-sentiment-d-abandon.html
http://www.redpsy.com/guide/trahison.html
http://www.paganguild.org/aubeseptiemelune/grimoire-sorcellerie/theorie/jaune.htm
http://www.color-institute.com/Francais/Symbolique/03Rougefr.html
http://fr.wikipedia.org/wiki/Ostracisme_(sociologie)

le Petit Prince – Saint Exupéry – Edition Gallimard

Chapitre 7

Les 7 Planètes des Anciens

Les 7 planètes sont en réalité 5 : Mercure, Vénus, Mars, Jupiter et Saturne auxquels il convient d'ajouter les deux luminaires que sont le Soleil et la Lune. Marguerite De SURANY, notamment dans son livre « l'Astrologie médicale » qui a établi une corrélation entre les 12 signes du zodiaque et les 5 Eléments

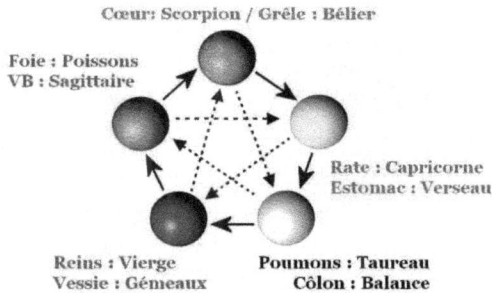

Cœur: Scorpion / Grêle : Bélier

Foie : Poissons
VB : Sagittaire

Rate : Capricorne
Estomac : Verseau

Reins : Vierge
Vessie : Gémeaux

Poumons : Taureau
Côlon : Balance

Correspondances entre méridiens et signes :
Terre – Saturne : la planète ; les nuances apportés à l'Elément (et aux autres données)
Métal – Vénus : la planète ; les nuances apportés à l'Elément (et aux autres données)
Eau – Mercure : la planète ; les nuances apportés à l'Elément (et aux autres données)
Bois – Jupiter : la planète ; les nuances apportés à l'Elément (et aux autres données)
Feu – Mars : la planète ; les nuances apportés à l'Elément (et aux autres données)

Correspondances énergétiques entres méridiens et signes astrologiques :

Signes et méridiens correspondent aux informations de M. De SURANY.
Ces indications ne se retrouvent pas et diffèrent de celle de l'astrologie. L'estomac par exemple est associé à la lune et au cancer, les poumons aux gémeaux ... Ce qui intéresse ici sont les planètes qui en découlent :

Signes	Méridiens	Eléments	Horaires	Planètes
Bélier	Grêle	Feu	13-15	Mars
Taureau	Poumons	Métal	3-5	Vénus
Gémeaux	Vessie	Eau	15-17	Mercure
Cancer	Maître Cœur		19-21	Lune
Lion	Triple Réchauffeur		21-23	Soleil
Vierge	Reins	Eau	17-19	Mercure
Balance	Côlon	Métal	5-7	Vénus
Scorpion	Cœur	Feu	11-13	Mars
Sagittaire	Vésicule Biliaire	Bois	23-1	Jupiter
Capricorne	Rate	Terre	9-11	Saturne
Verseau	Estomac	Terre	7-9	Saturne
Poissons	Foie	Bois	1-3	Jupiter

- Maître Cœur et Triple Réchauffeur qui en énergétique chinoise ne correspondent pas à des organes mais à des fonctions, sont associés aux deux luminaires :
  - ► On comprend que Maître Cœur, encore appelé Circulation Sexualité, soit rattaché à la lune qui gouverne les liquides du corps (et de la terre – marées), et qui a une influence, notamment chez les femmes, sur les menstrues, la grossesse ... et sur la pousse des plantes.
  - ► Le « réchauffeur » de notre système est le soleil, il assure le bon équilibre du règne végétal (entre autre) comme le fait Triple Réchauffeur sur le système neurovégétatif de l'homme.
- Si l'ordre des signes débutait avec le Verseau (ne me demandez pas pourquoi), nous aurions une parfaite symétrie entre les éléments : Terre – Bois – Feu – Métal – Eau / MC + TR/ Eau – Métal – Feu – Bois – Terre.
- Les Anciens ne connaissaient que sept planètes (avant la découverte de Neptune, Uranus, et Pluton), et le tableau relie les signes à ces planètes.

Méthode mnémotechnique :
- ◉ La Terre : la matière, l'incarnation. La naissance passe par des contractions et Saturne représente la gravité, la discipline, et il est maître du temps, oblige, comprime ...
- ◉ Le Métal : la valeur, les bijoux, ce qui rend plus attractif (l'hémoglobine du poumon attire l'oxygène) ... Vénus symbolise la beauté, la sociabilité, le plaisir Mercure est le héraut du soleil ... l'étincelle divine (si l'on associe Dieu au soleil), étincelle que l'on retrouve dans notre essence, notre Jing – Rein.

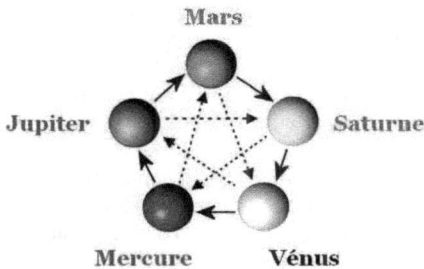

- Jupiter contrairement à Saturne est un expansif, il abonde, vise à la prospérité et à l'épanouissement personnel : les fruits de l'arbre
- Le Feu va de pair avec la planète rouge : Mars. Mars la guerre et la haine ; Mars dieu de l'agriculture, ce qui nourrit (Grêle)

Note : il ne s'agit pas de démontrer la pertinence des liens établis par M De SURANY, que le lecteur retrouvera dans ses livres, mais de s'appuyer sur eux et de les développer dans le cadre des axes de ce présent ouvrage.

Terre – Saturne :

Saturne :
Saturne n'a généralement pas bonne réputation, elle était appelée la grand maléfique. En effet, cette planète est liée au temps qui passe inexorablement, aux contraintes, à la frustration … elle symbolise la nécessité de la responsabilité.

« *Saturne : Le temps, ce qui implique une limitation. Venus à un moment donné, nous partirons à un moment donné, voilà la fatalité dictée par Saturne, symbolisé d'ailleurs par une faux, ou par une croix (les épreuves) dominant le demi-cercle : la matière. Saturne symbolise le temps, l'expérience, les retards, la retraite, la connaissance, les gens âgés, la vieillesse, tout ce qui est contraction, prudence, richesse sous une apparence limitative. En Astrologie Saturne signe la solitude, la science, l'administration, les aïeux, les souterrains (vient du nom latin, carcer : incarcération), la lourdeur, lenteur, persévérance, frugalité, restrictions, pensée, vieillards, célibat. Il gouverne les mineurs, jardiniers, plombiers (le métal de Saturne: le plomb, métal gris, terne et pesant), les scientifiques, les ingénieurs, les hommes politiques, les éminences grises, ceux qui savent et se taisent. En Astrologie, dans le thème astral, on consulte Saturne pour être renseigné sur la solidité de l'esprit du Natif, sur son érudition, sa science, sa persévérance et sa vieillesse. Egalement sur ses possibilités d'élévation. Il dit comment les choses finiront, il représente le mot ultime. Saturne est la planète maîtresse du signe Capricorne et du signe Verseau.* »

Saturne est donc lié à la Terre : la lourdeur du plomb qui ancre ; par la limitation : l'incarnation qui nous définit physiologiquement … et par un certain aspect du mental (Rate) par les connaissances.
Saturne appel à la prudence et la discipline. Il contraint, oblige :
- La Rate est maître de **l'énergie long nourricière**. « Que la nourriture soit ton premier médecin » disait Hippocrate. Et en ce 21ème siècle, l'importance de la qualité des aliments et de leur quantité est plus que jamais d'actualité (elle l'a

toujours plus ou moins été avec la malnutrition qui touchait les pays dits « en voie de développement » ; maintenant elle est à nos portes avec l'obésité et ses incidences sur la santé). Les chinois parlent de bol alimentaire. C'est la contenance approximative de l'estomac, ce qui signifie que l'être humain devrait se contenter de ce bol à chaque repas, ce qui est loin d'être le cas.

Mais la « bouffe » n'est pas la seule nourriture de l'homme. Le sein, premier distributeur de lait, renvoie à **l'affectif (sucre – pancréas)**, et conditionne notre relation à la nourriture. On sait que les compensions alimentaires sont nombreuses lorsque le moral ou le cœur ne sont pas au beau fixe. La musique, l'art et bien d'autres choses sont également nourriture.

- Le corps est notre véhicule, qui a ses qualités, ses limites : ainsi nos projets, ambitions sont-ils restreints par le **potentiel physique** de chacun ; et c'est bien pour cela que certains fréquentent des salles de musculation, d'autres des piscines, font du jogging ... pour préserver, capitaliser, voire fructifier leurs capacités. « Un esprit sain dans un corps sain », propos quelque peu déformés : les entreprises invitent leurs cadres, leurs commerciaux à des « stages commandos » ... le corps devient un outil, une vitrine. Nous sommes bien ici dans le **contrôle**, et chacun a peur que son corps le **trahisse** (d'où chirurgie esthétique et tout l'arsenal qui participe à la société de consommation). Pour réussir, du moins veut-on nous le faire croire, la personne doit être **parfaite**. Saturne dévorait ses enfants, la société mange les siens.

- Saturne est quelquefois associé à l'ermite, le sage, celui qui a l'expérience, qui médite. La méditation peut être passive : elle fait taire le mental (**Rate – rumination**). Elle peut être active : elle « consiste à "discipliner le flux du mental" et à l'orienter vers des pensées constructives pour nous et/ou pour le monde. Faire taire le bla-bla de l'égo et écouter sa voix intérieure. Utiliser ses facultés autrement ».

- Saturne, est c'est peut-être le plus important, nous ramène à la réalité, au dense, à la matière, le concret, évitant justement les élucubrations du mental (Rate) mais aussi les fluctuations émotionnelles (Feu), les croyances erronées (Bois), l'échappatoire dans le rêve, l'invisible, les forces surnaturelles qui influencent chakras, karma, énergie (Eau), et l'illusion du relationnel : réseaux sociaux, et de la communication virtuelle : télé, twitter, Facebook (Métal) – tout ceci étant de près ou de loin, une forme de **manipulation** (des infos, des contacts ...)

- Sans Saturne, qui a le plus « mauvaise presse », il ne peut y avoir ni ordre ni sagesse !

Les nuances apportées par Saturne :

La planète invite à la rigueur : alimentation, mental et incite à la responsabilisation, l'introspection, peut être en lien avec le V.I.T.R.I.O.L. des Alchimistes « Visita *Interiorem Terrae Rectificando Invenies Operae Lapidem* soit, selon, une traduction de Jean SERVIER : « Descends dans les entrailles de la terre, en distillant tu trouveras la pierre de l'œuvre ». Ces initiales ont formé un mot initiatique, qui exprime la loi d'un processus de transformation, concernant, le retour de l'être au noyau le plus intime de la personne humaine ... ce qui revient à dire: Descends au plus profond de toi-même et trouve le noyau insécable, sur lequel tu pourras bâtir une autre personnalité, un homme nouveau. » (C'est ce que dit également Annick De SOUZENELLE – p 259)

Comme déjà dit, la Rate est le cimetière des globules rouges (et participe à leur formation pendant la grossesse). Elle est le « siège de la transmutation du moi ».

➡ Saturne invite donc à parfaire, et non à être parfait
➡ Il incite à la médiation et non à la manipulation
➡ Il optimise le sucre-énergie (pour agir : Métal dans le cycle cheng) au dépends du sucre-affectif, qui peut rendre dépendant (Feu – sens inverse de cheng)

Métal – Vénus :

Vénus :

Vénus est considérée comme une planète bénéfique. Elle révèle la manière dont un sujet noue des relations avec les autres.

« Graphisme : un cercle surmontant une croix. La symbolique de la croix est associée à la matière, tandis que le cercle est associé à l'énergie de la source, de Dieu, de l'unité. Le symbole graphique de Vénus montre donc une étape de la vie où le spirituel domine le matériel (le rond au-dessus de la croix). »Le symbole est celui de la terre inversé.

« Vénus, maîtresse de l'art, de l'inspiration, de la créativité, dispense l'influx vital dans le monde de la beauté. On lui attribue les valeurs harmonieuses de la subtilité et de l'intelligence, du goût pour la toilette, du raffinement dans la décoration ; elle préside aux plaisirs de la table. Elle incite à l'optimisme, à l'amabilité et aux bonnes manières. Vénus-Aphrodite donne du rêve au plaisir des sens, de l'ardeur à la passion et de l'extase à l'amour. Elle gouverne aussi les soins du corps par les bains, les onguents, les crèmes et les parfums. Vénus est un peu la fée Morgane de l'existence ; sans sa présence la vie semblerait terne. Sous cet aspect enchanteur, fait de roses et de fleurs, elle cache les épines subtiles et l'aiguillon acéré de toute passion. Vénus offre le double aspect de l'ombre et de la lumière : son étoile brille à l'aube et réapparaît au couchant. L'aube est jeunesse et spiritualité ; le mystère intellectuel de l'amitié et des affections appartient au couchant. Alors que dans les grandes cités, la nuit vibre de couleurs et de sons, l'astre de Vénus prodigue caprices et extravagances, se montre dans les désirs et es tentations illusoires, dans les divertissements, danses et musique »

Vénus renvoie donc aux honneurs, à la prestance, parfois aux apparences : c'est-à-dire à l'image et à l'estime de soi. Le cuivre est le métal associé à Vénus : ses actions sont multiples :

▓ Anti-infection, anti-inflammatoire, antifongique ... il renforce les défenses naturelles de l'organisme (**Métal – armes**)
▓ « Le cuivre est nécessaire à l'activité de certains enzymes, dont le cytochrome oxydase (COX) localisée dans les mitochondries – qui produisent l'énergie des cellules du corps » (Eric SHOUBRIDGE, professeur de génétique humaine à l'Institut Neurologique de Montréal de l'Université McGill) : **Poumon – Energie**

- Il intervient dans la synthèse de l'hémoglobine (**Oxygénation – Poumon**)
- Il participe à la détoxication des radicaux libres dans la cellule (**rôle d'évacuation – côlon**)
- Il a la possibilité de s'associer à d'autres métaux pour former de nombreux alliages (bronze, laiton, billon …), c'est aussi un excellent conducteur : association, échanges, **communication**
- Phonétiquement le cuivre est le cul ivre : ce qui renvoie aux **plaisirs** de la **relation.**

Vénus incite à l'art, la beauté, à l'inspiration : nous sommes déjà presque au dernier étage de la pyramide des besoins. Elle incite au **faire** ; elle **valorise**, apporte plaisirs et satisfactions. Mais elle a aussi ses revers, ses défauts :
- Elle est jalouse, envieuse ; ses amours et ses amitiés peuvent être chaotiques : « je t'aime, moi non plus », je t'aime, je te hais. Les relations peuvent devenir perverses : l'amour peut devenir enjeu de pouvoir, de domination : l'amour est plus une passion, on désire l'autre, on l'absorbe, on l'étouffe … ou à l'inverse de sacrifice (**humiliation – masochisme**)
- Vénus est l'équivalent d'Aphrodite chez les Grecs : « *Arès (Mars) ne vivait en bonne intelligence qu'avec Aphrodite (Vénus) qu'il venait voir la nuit de peur que Hélios qui voit tout, rapporta les faits à Héphaïstos (Vulcain) époux légitime d'Aphrodite. Arès postait devant la porte un jeune éphèbe du nom d'Alectryon qui devait l'avertir afin qu'il puisse quitter la chambre avant le lever du soleil. Malheureusement un matin ce dernier oublia la consigne et les deux amants, furent surpris par Héphaïstos, qui les enferma dans un filet magique qu'il était seul capable de manœuvrer et les exposa ainsi à la risée des Immortels* » **Humiliation**
- Sa vengeance, peut-on lire, est terrible
- Elle est « née de l'écume» (ἀφρός / *aphrós*) : blanc ; Ecumer : signifiant aussi être en colère (cycle Ko)

Les nuances apportées par Vénus :
La planète invite à la douceur, au charme, au subtil : le voilage éthéré des poumons.
- Elle invite au dosage : se faire attendre ou désirer, se montrer … sans excès au bon moment (**retrait – présence**). Idem dans son pouvoir, autorité.
- L'harmonie dans les relations contribuent à une bonne estime de soi, et inversement.
- Le travail (faire) les actions doivent alterner avec les plaisirs (lâcher prise).
- Le travail doit tendre vers l'art et favoriser la vocation. La vocation n'est plus travail mais devient plaisir : on donne, on offre, on partage. L'argent n'est plus le moteur, mais il reste néanmoins essentiel, puisqu'il traduit l'investissement dans le travail. La vocation renvoie à la voie / voix … qui initie à l'affirmation et à la réalisation de soi.
- L'humiliation : abaissement – humus, devient sublimation : élévation, éthérisation.

Eau – Mercure :

Mercure:

« *Mercure, maître du signe des Gémeaux et de la Vierge transmet selon la mythologie les messages de Jupiter. Missionné donc mais léger et habile, il sait jouer des circonstances, s'adapter, communiquer ! Parcourant le Zodiaque en quelques 87 jours coiffé de son casque et de ses sandales ailées, ce rapide factotum des dieux va permettre à l'homme de discerner, de classer et par le biais du langage de transmettre ce qu'il sait, d'enseigner, de décoder et au final de comprendre. Cette planète rapide, si elle stimule puissamment la communication et nous enseigne à apprendre, à raisonner et à nous exprimer clairement accélère souvent le mouvement et peut ainsi nous entraîner à perdre le contrôle de nos nerfs provoquant divers incidents qui nous obligeront à canaliser notre énergie mentale !*
Mercure s'il sert d'agent de liaison entre le ciel et la terre, s'inscrivant dans un va et vient incessant entre les dieux et l'humain, stimulant alors incessamment nos neurones, protège les voyageurs qui tout comme lui n'auront de cesse d'établir un lien entre ici et ailleurs, les intellectuels qui transmettent par vocation leur savoir et parfois les voleurs qui se servant de la ruse et de l'ingéniosité de la planète feront, à leur manière, circuler la matière ! Mercure gère également les relations de voisinage et représente nos frères...plus jeunes que nous. Grâce à Mercure, nous écrivons des livres, et apprenons à les lire. Les études et la littérature sont donc naturellement favorisées par la présence d'un Mercure fort dans le thème de l'individu. »

Le symbole graphique :
- ► L'anse indique la réceptivité : du soleil, d'en haut, de l'Ame ...
- ► Cercle : la globalité, l'Etre, le Tout, le plan spirituel
- ► La croix : la matière, le monde matériel

Mercure s'appuie donc sur la matière pour soutenir l'Etre ouvert, et réceptif à plus grand que lui.

Mercure le messager donc, le héraut des Dieux, l'agent de liaison :
- Est le lien entre le « Ciel Antérieur » et le « Ciel postérieur » (**Rein**), c'est Hermès chez les grecs est l'Initié et l'Initiateur, le père de l'alchimie, détenteur de connaissances ésotériques ...
- Peut symboliser l'**ARN** (les deux spirales du Caducée : Ida et Pingala, mais aussi ADN)
- Est un moyen de communication ... comme l'**urine** chez la plupart des animaux, qui sert (comme dit Jean Marie BIGARD) de boite aux lettres, de boite email.
- Est un lien, un régulateur : **Vessie** par ses points assentiments avec les autres méridiens (tout comme Vital, un Vaisseau Merveilleux, dont les points empruntent ceux de Rein, serait reliés à ces mêmes méridiens).
- Est la planète la plus rapide ... rapide ou **fuyante** ? « De jour, de nuit, il ne cesse d'être vigilant, attentif, alerte ». Dans l'organisme, les circuits de la **peur**, de

115

survie sont les plus efficients (amygdale) par rapport aux autres circuits (lobes frontaux …). **Besoin de sécurité.**

▪ *« Tel un ectoplasme, la puissance de ce dieu est due à sa capacité de prendre la forme des circonstances. Jamais il n'était figé dans une forme donnée. Ainsi peut-il mettre à sac l'Olympe. »* : l'**eau** peut être liquide, solide ou gazeuse.

▪ *« est attribué d'un grand nombre de filouteries … Son humeur inquiète, sa conduite artificieuse lui suscitèrent plus d'une querelle avec les autres dieux. Jupiter même, oubliant un jour tous les services de ce dévoué serviteur, le chassa du ciel et le réduisit à garder les troupeaux sur la terre »* : **rejet.**

Les nuances apportées par Mercure :

« Pour les alchimistes, un corps, une matière, pour être utilisables doivent être vivants, et dans ce cas sont dits philosophiques. Et ceci implique que soient présents les trois principes, à savoir : Soufre, Mercure, Sel, ou : Ame, Esprit, Corps. Dans l'homme, c'est le Mercure qui permet à l'Ame d'animer le corps. D'où le symbolisme ancien de Mercure, messager des Dieux. »

Mercure rejoint donc l'Energie (Ancestrale) de Rein. Il est l'Esprit (à différencier du shen de Cœur), l'essence ; le souffre étant le caractère, la personnalité ; le sel étant le réceptacle, la matière, le corps. Ceci résumé très brièvement.

Distinguons le Sel alchimique du sel, salé, saveur de l'Elément Eau.

▪ Il rappelle donc notre génétique, notre ADN, et invite à respecter – voire honorer – qui on est. Comme le disait Nelson MANDELA : *« Notre plus grande **peur** n'est pas que nous ne soyons pas parfaits. Notre peur la plus profonde est que nous soyons puissants au-delà de ce qui est mesurable. C'est notre lumière, pas notre obscurité qui nous effraie le plus. »*
Et c'est peut-être ce que demande Mercure, messager de notre propre Soi

▪ La Vierge incite à cela : organisation, responsabilité, **sécurité** … service, santé.

▪ Les gémeaux sont d'éternels adolescents qui rappellent que la légèreté – et non l'insouciance – devrait être notre lot quotidien, et ce quels que soit les événements traversés. En effet, soit que je subis un destin, bon ou moins bon, et que j'ai peu de chance de m'en exonérer (d'où les **efforts** pour endurer cela) ; soit j'opte pour la responsabilité de ce qui m'arrive, le choix conscient de cette incarnation. Tout aléa : séparation, deuil, infortune, maladie … n'est alors qu'un élément du scénario envisagé. Je ne peux **rejeter** ces périodes : la faute des autres, pas de chance, puisque je les ai moi-même « programmées ». Sous cet angle, la difficulté reste la même, avec son lot de souffrance, mais mon énergie reste positive, et je peux plus facilement la traverser et m'en émanciper. Ce qui inaugure la Foi – foie dans le cycle d'engendrement).

Bois – Jupiter :

Jupiter :

« En Astrologie Jupiter symbolise maturité, loi, justice, religion, décoration (tout ce qui inspire l'approbation de la société). Jupiter exprime la chance, la réussite,

l'enseignement, tout ce qui grossit dans un sens honorable, la richesse, les prélats, les églises, les juges, les jeux, la chance, la générosité et les excès ... C'est le signe de la spiritualité, de la religion, la philosophie ... mais aussi des plaisirs. Jupiter est la planète maitresse du signe du sagittaire et du signe des poissons. »

Jupiter – Zeus a pour attribut le sceptre et la foudre, et il ne fait pas bon de s'en attirer la foudre justement. Elle possède trois niveaux de déclenchement : le premier pour avertir, le second pour punir, le troisième pour tuer. Il est le roi de la transformation : cygne, taureau, pluie d'or, nuage ... ceci pour ses conquêtes amoureuses. Jupiter rend donc la justice ou plutôt sa justice, car quand il ne transforme pas une humaine en tortue, c'est Héra, son épouse légitime, qui fait de ses maîtresses une génisse, ou une ourse. Jovial, certes, mais pas toujours fréquentable !

« Avec Jupiter, l'âme est élevée au-dessus de la croix de la matière, indiquant la nécessité de trouver une connexion sérieuse (âme), 'une raison de vivre' dans le monde manifesté.
Jupiter libère l'âme de la domination de la matière. (Avec Saturne, la croix de la matière est élevée au-dessus de l'âme, indiquant que les aspirations de l'âme doivent prendre forme et corps dans les limites de l'existence, dans le temps et l'espace). »

♃

Jupiter – Zeus est le dieu des dieux, il représente l'énergie de l'expansion et du développement :

- Le sceptre lui donne l'autorité : Foie est le « général des Armées », la foudre son argument de poids : l'émotion est la **colère**, celle qui gronde, qui montre les dents et mords.
- Il rend sa justice – **injustice** (et Jupiter sait également être partial) et sait se montrer convainquant lorsqu'il le faut : **intimidateur.**
- Il sait également user de ruse (De SURANY dit du foie qu'il est le maître de la ruse), pour notamment conquérir ses dulcinées qui sont nombreuses. Tout comme les rois, le dieu des dieux a tous les droits et n'aime pas trop qu'on lui résiste : est-il pressé ? **Dépêche-toi.**
- Il est celui qui détrône le père et accomplit son destin : **réalisation de soi**
- En astrologie Jupiter gouverne le foie

Un autre personnage attire l'attention :

*« Dans la mythologie grecque, **Prométhée** ou en grec ancien Προμηθεύς / Promêtheús, dont le nom signifie « le prévoyant » « celui qui réfléchit avant », est l'un des Titans. Il est surtout connu pour avoir créé les hommes à partir de restes de boue transformés en roches, ainsi que pour le vol du « savoir divin » (le feu sacré de l'Olympe) qu'il a caché dans une tige et qu'il rendit aux humains. Courroucé par sa ruse, Zeus, le roi des dieux, le condamna à être attaché à un rocher, son foie se faisant dévorer par un aigle chaque jour, et renaissant la nuit. »*

Prométhée, promettez, a fait bien plus que cela pour l'humanité : Athéna lui enseigna l'architecture, l'astronomie, les mathématiques, la navigation, la médecine, la métallurgie et bien d'autres arts fort utiles qu'il communiqua aux hommes. Zeus qui voyait le pouvoir des hommes grandir s'en irrita. Héraclès le délivra de son supplice (avec l'accord de Zeus) et Chiron échangea son immortalité avec lui. Héraclès : « la gloire d'Héra » est connu pour ses 12 travaux (12 comme les signes du zodiaque), et Chiron, centaure, mi-homme, mi cheval, a été l'enseignant de bon nombre de héros dont Héraclès, mais aussi d'Asclépios, père de la médecine.

▓ La **réalisation de soi** passe par de nombreux apprentissages (l'expérience des 12 constellations et des énergies correspondantes), et demande un enseignement « inspiré ».

▓ Vouloir être l'égal des dieux n'est pas sans danger (même si foie *caved,* en hébreux, qui signifie aussi lourdeur, puissance … a la même valeur guématrique que le tétragramme sacré. « Le foie est le lieu du corps où s'engrange la lumière de l'accompli ») : cela nécessite une **maturation**, contraire à l'empressement.

▓ Tout travail, toute œuvre devrait « rendre grâce » au Créateur, Dieu, Soi afin que le figuier (foie) porte ses fruits. Figuier tire aussi ses origines de *fica,* qui, en italien, signifie la vulve des femmes : Foie est l'époux de Maître Cœur, lié à la sexualité ; la création est l'épouse du créateur, Kether : monde des émanations et Malkuth : monde de la manifestation.

▓ Tobie guérit les yeux – ouverture de Foie – avec de la bile (discernement) de poisson. Le poisson est un symbole chrétien et est rattaché au Christ, mais il peut aussi renvoyer au Rein : l'énergie ancestrale, Mercure, l'envoyé des Dieux. L'œil, dans un triangle, est enfin la symbolique de Dieu.

▓ Le sagittaire et la maison neuf : voyages, spiritualité, recherche de vérité, sens de la vie.

▓ Les Poissons et la maison 12 : épreuves, inconscient familial, vocation, compréhension de l'essentiel, mysticisme.

Tout ceci bien évidemment relève des **croyances** de chacun ou de la Foi collective.

Les nuances apportées par Jupiter :

➡ La réalisation de soi passe par la chance, que l'on doit provoquer parfois. Elle est aussi colorée de notre éthique, nos aspirations les plus élevées … reconnaissant en cela une énergie, présence, volonté (Rein) qui va au-delà des représentations mentales.

➡ La spiritualité (au sens large) la recherche de l'excellence – qui est le mieux que l'on puisse faire – devrait sous-tendre nos actes, paroles, projets, états intérieurs.

➡ De ce fait : tenter de faire les choses justes, et non réclamer ou faire justice.

➡ Les notions d'éternité et de réalisation de soi se manifestent alors dans « dépêche-toi lentement » : se dépêcher pour répondre aux aspirations de l'Ame ou de l'Etre ; lentement car l'important est le chemin.

➡ « L'intimidation » doit se porter sur le mental (Rate) et les émotions (Cœur).

Feu – Mars :

Mars :

« Mars, principe d'affirmation et de l'action dirigée vers l'extérieur, décrit notre dynamisme personnel et notre façon de nous affirmer. Mars est fondamentalement

tourné vers la compétition, préoccupé par la volonté de vivre et de survivre... Il représente une force active, symbolisée par l'érection masculine, le courage, les facultés combatives, le dynamisme. Sa couleur est le rouge, son métal le fer (on donne du fer pour activer les globules rouges, qui dépendent d'ailleurs de Mars, dans les symptômes d'anémie). Il gouverne l'adrénaline, les muscles, les organes génitaux et le système excrétoire du corps. Mais aussi : les fourneaux, les casernes, les armes, les couteaux, les abattoirs, le sang, les inflammations, les muscles, l'instinct sexuel, les fièvres, les soldats, les bains de sang, les sportifs, les pompiers, le fer, les chirurgiens, les dentistes, les arts martiaux ... ».

Mais Mars aurait d'abord été considéré comme le dieu de l'agriculture de la fertilité et de la végétation: mars dérive du dieu de l'agriculture étrusque Maris. Mars est la planète maîtresse du signe du Bélier et du signe du Scorpion.

« Vénus et Mars symbolisent les manifestations physiques de la polarité homme/femme dans le monde. A l'origine, le symbole de Mars était la croix de la matière au-dessus du cercle de l'esprit, et ainsi, les symboles se complétaient l'un l'autre, avec Vénus élevant l'esprit au-dessus de la matière et Mars élevant la matière au-dessus de l'esprit. »

- **Emotion** : *ex- movere* signifie un mouvement qui va vers l'extérieur. Elle est souvent la réponse à des stimuli extérieurs. L'émotion est souvent confondue avec le sentiment (je envoie le lecteur vers les ouvrages d'Antonio DAMASIO à ce sujet). Les émotions de base seraient au nombre de 5 : la joie, le dégoût, la tristesse, la peur, la colère, qui ne sont pas sans rappeler celles des 5 Eléments. D'autres en ont ensuite déterminées 6 ou 8 (voire plus) selon les auteurs.
- Mars est impulsion, il donne le rythme tout comme le **Cœur** donne la cadence.
- Mars est le dieu de l'agriculture, c'est-à-dire qu'il laboure les terres. Les terres intérieures (intestin, dérivé de *intus* : en dedans) de l'humain peuvent être attribuées au **grêle** : lieu ou arrivent et sont assimilées les semences-nutriments qui serviront à la croissance, l'entretien et la santé de l'organisme.
- Mars correspond à la tête (Bélier) : Cœur correspond à l'Esprit, tandis que le grêle est le principal acteur du cerveau entérique ($2^{\text{ème}}$ ou $3^{\text{ème}}$ cerveau).
- Mars est un guerrier qui utilise principalement armes et force : « **sois fort** ».
- Erection, fertilité, vainqueur ... peuvent être des atouts dans la **séduction**.
- Le combat, la compétition sous-entendent des rivaux, des ennemis ... des clans qui s'affrontent, ou des opinions. Dans ces situations, il est préférable de faire alliance, de rejoindre le groupe qui a des intérêts, idées ... communes : **appartenance**.
- Ses animaux sont le vautour : celui qui plane, est au-dessus (pas encore l'aigle, proche de l'Esprit – shen)) et le loup ou le chien dont la fidélité et la loyauté sont connues : lien ... **dépendance**.

« Arès (l'équivalent de Mars en Grèce) est le dieu de la Guerre, de la Brutalité et de la Destruction. Il va au combat accompagné de sa sœur Éris (la Discorde), ses fils Déimos (la Terreur) et Phobos, ainsi que d'Ényo, déesse des Batailles. Lui-même est souvent appelé Ἐνυάλιος / Enyalios, « le furieux ». Traditionnellement, les Grecs interprètent son nom comme un dérivé du mot « tueur » (ἀναίρης / anaïrês). Ses

épithètes laissent peu de doute sur sa personnalité : « insatiable de guerre, assailleur de remparts, destructeur de cités, pourfendeur de boucliers, meurtrier, buveur de sang, porteur de dépouilles, fléau des hommes».

▓ Si le cœur est porteur d'amour, il peut aussi exprimer l'inverse : la haine, la cruauté. Attention à ne pas confondre cœur vaillant et cœur de pierre : il est donc nécessaire de s'**interroger** sur ses véritables sentiments : l'amour peut être possessif, même avec de bonnes intentions. La plupart du temps nous nous aimons nous-mêmes à travers l'autre (qui répond à nos attentes et besoins).

Les nuances apportées par Mars:

➡ L'**émotionnel** doit être maitrisé. Pas refoulé, ce qui serait incompatible avec Mars, mais exprimé avec franchise et courage, puis soulagé. Ainsi peut-on vivre dans le temps présent, accueillir situations et partenaires, sans être pétri d'émotions qui invariablement vont conditionner nos relations (Métal : cycle Ko).

➡ Le Cœur doit être au centre : il donne le rythme, rayonne, apporte amour et douceur. Il est le père (cycle cheng) de Rate : le mental. C'est donc lui qui dirige et non l'inverse.

➡ Mars fait la guerre et fait pousser : le Feu brûle les déchets et réchauffe l'entourage. Le Cœur apporte le courage pour purifier ses pulsions et nourrir ainsi positivement la pensée (Rate). Le feu à l'âtre repose, hypnotise parfois, calme le mental ; le feu sur la plage entre amis resserre les liens, fait rire et chanter (Terre).

➡ Il **abandonne** les fausses pistes pour se concentrer sur ses buts, aspirations véritables, et les concrétise.

➡ Le dynamisme de Mars apporte au Feu l'ancrage nécessaire (Agriculture) et le pep de mener le bateau (qui va sur l'eau : retournant à la source comme les saumons, ou descendant vers l'océan comme l'anguille).

Références :

http://www.astrologie-flash.com/saturne.html
http://www.levoyagedelhypnose.com/la-m%C3%A9ditation-active-ou-auto-hypnose/
http://www.lespasseurs.com/vitriol.htm
http://esoteris.me/esoterisme/planetes/venus
http://mythologica.fr/grec/aphrodite.htm#sthash.8swnGYqk.dpuf
http://www.mon-horoscope-du-jour.com/astrologie/planetes-astres/zodiaque/mercure.htm
http://www.mon-horoscope-du-jour.com/astrologie/planete astres/zodiaque/mercure.htm#ixzz39yr5DGeY
http://fr.wikipedia.org/wiki/Mercure_(mythologie)
http://www.dicoperso.com/term/adb0aeb1acaba65d,,xhtml
http://portaelucis.fr/html/textes/Voici_l_Alchimie.htm
http://www.astro.com/mtp/mtp12_f.htm
http://fr.wikipedia.org/wiki/Prom%C3%A9th%C3%A9e
http://mythologica.fr/grec/promethee.htm#sthash.g6mbF3HL.dpuf
http://www.astro.com/mtp/mtp32_f.htm
http://fr.wikipedia.org/wiki/Ar%C3%A8s
La symbolique du corps humain: Annick De SOUZENELLE, édition Dangles

Chapitre 8

Phonétique et symbolique

Si les Chinois, l'Orient de nature plutôt Yin a besoin de structure, de méthode, et en
cela a conçu une médecine pointue (même si elle est basée sur une perception
première, un ressenti – notamment dans la découverte des méridiens – elle n'en reste
pas moins élaborée et demande une réflexion certaine à qui l'utilise) ; l'Occidental,
de nature Yang, donc déjà fortement structuré a besoin de métaphores, d'images pour
ne pas tomber dans un cadre cartésien,
et passer ainsi - peut-être - à côté d'autres vérités.
La psychologie (psychanalyse) à travers l'interprétation des rêves, le langage de
l'inconscient, les lapsus, les actes manqués réussis … a montré qu'une autre écoute
peut s'établir. Les approches corporelles ont également témoigné que le corps
s'exprime par des maladies. Je précise à ce titre que l'on entend toujours parler de
« mal a dit », en vue de rechercher des causes de la pathologie et de la décoder aux
moyens de certains outils ; pour ma part je dirai que la maladie est aussi, sinon
d'abord, ce qui a été mal dit : mal a dit devient a dit mal (en verlan).
Il ne s'agit donc pas de créer une grille de lecture, mais de donner des pistes et de
voir ce qui résonne chez la personne, ce qui lui parle …

Sont développés :

- L'aphone éthique : laisser résonner plutôt que raisonner
- La complexité chinoise
  - o 3 règles issues de la Roue énergétique
  - o Les pouls – l'époux
- Faune éthique et Saint Bolique
  - o Eau
  - o Feu
  - o Bois
  - o Terre
  - o Métal - Air

L'aphone éthique :

Laisser résonner plutôt que raisonner :

« Le langage inconscient est un langage où les sons qui composent les mots sont plus importants, plus décisifs, plus riches plus constitutifs que ce que les mots signifient, que le sens dont ils sont conventionnellement porteurs. Il n'a aucun rapport avec le sens des mots mais seulement avec les sons dont ils sont composés. »

Tout comme la guématrie dans la Kabbale, qui relie les mots et leurs sens par leur valeur numérique, l'écoute « flottante » permet d'entendre autre chose que le sens habituellement attribué aux mots utilisés. Exemples courants :

➢ La mère – mer : la mère apporte les soins (nourriture – allaitement, la femme de tout temps a été « infirmière » …), l'amour inconditionnel. Bref le confort, une part de sécurité. Mais l'enfant, dans les premiers temps est une fusion avec elle, ne différenciant par le moi du non-moi. La mer rappelle le liquide amniotique, les vacances, l'insouciance … mais elle est aussi danger : noyade, indifférenciation de par son immensité.

➢ Le père – perd : le père coupe le cordon, donne des limites, socialise (conduit en dehors du foyer). Il est l'autorité, parfois la toute-puissance (« mon père ce héros »). Avec lui, je perds ma relation confortable avec la mère ; je perds de ma liberté, de mon insouciance …

Les homonymes peuvent donc apporter une coloration et un éclairage sur le sens possible d'un mot. Est-ce applicable aux 5 Eléments ?

Mais avant de se laisser prendre à cet exercice, d'autres informations sur la « logique »chinoise, au combien ardue parfois pour l'occidental sont nécessaires :

De la complexité chinoise :

Les cycles d'engendrement et de contrôle ont été abordés au chapitre 2. L'Elément Eau est donc nourri par Métal et freiné par Terre :

▶ L'Eau : l'énergie, l'essence, l'héritage … est de ce fait alimentée et entretenue par le Prana. La respiration remet l'individu dans son axe : elle le coupe de son mental et de son émotionnel. Le diaphragme agit sur ses lombaires, et son psoas – muscle des reins et des peurs, poubelles de l'organisme au même titre que Vessie contient et élimine les vieilles mémoires - elle l'incite donc à sa verticalité. L'estime de soi invite à s'interroger, s'intérioriser pour trouver le sens de sa vie, de sa place dans la société, anoblir ses relations ; c'est-à-dire aller de plus en plus à l'essentiel. Quitter le faire pour entrer dans l'agir

▶ Elle est confronté au plan terrestre, qui l'a ramène sans cesse à la réalité, à ses besoins primordiaux, qui lui rappelle ses limites, ses origines (familiales, personnelles, environnementales). L'inertie de la matière, la maladie, la mort physique, les épreuves de la vie sont au rendez-vous, et demande donc des « efforts » pour les traverser : évacuer les anciens schémas, pour accepter (et non rejeter) le flux de la vie, l'impermanence permanente.

- L'oreille doit donc entendre ce qui est senti et ce qui nous touche.
- La loyauté (l'inverse du reniement, du rejet) passe par l'estime de soi et le soutien (contraire de la trahison).
- Mercure, l'intellect vif et avisé, le commerce, les échanges doit être nourri par Vénus, l'amour ; alors que les aspects sombres : inquiétude, querelles doivent être limitées par la rigueur de Saturne.

Mais les Chinois le précisent : tout est dans tout. Ainsi les points shu antiques sont des points situés entre les doigts et les coudes, ou entre les orteils et les genoux. Ils sont associés aux Cinq Eléments. Les Chinois anciens comparaient la zone du méridien située entre les doigts et le coude, ou les orteils et les genoux, à une rivière qui part d'un point "puits" à l'extrémité des doigts ou des orteils, et qui grossit et s'élargit petit à petit pour enfin se terminer au point "mer", aux coudes ou aux genoux.

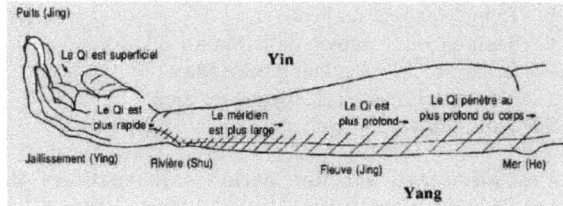

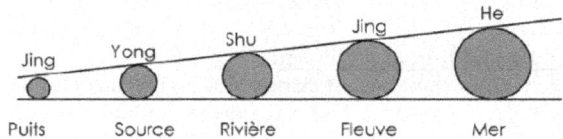

Le 4ème point se situe au niveau du poignet ou de la cheville, le 5ème au niveau du coude ou du genou.

Les 5 Eléments dans les 5 Eléments
Les points shu sont en relation avec les 5 Eléments. Chaque méridien a donc un point bois, un point feu, un point terre, un point métal et un point eau. Cependant, en fonction de leur nature, yin, ou yang, ces points différent : ils vont du Bois à l'Eau (extrémité – coude ou genou) pour les Yin, du Métal à la Terre pour les Yang.

Le schéma ci-dessus donne la progression pour les méridiens yin et Yang de la main (voir les appellations ci-dessous)

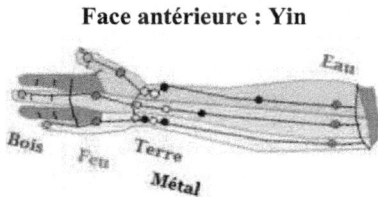

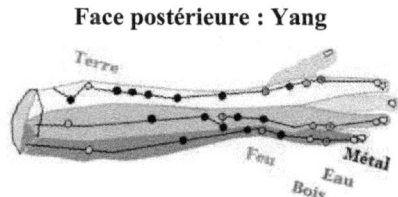

Face antérieure : Yin   **Face postérieure : Yang**

123

Noms des Méridiens :

1. Poumons : Taiyin de la Main
2. Côlon : Yangming de la Main
3. l'Estomac : Yangming du Pied
4. Rate : Taiyin du Pied
5. Cœur : Shaoyin de la Main
6. Grêle : Taiyang de la Main
7. Vessie : Taiyang du Pied
8. Rein : Shaoyin du Pied
9. Maître Cœur : Jueyin de la Main
10. Triple Réch. : Shaoyang de la Main
11. Vésicule Biliaire : Shaoyang du Pied
12. Foie : Jueyin du Pied

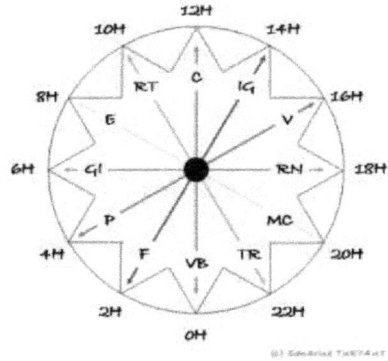

Ces méridiens ont des périodes journalières dites de recharge : l'énergie privilégie alors un organe et ses fonctions pendant 2 heures (un peu comme chaque Elément est en corrélation avec une saison spécifique).

Trois règles issues de cette « Roue Energétique :

La loi midi-minuit : Tsé ou

Lorsqu'un méridien est en période de plénitude : Cœur à midi par exemple, le méridien « opposé » Vésicule biliaire : minuit soit midi + 12 heures, est en période de repos. Agir sur l'un, agit sur l'autre également, un peu à la manière des marées : une marée haute à un endroit, signifie une marée basse à un autre. Noter que cette loi associe un Yin et un Yang.

Très succinctement : (non exhaustif, le lecteur pourra compléter avec les informations des pages et chapitre précédents)

Cœur - VB	**Cœur :** affects – amour / haine	Les affects pour ne pas submerger l'individu doivent être équilibrés par une dose de recul et de discernement. Par ailleurs les projets (cœur) guident les choix.
	VB : choix – discernement ; justice	Inversement la rancune, la rage peuvent être atténuées par l'amour. La justice (juste) ne peut être rendue qu'avec des affects apaisés
Grêle - Foie	**Grêle :** tri, assimilation, famille	L'assimilation répond à nos croyances : l'intégration se fait d'autant plus facilement que l'info correspond à notre vision du monde.
	Foie : colère, irritabilité, croyances, transformation	La colère repousse, met des barrières … La transformation passe par l'intégration de nouvelles données qui vont modifier les croyances.

Vessie - Poumon	**Vessie :** territoire, héritages, manque d'objectivité **Poumon :** estime de soi, inspirations, intolérance	Le territoire répond aux aspirations de la personne : il les concrétise. La respiration est la 1ère fonction impactée par le stress (peur). Cette même respiration demande une posture adaptée (Vessie et Gouverneur – dos). L'estime et la valeur de soi sont liées à notre héritage personnel et familial (castes)
Rein - Côlon	**Rein :** peur, volonté, filtre **Colon :** pouvoir, identité, lâcher prise	La force est tributaire à la fois du pouvoir et du lâcher prise, sinon elle devient témérité, inconscience. Identité, puissance personnelle sont issues du Jing, de l'héritage à la fois familial, sociétale et … pour ceux qui y croient. L'urine est une carte d'identité chez l'animal
Estomac - MC	**Estomac :** faim, courage, ce qui vient de l'extérieur **MC :** sexualité, plaisirs, relation	L'appétit : nutrition et sexualité sont intimement liés (compensation … la nourriture est fortement liée à l'affectif, la bouche chez la femme renvoie à la vulve *). Le cardia (de cœur) est le sphincter d'entrée de l'estomac. Ce que je transmets (MC) dépend de ce que j'ai digéré, ou avalé (Estomac).
Rate - TR	**Rate :** sympathie Mental, énergie, douceurs **TR :** défense de l'organisme – chaleur, dynamisme	L'excès de sympathie fait baisser les défenses et peuvent laisser la porte ouverte aux agressions. Le mental influence fortement le dynamisme corporel (spleen, mental du sportif). La chaleur, le dynamisme brûle (à tort ou à raison) le stock de réserves (sucres et graisse) et ne sont pas toujours synonyme de douceurs …

* *voir le symbolisme du corps humain page 346*

Le rapport mère-fille :
Nous avons déjà vu cette relation dans les 5 Eléments dans le cycle d'engendrement : le Bois nourrit le Feu, dans cet exemple Foie est la mère, Cœur la fille ; VB est la mère, Grêle la fille. Dans les 5 Eléments Yin et Yang ne se « mélangent » pas.
Dans la Roue, le cycle circadien, la mère précède la fille : Rate est la mère, Cœur, la fille ; Cœur devient la mère de Grêle, qui a son tour devient la mère de Vessie. Ici Yin et Yang ne sont pas indépendants. Cette roue débute généralement en Poumon,

mais le Touch For Health, méthode américaine, issue de la chiropractie, la fait commencer par Estomac.

Pour rappel :

Si l'aspect Yin est plus lié à la conscience, le Yang à la manifestation ;

- Terre : Estomac – Rate : incarnation, matière … mental
  - Estomac : je m'incarne, je suis incarné, qu'est-ce que je veux incarner ?
  - Rate : je me sens incarné, je prends conscience : je mentalise (le mental ment)
- Feu Souverain : Cœur – Grêle : amour, affects, assimilation, tri, immunité
  - Cœur : je me sens aimé, je m'intègre (famille, amis, société)
  - Grêle : je trie et assimile ce dont j'ai besoin pour réaliser qui je suis
- Eau : Vessie – Rein : mémoires, héritages, territoire
  - Vessie : je prends possession de mon territoire
  - Rein : j'hérite et filtre les legs reçus
- Feu ministériel : MC – TR : sexualité, créativité, croissance, défenses
  - MC : je deviens conscient de ma créativité, de mon potentiel
  - TR : je prends part à mon évolution et défends mes projets (Cœur)
- Bois : VB – Foie : croyances, transformation, discernement, choix
  - VB : je choisis au plus juste pour me réaliser
  - Foie : j'ai Foi, je crois en mes objectifs (mais je peux aussi douter, me remettre en question, et changer d'orientation pour que l'arbre porte ses fruits)
- Métal : Poumon – Côlon : estime de soi, relation, pouvoir, lâcher prise
  - Poumon : ma valeur intérieur grandit (ou pas !) avec mes expériences, je me laisse inspirer
  - Côlon : j'agis, je mets en œuvre ma puissance et la communique
- Terre : Estomac – Rate :
  - Estomac : je concrétise, digère les actions menées
  - Rate : et j'en tire les conséquences (réussies ou ratées)

Le lecteur peut s'amuser à reprendre d'autres termes plus adaptés à sa recherche ou son interrogation. Il pourra s'apercevoir que la Roue est un résumé, condensé de toute entreprise, action, ambition, voire de la vie : elle commence à la naissance, l'incarnation (Estomac) ou au premier inspir (Poumon) selon le choix de la porte d'entrée ; et qu'elle se termine par l'inhumation ou le dernier expir.

Ainsi dans le rapport Mère-fille :

- **Estomac - rate** : l'estomac prépare le bol alimentaire (chyme) pour les enzymes (amylases, protéases, lipases) du pancréas, le principal acteur de la digestion.
  La ration doit être équilibrée sous peine d'endormir les facultés cognitives. Symboliquement la crédulité de l'estomac : je gobe n'importe quoi, nuit au savoir, à l'intelligence, la raison.
- **Rate - Cœur** : la raison doit être bienveillante vis-à-vis du cœur, et le nourrir (et non l'inverse). L'énergie cosmique entrerait par la rate éthérique, pour rejoindre le plexus solaire : Manipura, et ensuite s'élever en Anahata, le chakra du Cœur.
  Le souffle de RP donne le souffle de C (De SURANY)

- **Cœur - Grêle** : sont tous deux intimement liés au sang : le premier dans un aspect émotionnel et affectif, le second sur un plan nutritif, physiologique. Et l'affectif joue un rôle important dans le tri, l'assimilation du Grêle.

  L'alchimie taoïste enseigne que le Grêle envoie des bulles de souffles dans les sécrétions : ces bulles reçoivent la cadence d'émission de Cœur.

- **Grêle - Vessie** : le tri approprié préserve le territoire.

  IG3 est le point clé de Gouverneur, méridien du dos comme Vessie, qui règne bien évidemment sur le territoire ; alors qu'IG19 se termine devant l'oreille (ouverture de l'Eau).

  Grêle est le cerveau abdominal, bon nombre d'émotions y sont inscrites. La branche principale de Vessie s'enfonce dans le cerveau … ainsi est-il nécessaire d'effectuer un travail émotionnel suffisant pour avoir les idées claires : Vessie répond à la tension nerveuse.

- **Vessie - Rein** : les vieilles mémoires entravent l'expression du Jing (inné et acquis) et influent sue les décisions et la volonté. C'est en éliminant les excès (shu du dos) des méridiens que l'on peut mieux les nourrir ensuite (Vital, dont les points sont tous empruntés à Rein : R11 à R21. Les points assentiments de Vessie régulent l'énergie et soulage, facilite le travail des R27, « points assentiments des points assentiments » (eux-mêmes liés aux fonctions cérébrales, d'où l'importance de Vessie dans la conscience).

- **Rein - MC** : Rein est le « dépôt de l'énergie reproductrice » ; la racine yin de Rein est « la porte de la vie ». La peur doit être maitrisée pour accéder au plaisir, et pouvoir établir une relation avec l'autre. L'insuffisance rénale chronique peut être la source de problèmes sexuels.

  Gargantua nait par l'oreille gauche (Rein –mais aussi VB : le discernement : Rabelais était peut- être plus inspiré qu'on ne le croit)

- **MC - TR** : la sexualité, les échanges peuvent renforcer le système immunitaire : métissage, ou au contraire l'affaiblir : MST, maladies tropicales … MC assure la fonction circulatoire du sang – lui-même véhicule de l'Ame – TR contrôle la circulation générale des fluides du corps.

  MC6 est la « barrière de l'interne » ; TR5 « barrière de l'externe ». Le premier est le point clé de Yin Wei qui régule la quantité du Yin, le second de Yang Wei qui régule la quantité de Yang. Le Yin prime sur et « engendre » le Yang

- **TR - VB** : énergie, vivacité, entrain sont utiles pour discerner, choisir, juger, trancher. Il est nécessaire d'avoir les ressources et les défenses nécessaires avant de vouloir « rendre la justice ou la justesse ». TR doit gérer le stress sous peine de « se faire de la bile » pour rien.

- **VB - Foie** : VB doit pouvoir écouler la bile, sous peine d'engorger le foie.

  Le discernement est nécessaire pour éclaircir (vue sens du Bois) les croyances de Foie / Foi.

  Il faut savoir couper, élaguer pour que l'arbre porte ses fruits.

  L'œil, symbole de Dieu, précède le foie – caved : la réalisation. Noter que VB est couplé avec utérus/prostate dans les entrailles curieuses : la conception précède la manifestation.

- **Foie - Poumon** : le travail du foie est nécessaire pour ne pas encombrer les poumons (colles – les cristaux étant à la charge des reins).

  « Le foie participe à la fabrication de l'hémoglobine grâce à ses réserves en Fe et en vitamine B12. Il stocke le Fer sous forme de ferritine. Lorsque l'organisme a besoin de Fe, il est libéré dans le sang associé à une protéine la sidérophiline pour former la transferrine qui permet la formation de l'hémoglobine au niveau de la moelle osseuse. » Cette hémoglobine est essentielle pour la fonction respiratoire du poumon.

  La Foi précède l'inspiration ; les croyances confortent ou réfrènent l'estime de soi
- **Poumon - Côlon** : la respiration, le diaphragme active le péristaltisme et favorise l'évacuation. Cette même respiration aide à calmer le nervosisme du côlon.

  L'estime de soi pousse à agir et soutient l'expression de sa puissance.

Côlon qui gouverne le nez (l'olfaction : saveur, parfum des aliments) active l'estomac qui se prépare à la digestion.

Les grands méridiens

Les Chinois distinguent six types de climat ou six types d'énergies climatiques. Ces six énergies climatiques sont désignées sous le nom d'énergies célestes et représentent les influences extérieures qui agissent sur l'organisme. Quand elles sont perturbées, c'est à dire quand elles sont en accord avec la saison mais quand elles sont en excès (canicules en été, inondations en automne, etc.), le climat ainsi perturbé attaque alors l'organisme et, si celui-ci est faible, elles deviennent des perverses et peuvent causer des maladies.

Ces six énergies célestes sont désignées par la chaleur, le Feng (le vent), le feu (chaleur extrême), l'humide, le sec, le froid. Chacun des climats est en correspondance avec l'un des six grands méridiens, et c'est tout particulièrement celui-ci qui est atteint quand l'un des climats est perturbé. Les correspondances climat-grand méridien sont les suivantes :

- ◆ Froid : Tai yan (Grêle et Vessie)
- ◆ Chaleur : Shao yin (Rein et Cœur).
- ◆ Feng : Iue yin (Maître du Cœur et Foie).
- ◆ Feu : Shao yang (VB et TR).
- ◆ Humide : Tai yin (Rate et Poumon)
- ◆ Sec : Yan Ming (Côlon et Estomac)

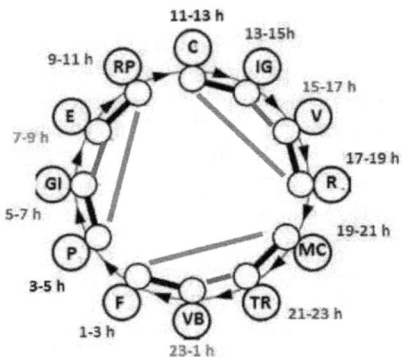

Méthode mnémotechnique : deux Yang qui se suivent forment un grand méridien. Il suffit ensuite d'associer les Yin respectifs de ces deux Yang.

Il est à souligner que ces associations ont une réalité ou des similitudes « physiologiques » qui favorisent le transfert et la continuité de la circulation énergétique :

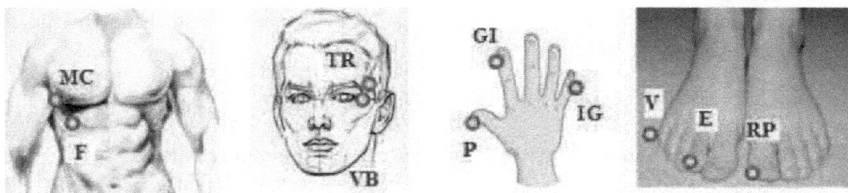

- Grêle débute côté externe de l'auriculaire, Vessie se termine côté externe du petit orteil. Tous deux sont en rapport avec le territoire : physique pour Vessie, affectif (le clan, la famille) pour Grêle. Grêle assimile et régule les apports nutritifs de l'organisme ; Vessie régule (points shu du dos) l'énergie des autres méridiens …
- Rein débute sous la plante du pied ; Cœur débute au creux de l'aisselle.
- Cœur finit à l'extrémité de l'auriculaire qui est le doigt de Mercure (Rein).
- Rein termine aux points R27, sous les clavicules, dits points des hémisphères, en relation avec les deux hémisphères cérébraux (ils sont utilisés notamment en kinésiologie éducative dans les problèmes d'apprentissage) ; Cœur régit le psychisme …
- Foie et MC sont proches l'un de l'autre : fin de Foie et début MC près du mamelon. Foie excite le désir sexuel (sexualité : MC). Il engendre l'énergie du sang, dont il est un réservoir (circulation : MC). Le foie, figuier porte ses fruits (« lieu du corps où s'engrange la lumière de l'accompli » : transmutation du soi) ; MC engendre par la sexualité et la grossesse.
- VB et TR sont situés près de l'extrémité externe du sourcil : sous stress la vision devient périphérique. Ils sont tous deux situés dans le plan frontal : le présent, les collatéraux : amis, ennemis … le premier est le « glaive de la justice », un « grand militaire ; le second est souvent associé au système immunitaire. La bile a d'ailleurs une fonction de détoxification (alcool, médicaments …) et d'élimination (bilirubine, cholestérol …). Les deux ont un tracé autour de l'oreille, sur le temporal. Le lobe temporal comprend amygdale et hippocampe impliqués dans la mémoire mais aussi dans les réactions de survie de fuite ou de lutte : TR répond au stress (fuite) et VB s'irrite, se fâche (lutte) … Les 8 Merveilleux Vaisseaux peuvent être groupés en 4 paires. Dai Mai est de ce fait couplé à Yang Wei Mai : le point clé, ou d'ouverture du premier est le TR5, le point clé du second le VB41
- Rate débute côté externe du gros orteil, Poumon finit côté externe du pouce.
  Poumon capte le Prana ; la Rate capte l'énergie cosmique ou christique.
  Rate purifie le sang (cimetière des hématies usées) – Poumon purifie le sang du CO_2.

Larynx et pharynx, gouvernés par Poumon, sont les portes de sortie de Rate (et d'Estomac). Le tapotement de RP21 calmerait les crises d'asthme. Le mental (Rate) agit sur l'estime de soi (Poumon) …

- Colon débute à l'index et Estomac finit au second orteil. Estomac est l'entrée, le côlon la sortie. La mâchoire supérieur dépend d'Estomac ; la mâchoire inférieure de Côlon. Estomac-Terre est relié à la matière, et la matière produite par le corps revient au Côlon. Dis-moi ce que tu manges (Estomac) je te dirai qui tu es (Côlon). E25 est le Héraut du Côlon.

Les pouls, l'époux :

Il existe une autre relation entre les méridiens : celle d'époux et d'épouse.
« L'époux robuste doit dominer son épouse souple » qui en retour ne doit pas lui chercher … les poux !

Au carnet de noces cette semaine :
- L'époux Grêle et l'épouse Côlon
- L'époux Cœur et l'épouse Poumon
- L'époux VB et l'épouse Estomac
- L'époux Foie et l'épouse Rate
- L'époux Rein et l'épouse MC
- L'époux Vessie et l'épouse TR

Méthode mnémotechnique : les Yang se testent en superficiel, les Yin en profond

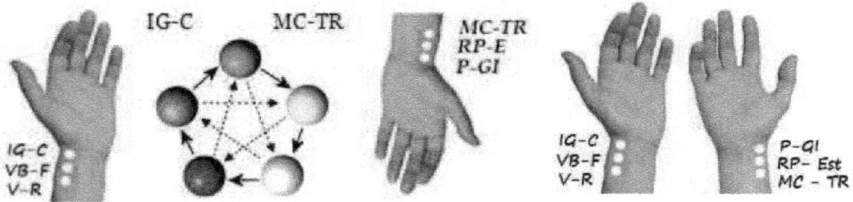

La main gauche est vers le ciel : Feu souverain - Bois - Eau
La main droite vers le sol : Feu ministériel - Terre – Métal

Les couples « se font face »

▶ **Cœur - Poumon** : la respiration doit suivre le rythme du cœur et lui apporter modération
Le shen : l'esprit dirige la respiration par le nerf phrénique (*phren* : intelligence). Les sages préconisent d'ailleurs une respiration consciente. L'Amour doit être à la source de l'estime de soi et lutte contre l'intolérance. La peau (poumon) absorbe la vitamine D : le soleil – Empereur / Cœur, source de vie.

▶ **Grêle - Côlon** : le travail du Grêle doit être le plus complet possible (une hyperperméabilité intestinale peut être la cause d'une dysbiose), sinon Côlon a beaucoup de travail et peut se constiper (la grève !). Il ne sert à rien de trier, si l'évacuation n'a pas lieu.
La nervosité de Côlon a des retentissements sur les « tripes » (anagramme d'esprit), siège des émotions. L'intégration demande certes une discipline, une adhésion mais pas une imposition.

► **Foie - Rate/Pancréas** : le premier régule en partie la glycémie par ses fonctions néoglucogénique (fabrication de glucose à partir d'une molécule non-glucidique) et glycogénique (fabrication de glucose à partir du glycogène qu'il stocke). La bile de pH basique réajuste l'acidité du bol alimentaire à la sortie de l'estomac et permet ainsi l'activation des hydrolases, qui sont déversées dans le duodénum par le pancréas. Foie « fabrique l'énergie Wei (défensive) ; Rate l'énergie Iong (nourricière) : l'époux défend l'épouse. (La rate gouverne néanmoins le système lymphatique) Les croyances conditionnent le mental, la pensée, la réflexion.

Note sur l'énergie Wei : *une chaîne de purification à différents niveaux successifs démarre à partir de l'Intestin Grêle.*

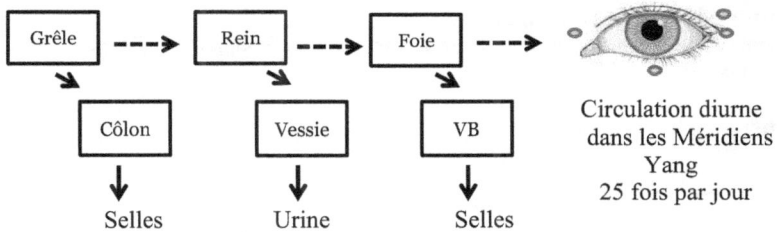

Schéma simplifié : le pur (en pointillé) passe d'un organe à un autre ; l'impur (en trait plein) est progressivement éliminé

► **VB - Estomac** : la bile neutralise l'acidité de l'estomac. Le stress mais aussi l'irritabilité, le besoin de justice peuvent causer des problèmes à l'estomac : remonter de bile, ulcère. La colère se manifeste dans les mâchoires (Estomac et Côlon), le corps se prépare à l'action et le sang se retire ainsi des viscères. De plus la mastication se fait mal (on grogne plutôt qu'on mâche), l'estomac recueille ainsi des aliments insuffisamment préparé, et a plus de travail. VB dirige les sécrétions : salive (Rate), sucs gastriques, pancréatiques …Le choix et le discernement s'applique sur ce qui vient de l'extérieur : doit-on tout avaler ?

► **Rein - MC** : le rein gauche est yang, il est relié à la sexualité, le rein droit yin, il est relié au système urinaire. Les Reins sont la base même de la « force vitale » et participent notamment à l'énergie reproductrice (fécondité du sperme et des ovules) qui renvoie à MC. Les reins est le terme utilisé dans les Ecritures pour parler de sexualité. La peur influence fortement le psychisme (que MC gouverne avec Cœur), mais a aussi une action vasoconstrictrice (artères et vaisseaux : MC). En retour la circulation doit être fluide pour que le rein puisse filtrer. MC donne la faculté de garder son calme en période d'excitation. Rein donne la volonté.

► **Vessie - TR** : Vessie délimite le territoire que TR va défendre. Vessie régularise l'énergie des autres méridiens ; TR assure « l'alimentation » des organes et des viscères, règle la chaleur interne. La peur, la lutte pour le territoire vont solliciter TR (qui pour certains gouverne les surrénales). Le non évacuation des mémoires négatives va perturber l'équilibre interne, régi par TR. L'équilibre interne est, sur un autre plan géré par l'oreille (Eau – Vessie) et TR en fait le tour.

Noter que Vessie et TR sont de part et d'autre du sourcil qui protège l'œil. Le premier se termine au 5ème orteil, en rapport avec les racines ; le second débute à l'annulaire, le doigt des unions. La relation intime demande un savant dosage entre l'éducation, la tradition et les différences de « vision » du monde du compagnon / de la compagne. Le sourcil renvoie selon De SOUZENELLE à l'épaule : s'épauler, ou donner un coup d'épaule ?

Faune éthique et saint Bolique :
L'écoute active peut parfois soulever des pistes de réflexions (que j'espère) intéressantes :

Eau :

L'aphone éthique :

L'eau des origines : l'océan primordial des occultistes, rappelle étrangement le liquide amniotique. « Tout organisme est un véritable aquarium vivant où continuent à vivre dans la condition aquatique des origines les cellules qui le constituent » : loi de constance osmotique de QUINTON.
L'eau de mer isotonique peut remplacer l'intégralité du milieu intérieur. Ce milieu intérieur est le liquide interstitiel, qui entoure et relie organes et tissus de l'organisme. Son intégrité est assurée par des actions régulatrices constituant l'homéostasie. Le plasma marin de QUINTON est identique au plasma sanguin.
L'eau sous cet angle rejoint donc l'énergie ancestrale liée à Rein. C'est encore Vessie qui assure la régulation des autres méridiens par les points shu du dos.

(Les) Os :
Gouvernés par les Reins, ils sont les seuls parties du corps humain, quand ils ne sont pas incinérer, à « survivre après la mort. Ils sont donc « éternels » : comme le serait notre essence, qui, pour certains, se réincarne dans un autre corps, et pour d'autre attend le jour de la résurrection. D'ailleurs *etsem*, os en hébreux, signifie également substance, essence. Au cœur de l'os, la moelle revêt une signification particulière : elle fait partie des entrailles curieuses qui ont « *charge d'assurer la pérennité, le retour à l'UN* ».
C'est dans cette moelle que se forment les globules rouges ont la particularité de perdre leur noyau au cours de leur différenciation. « *Dans l'embryon, on ne trouve que des globules rouges à noyau jusqu'à la 4ème semaine, puis les globules sans noyau l'emportent ...* » Ce noyau (voir chapitre 3) est lié au cœur, symbole du centre, de Christ ou de Dieu (Aleph pour De SOUZENELLE). Dieu se retire pour que l'Homme existe. La moelle fabrique donc le sang, véhicule de l'Ame. En décodage

biologique, une dévalorisation « je ne suis rien » va se répercuter sur l'os. Elle correspond à la blessure de rejeté qui se croit nul, sans valeur et qui veut disparaître (chapitre 6).

Pour Georges LAHY *« un os est un canal conduisant l'énergie d'une articulation à une autre, les articulations et les jonctions entre les os sont en quelque sorte des portes de communication avec Roua'h (le souffle, la structure essentielle sur laquelle repose notre vitalité et notre spiritualité) ». Etsem* vient de la racine *ets*, qui signifie arbre. Il renvoie de ce fait au poumon, l'arbre bronchique, et au Prana, l'Esprit Saint : la force agissante de Dieu ; ainsi qu'au foie, le figuier, de même valeur que Jéhovah. Tout coïncide donc vers l'aspect Essentiel. Il n'y a pas d'effort à faire « quand l'élève est prêt, le maitre arrive ». Par contre il a souvent rejet de sa propre nature, de son essence divine.

Haut : l'inverse du bas

Le 1er point de Rein est censé capté l'énergie de la Terre, le haut, lui, renvoie au ciel. C'est peut-être l'eau qui tombe des nues, et s'infiltre dans la terre pour rejaillir minéralisée (Métal dans le cycle d'engendrement). Ainsi l'énergie de chaque être s'incarne (Terre) et se colore d'une touche particulière, celles des influences planétaires reçues lors du premier inspir – mais qui ne sont que le contexte « voulu » pour expérimenter, donner et recevoir, évoluer, lâcher prise … et autres qualificatifs possible de Métal / automne : les récoltes –.

O :

« Symbole de la perfection et de l'homogénéité, absence de distinction ou de division. Le cercle symbolise les effets créés, le monde en tant qu'il se distingue de son principe. Les cercles concentriques représentent des degrés d'être, les hiérarchies créées. Tous les cercles constituent la manifestation universelle de l'être unique et non manifesté. Le mouvement circulaire parfait, immuable, sans commencement ni fin, ni variations. Il symbolise donc le temps (la roue tourne) et le ciel au mouvement circulaire et inaltérable. Le cercle exprime le souffle de la divinité sans commencement ni fin. Souffle qui se poursuit continuellement et dans tous les sens. »

Le O est également un espace clos, protégé (besoin de sécurité). C'est l'œuf qui contient le potentiel. Le zéro est un chiffre dont le nom est dérivé de l'arabe *«sifr»*, signifiant « vide ». Or VIDE est l'anagramme de DIEV, tout comme rein est celui de rien … mais aussi de nier (rejet).

O est un chiffre particulier :

► Il ne modifie pas le résultat dans une addition (Dieu laisse le libre arbitre à chacun)
► Il ne peut pas diviser (Dieu est amour et unité)
► Tout nombre multiplié par zéro donne zéro (Dieu ne se multiplie pas, puisqu'il est tout)
► Il fait passer au niveau supérieur : après le 9, le 10 (1 + 0)
► X + (- X) = 0 ; il est la somme des contraires / la voie du milieu.

Ces notions peuvent être appliquées à l'Elément Eau.

Saint Bolique :

Les reins :
♦ Ils transforment la vitamine D en sa forme active. La vitamine D intervient dans le processus d'absorption du calcium et du phosphore. Le calcium se retrouve dans les os, dans la contraction musculaire et la conduction de l'influx nerveux. La vitamine D provient principalement du soleil (Dieu).
♦ Le 1er point de Rein se situe se dans le V plantaire, pratiquement au même endroit que la zone réflexe du Plexus solaire en réflexologie. Pour les occultistes, l'énergie christique ou cosmique entre par la rate éthérique (cycle Ko) pour être diffusée ensuite dans le plexus solaire, puis au chakra du cœur.
♦ Le sens de l'Elément Eau est l'audition, l'organe qui perçoit les vibrations, le Verbe.
♦ Ils sont associés aux lombes (vertèbres lombaires : L2 est la porte d'entrée de la vie - voir plus loin).
♦ Les Reins sont reliés à la Vierge par De SURANY. La Vierge, pour certains, est mentale, logique, méthodique, exigeante. Elle exprime la pureté, l'innocence, la vertu et la noblesse. Elle est associée (Maison 6) à la médecine. Elle a la capacité de travailler dur (fais des efforts).
Elle est le signe « opposée » des poissons, signe mystique par excellence.
♦ *Nephros* est l'anagramme de *phrenos*, de *phréno* : penser, *phronis* est le bon sens, *phronesis* : la sagesse. Le nerf phrénique active le diaphragme qui sépare le haut du bas du corps, et surtout qui est le muscle de la respiration : Poumon - Prana
♦ La cheville est en relation avec le couple Rein- Vessie (et plus particulièrement avec la fonction gonadique – zone réflexe). La cheville : *clavicula*, de *clavis* : la clé, renvoie à la clavicule sous laquelle se termine le méridien Rein. On peut avoir les chevilles qui enflent, être en cheville ou ne pas arriver à la cheville.
Les clavicules sont les clefs de la porte des dieux : Daath. Clés d'en haut, clés d'en bas ? Les chevilles seraient alors la porte des hommes. En s'incarnant, l'individu devient mortel et vulnérable (d'où la tentation de Thétis de plonger Achille dans le Styx).

En Biokinésiologie, les émotions principales de rein sont : loyal, déloyal. Tout incident au niveau des chevilles semblent indiquer une erreur profonde, d'un faux départ, d'une mauvaise orientation.
Les reins portent donc cette énergie, et Vessie va la mettre en application.

La Vessie :
♦ Elle stocke l'urine, chargée des vieilles mémoires du corps. L'urine vient de *aurina, aurum* : l'or. Le dernier stade de transmutation des métaux ... d'où peut-être l'expression « avoir des couilles en or ». L'or est le métal du soleil, le centre, le Cœur ... Christ ou Dieu.
♦ Vessie est d'ailleurs phonétiquement très proche de messie.
♦ Prendre des vessies pour des lanternes amène à se tromper lourdement. Elle peut

donc être illusion, ou confusion. Pourtant l'ermite, le vieux sage, utilise une lanterne du haut de sa montagne …
♦ Vessie est le seul méridien du dos (Gouverneur est un vaisseau, Grêle, Côlon et Vésicule Biliaire y font une incursion) : le dos sert d'appui, il est également une base de sécurité ou pas : surveiller ses arrières, un poignard dans le dos.
♦ Elle est associée aux Gémeaux signe qui favorise la communication entre le Soi transpersonnel et la personnalité (comparable à l'ARN)

Vessie montre le chemin, règle l'attitude de l'Etre - le guide interne en Kinésiologie Educative - qui, en fonction des indications données, peut se sentir assuré ou futile (Biokinésiologie).

Bois :

L'aphone éthique :

Le bois :
Comme déjà dit le bois croit et l'arbre porte ses fruits. Les noms des arbres les plus connus (voire renommés) en disent long : chêne, frêne, charme, bouleau, hêtre, tremble, peuplier.

- **Les chênes** sont les chaines de l'éducation, la morale, la justice, du caractère …
  Le chêne est un arbre sacré dans de nombreuses traditions : force, solidité, majesté.
  En latin chêne et force sont issus du même mot : *robur*. Son bois est incorruptible.
  Il est l'arbre de Jupiter, le symbole de l'arbre de vie.
  Abraham reçut ses révélations auprès d'un chêne.
  Saint Louis rendait la justice au pied d'un chêne, qui lui communiquait sa sagesse.
  Glander comme un chêne pour ne pas se dépêcher !
- **Le frêne** freine notre réalisation personnelle, nos désirs pat la rigueur, parfois la rigidité.
  Le Frêne est un symbole de solidité puissante. On en faisait des hampes de lances.
  Dans les traditions scandinaves, cet arbre symbolise l'immortalité et sert de lien entre les trois niveaux du cosmos. Dans les anciens pays baltes, l'homme étourdi et un peu niais est qualifié de frêne car il est considéré comme aveugle.
- **Le charme** charme : les croyances nous aveuglent (*œil : ouverture de Foie*)
- **Le bouleau** incite au boulot : une Rolex à 50 ans, la carrière (la sève de bouleau est utilisé comme diurétique : rein / vessie ; pour éliminer les vieux schémas et s'épanouir sans efforts (rein) ?)
  Il symbolise le contact avec les Dieux, la renaissance de l'amour et de la vie, le bien, la pureté, la douceur, la délicatesse, le rapprochement vers le Ciel, le calme, la sérénité, l'acceptation de sa vie et des changements, la réconciliation avec soi, l'apaisement, l'harmonie, et la bienveillance vis à vis de soi et des autres. C'est sans doute pour cela qu'il était utilisé dans la fabrication des verges qui servent à flageller les possédés, les aliénés, les délinquants et les condamnés pour en expulser le mal. Il rend la lucidité aux névrosés par sa brillance. Le bouleau,

parfois appelé « Arbre de la sagesse », était l'un des sept arbres sacrés du bosquet des druides.
- **Le hêtre** qui dessine l'Etre en devenir (Jupiter serait une étoile en formation)
  Le Hêtre symbolise la confiance, la patience, la douceur, la vitalité, le raffinement, la joie, la féminité, la confiance en soi, la sérénité, la patience, la prospérité, et le succès en société (*foi et réalisation de soi*). Il limite la perméabilité aux émotions des autres et apporte le calme nécessaire pour aborder le tourbillon de la vie (*discernement*).
  Le tremble qui tremble devant l'Etre : souvent nous refusons d'assumer pleinement qui nous sommes. Nous sommes intimidés devant Lui, alors qu'il n'est pourtant pas un intimidateur.
- **Le peuplier** qui peut plier : la souplesse contrecarre la rigidité
  Peuplier du mot latin *populus* et de l'ancien français *poplier*, deux termes qui signifient "Peuple". La légende dit que c'est l'Arbre du peuple puisque ce serait sous des Peupliers que celui-ci prenait autrefois des décisions importantes. Suivant la Tradition européenne il est attaché à l'Autre Monde, à la vie cyclique des âmes (le foie est le dépositaire de « l'Ame éthérée qui survit au corps après la mort), c'est l'arbre de la mélancolie, du souvenir des êtres disparus...
  Pour les druides, le peuplier symbolisait le vieil âge de l'homme (celui qui s'est réalisé) en raison de ses feuilles blanches. Mais le peuplier est aussi toujours porteur d'espoir et promesse de régénérescence (vert – printemps : Elément Bois)

Apports :
Solidité, sagesse, réconciliation avec soi, bienveillance envers les autres, acceptation des changements (Sagittaire et Poissons sont des signes mutables en astrologie – transmutation, transformation pour lutter contre la stagnation des énergies), souplesse … Mais aussi :
- Montrer de quel bois on se chauffe : montrer ce dont on est capable
- Langue de bois et inversement sortir du bois : ne pas se divulguer / apparaître au grand jour
- Gueule de bois qui suit l'ivresse (voir ci-après)
- Casser du bois / donner une volée de bois vert : dire du mal / infliger une correction
- Toucher du bois : superstition – croyances
- Tête de bois : entêtement

Bois – buvons !
Siracide 31,28-30 (livre de sagesse juive du début du deuxième siècle avant Jésus-Christ) : « *Le vin apporte allégresse du cœur et joie de l'âme, quand on le boit à propos et juste ce qu'il faut. Le vin bu avec excès est l'amertume de l'âme, il entraîne provocations et affrontements. L'ivresse accroît la fureur de l'insensé, à ses dépens ; elle diminue ses forces et lui vaut de mauvais coups.* ». En lien direct donc avec la colère de Bois, l'aveuglement.
Cependant :

« *Dans la symbolique judéo-chrétienne, « Israël est la vigne et Dieu en est le propriétaire ». C'est tout logiquement que ce symbolisme se transfère ensuite à la personne du Christ : "Je suis la vraie vigne et mon Père est le vigneron" (Jean 15, 1), puis s'étend à chaque être humain : "Je suis la vigne et vous êtes les sarments" (Jean 15, 5).*
Point de hasard dans le fait que le Christ choisi le vin dans la Cène : la vigne (le Christ) engendre le raisin (l'homme) qui se développe et mature grâce aux soins attentifs du vigneron (le Père). Le vin est ainsi l'aliment parfait qui symbolise l'homme, la connaissance, la joie, la convivialité et la sagesse ... La transformation du jus en vin symbolise simultanément le tri opéré par le jugement divin et l'unité des grains qui, cueillis, ne font plus qu'un : le processus de vinification, complexe et lent, intervient, et de cuve en barrique, de barrique en bouteille, le jus puis le vin se métamorphosent en nectar merveilleux. L'image de la résurrection est figurée à travers cette transformation. De la grappe disparue naîtra autre chose, beaucoup plus subtil, incomparable à sa condition initiale, pourtant si indéfectiblement lié à elle... Boire le vin est une invite au dépassement de soi. Le vin n'est pas fait pour la soif, ne se boit pas n'importe comment ; il est plaisir, aliment singulier propice à produire une émotion intense ... Produit de mémoire, produit de fête, il est lié aux grands événements de la vie. Par la vendange puis la vinification, le vin devient digne d'être le sang du Christ »
Ceci traduit en métaphore la « transformation » liée au foie (Caved – Jéhovah)
Genèse 9, 20-23 : Noé fut le premier agriculteur. Il planta une vigne et il en but le vin, s'enivra et se trouva nu à l'intérieur de sa tente. Cham, père de Canaan, vit la nudité de son père et il en informa ses deux frères au-dehors. Sem et Japhet prirent le manteau de Noé qu'ils placèrent sur leurs épaules à tous deux et, marchant à reculons, ils couvrirent la nudité de leur père. Tournés de l'autre côté, ils ne virent pas la nudité de leur père.
« *On peut donc voir dans la nudité un sens exotérique apparent, celui de la transgression sexuelle d'où la condamnation violente de Cham par son père mais aussi un sens ésotérique : le vin se dit en hébreu "Yayin" avec la valeur numérique de 70 ce qui apparente ce mot à "sod", le secret. L'ivresse devient alors une extase mystique, une connaissance d'un rang supérieur qu'il convient de voiler ou de protéger dans une arche (theba). Dans cette seconde interprétation, la nudité de Noé n'est pas son sexe, mais le symbole d'une révélation qui en fait un véritable initié.* »
Deux possibilités s'offrent donc à chacun : perdre sa lucidité, et altérer ses fonctions cérébrales et cognitives (le Shen – Cœur dans le cycle d'engendrement) ou tendre vers l'initiation, qui est peut-être la réalisation non pas de soi mais du Soi.

Saint Bolique :

Le Foie :

▓ Le foie est une grosse usine. Il joue un rôle métabolique de première importance. Il est le seul organe à pouvoir se régénérer. Le docteur VERET explique que les petits lobules hépatiques fonctionnent comme des ateliers chimiques qui ont une architecture particulière :

des hexagones constitués d'hépatocytes (cellules du foie) qui rayonnent vers l'extérieur. Le 6 ou l'étoile à 6 branches peut symboliser l'union de deux triangles : l'un matériel, l'autre spirituel ; ou encore l'aspect féminin et l'aspect masculin.

« Sa forme est une spirale en expansion vers un infini. Vous apercevez le noyau circulaire qui représente notre zéro initial dans sa symbolique mais il définit surtout une individualité "divine", capable d'exprimer sa lumière ».

Le Rein (zéro initial, le potentiel) nourrit – cycle cheng – le Foie pour que l'homme se réalise ; qu'il touche sa dimension spirituel et qu'il accomplisse l'union des contraires : Yin-Yang, Terre-Ciel … l'androgynie.

- Le foie domine le pôle métabolique : s'il assure l'approvisionnement en énergie, il utilise également beaucoup d'oxygène pour son métabolisme : 25 à 30% de la consommation de l'organisme. Il stocke la vitamine A (nécessaire à la vue, et à la thyroïde : la croissance), il participe à l'activation de la vitamine D … Il synthétise des protéines, détoxique : alcool, médicaments, métaux en excès … une sorte de « purification », de haute élaboration qui ramène à Jupiter (étoile en devenir).

- La hanche serait en corrélation avec le couple Foie – VB : elle est le lieu où s'accroche l'arme, « le glaive » (VB). *« On la qualifie de "porte du non-conscient relationnel", le point par lequel les éléments de notre Non-Conscient émergent vers le Conscient. Nos schémas profonds, nos croyances sur la relation à l'autre et avec le monde et la façon dont nous la vivons sont somatiquement représentés par la hanche. »*

- Le Foie est relié au signe des Poissons : signe dans lequel la pleine puissance du Soi transpersonnel infuse à travers la personnalité libérée, dans le but de sauver et de racheter l'humanité. Essentiellement, le Poisson est le signe des Sauveurs.

- L'extrémité de Foie part du bord externe du gros orteil, en lien avec le cerveau en réflexologie plantaire (tout comme la Rate) et arrive sous le sein, approximativement à l'endroit de la blessure de Christ par la lance !!! Le mental doit passer par l'amour pour atteindre une dimension spirituelle (voir le prochain chapitre).

- L'hépatoscopie : divination par l'étude du foie était pratiquée pour diverses raisons : la guerre, les traités à signer avec les autres nations, la pertinence ou non de construire un temple à telle ou telle divinité, ou pour savoir de quelle maladie était atteinte une personne chère.

La Vésicule Biliaire :

- La bile, le fiel est synonyme de rancœur, d'amertume.

- La bile émulsionne les graisses. Les lipides sont essentiels au bon fonctionnement du cerveau, des membranes cellulaires ; elles assurent la bonne conductibilité neuronale, facilitent l'apprentissage, la mémorisation … (discernement).

- Le méridien a un parcours assez chaotique, reflétant peut-être le questionnement avant la prise de décisions, le choix ou à l'inverse l'indécision. Il emprunte les côtés latéraux : temporaux, les flancs, la jambe externe (et la hanche VB30). Il renvoie aux autres, les collatéraux, qui peuvent être soit amis, soit ennemis (le glaive). Vessie : les arrières, les fondements ; VB : les côtés, vers lequel aller, pencher vers l'un, vers l'autre (le doute contraire à la foi – Foie) ou trouver la voie du milieu ? Vessie et VB terminent tous deux au petit orteil.

▣ Si Vessie commence au canthus interne de l'œil : centrage, focalisation, la prédétermination ; VB débute au canthus externe : les options, les nouveaux horizons, la vision périphérique. Il est nécessaire de sortir de ses conditionnements, de l'héritage familial pour se réaliser pleinement.

▣ VB est associé au Sagittaire : la flèche (je suis sagittaire) : signe dans lequel la vision de la plus haute évolution possible est transmise par le Soi et intuitivement reçue par la conscience qui peut unifier les nouvelles énergies et se focaliser sur la réalisation de cette vision. Le Sagittaire est la maison (9) de la spiritualité.

VB en biokinésiologie répond au couple d'émotion fier – orgueilleux. L'orgueil aveugle et nuit au discernement, à la décision juste. La fierté, fier l'adjectif renvoie au verbe se fier, ce qui est digne de confiance. Peut-on se fier à ses croyances, sont-elles fondées ? La Foi est-elle un soutien, une aspiration, un objectif ?

Feu :

L'aphone éthique :

Le Feu :
« Le feu a été un formidable moteur d'hominisation. Il éclaire et prolonge le jour aux dépens de la nuit ; il a permis à l'homme de pénétrer dans les cavernes. Il réchauffe et allonge l'été aux dépens de l'hiver ; il a permis à l'homme d'envahir les zones tempérées froides de la planète. Il permet de cuire la nourriture et, en conséquence, de faire reculer les parasitoses. Il améliore la fabrication des outils en permettant de durcir au feu la pointe des épieux » *« La mastication moindre liée à la cuisson eut pour impact la réduction de l'appareil manducateur c'est-à-dire les muscles de la mâchoire. Il y eut donc une modification des muscles de la face. Donc un début de différenciation Homme/Primates* (les dents de sagesse seraient amenées à disparaître dans un futur relativement proche). *De plus, le temps gagné grâce à cette mastication a favorisé l'attention à l'éducation et au bien-être du groupe.*
L'effet d'attroupement autour du feu a sans doute permis une meilleure socialisation de la communauté et favorisé la transmission des connaissances. Le feu a donc eu un impact positif sur notre niveau de vie et nous pouvons affirmer que, sans ses apports, l'Homme ne serait pas ce qu'il est aujourd'hui. »

➡ Chaleur, partage, convivialité, socialisation : sentiment d'appartenance
➡ La mastication a une incidence sur le processus digestif et notamment au niveau de l'assimilation du grêle.
➡ En ostéopathie, les dents sont en relation avec les vertèbres, et les mâchoires avec les hanches. Une modification de la mâchoire a certainement favorisé la

verticalisation de l'homme. La colonne vertébrale renferme les 7 chakras de la tradition orientale, elle est « *le lieu privilégiée où s'inscrivent toutes nos libérations, nos accomplissements successifs, mais aussi nos blocages, nos peurs, nos refus d'évoluer* »

Colonne vertébrale : 33 vertèbres (le plus souvent)
Selon R. ALLENDY, « *ce nombre montre l'activité libre de l'être dans l'organisation du monde. (...) Il montre la créature libre liée aux plans du Créateur par des liens de justice et d'amour ou par des intermédiaires providentiels". Ce nombre se voit ainsi relié au Karma - 3 + 3 = 6. Ce nombre est un multiple de 11. Le 11 symbolise la maîtrise sur le plan matériel, le 22 sur le plan mental, le 33 sur le plan spirituel. Le 33 représente la conscience spirituelle, le développement par l'expérience et un désir de l'atteinte d'un plan plus élevé de servir* ».

Où l'on retrouve le nombre 5 :
Les 33 vertèbres se composent : 1) de 7 cervicales ; 2) de 12 dorsales ; 3) de 5 lombaires ; 4) de 5 sacrées et 5) de 4 coccygiennes. Georges LEVY écrit que : « 5 est le nombre du souffle vital, celui des 5 sens et des 5 niveaux de l'Ame : Néfesh, Roua'h, Neshamah, H'ayah, Yed'idah. L'alphabet hébreu s'articule autour de 5 familles phonétiques : labiales, dentales, gutturales, palatales et linguales.
Or le Cœur s'ouvre sur la langue. Il contrôle le teint et la parole. Il est intéressant de lire dans certaines Traditions que le pharynx-larynx a été formé à partir de l'énergie sexuelle (MC).
Verticalisation, parole, socialisation … contribuent à une plus grande ouverture, un plus grand altruisme, une meilleure maîtrise des émotions. Le feu sur la plage invite à la rencontre, la tolérance, au partage.
Mais le feu dans l'âtre séduit, hypnotise, induit des états modifiés de conscience.

En négatif, le feu brûle, détruit, ravage. Il roussit ou noircit. Les barbares mettent à feu et à sang les lieux où ils passent. Ceux qui sont considérés comme hérétiques sont condamnés au bucher, ceux qui sont considérés comme traites sont passés par les armes : feu ! Ceux qui ont le feu au … à MC ne sont pas vraiment dans l'amour inconditionnel, mais plutôt dans les passions et les instincts.

Le feu invite à ne pas s'enflammer, mais à entretenir la petite flamme intérieur, l'étincelle divine, le Yod (initiale de Jéhovah יהוה). La crémation, toute récente en occident, nous fait retourner en poussières : « tu es poussière – d'étoile selon REEVES – et tu retourneras en poussière ». Problème nos os, symbole d'éternité, n'y résistent pas ; mais s'ils sont nos mémoires (Vessie) ils peuvent alors freiner l'évolution humaine.

Le feu, la chaleur : le sang véhicule cette chaleur dans le corps humain, ce qui n'est pas le cas chez tous les animaux (dont certains sont dits à sang froid). Pour HEINDEL, la chaleur du sang est le signe d'un égo distinct. Pierre LASSALLE (l'animal intérieur) parle d'esprit de groupe pour les animaux. Chez l'homme cet esprit est individualisé.

Feu - Feue :
Défunt, défunte : la mort ! La clé 13 du tarot attribuée au scorpion (voir chapitre suivant). Mort de l'individu, mort de l'égo. Le retour au Tout, ou à l'Un. Funèbre rime avec ténèbres, là où il n'y a pas de lumière, de feu. La grande faucheuse calme nos ardeurs, et nous rappelle le lot de chacun. Selon les écrits, du moins ceux de la tradition chrétienne, la mort est née du péché (une pomme sur un péché / pécher, où ont-ils été cherché cela ?). La transgression, le désir de s'émanciper, la fin de l'innocence, un peu comme à l'adolescence ou les hormones prennent feu, et poussent à des actes parfois irraisonnés. L'initiation : challenge, défi, encadrait jadis ce passage (Mars qui impulse mais qui dirige). Les petites morts, celles-là, se retrouvent ainsi après chaque épreuve, drame de la vie. Elles invitent à l'évolution, à l'intégration (Grêle) d'éléments nouveaux qui modifient la personnalité. Elles invitent à renaître (MC).

Cœur - Chœur :
Le chœur est un ensemble de chanteurs qui exécutent un morceau de musique. Qui, au figuré, devient un ensemble de personne qui défendent une même opinion, expriment la même chose (appartenance). « *Le chœur est la partie de l'église réservée au clergé, quelquefois appelée chœur liturgique ou chœur des chantres[1] pour la distinguer du chœur architectural qui comprend l'ensemble de la nef située autour du chœur liturgique ... L'architecture carolingienne introduira les églises à double chœur symbolisant la complémentarité entre le pouvoir de l'empereur et celui du pape* ». L'empereur (le Cœur en médecine chinoise) et le pape sont deux lames du tarot : le premier est lié à la vision, le second à l'audition. L'empereur gouverne l'état, le monde matériel (même s'il est censé être d'ascendance divine comme les rois), le pape régente le spirituel.
La 4ème lame (l'empereur) est sous la dominance de Mars.

<u>Saint Bolique</u> :

Le Cœur :
- Il est formé de deux oreillettes, soit pour entendre, soit pour être relié à Rein ; et de deux ventricules : le ventre, siège des émotions, et le grêle : assimilation. Soit 4 loges, le 4 étant le chiffre de la matière ; c'est aussi le signe de croix à l'envers, l'union du ciel et de la terre.
- « *Tous les systèmes rythmiques peuvent retentir sir son équilibre, en particulier, les plexus d'Auerbach et Meissner de l'intestin (*Grêle*), mais également l'expression de la sexualité* » (MC).
- Il donne le rythme, l'impulsion. Il est la projection des désirs de l'homme.
- Soit il a un besoin vital d'être aimé, reconnu, et vit dans la sollicitude excessive ; soit il est séducteur, jaloux, narcissique.
- « *La personnalité de type A a été définie par Meyer Friedman (en) et Ray Rosenman en 1959 comme une conduite caractérisée par une hyperactivité, un sentiment d'urgence (*résultat du Dépêche-toi /Bois du cycle d'engendrement*) qui, un énervement facile, ou un hyper-investissement professionnel (*Mars −

Sois fort)). *Ces sujets semblent avoir un risque de maladies cardio-vasculaires (notamment l'insuffisance coronarienne avec un risque d'infarctus du myocarde) multiplié par deux par rapport aux personnalités normales.*

■ Du cœur partent les artères qui signifient « qui portent de l'air ». L'intérieur est appelé « lumière ». Elles symbolisent le « donner ». Les veines ramènent le sang au cœur : « le recevoir ». Le cœur peut donc représenter le juste équilibre entre l'aller et le retour : du sang, des sentiments.

■ Chez les Aztèques, on sacrifie la victime, maintenue par 5 prêtres, en lui arrachant le cœur.

■ Le cœur renvoie au Scorpion (De SURANY) maison 8 : la mort

■ Le poignet dépend du couple Cœur-Grêle : le poids nié (sois fort). Sa souplesse permet de saisir avec tact, ou au contraire de mener un projet à la force du poignet. Etymologiquement poignet est dérivé de poing : *pugnus*, la pugnacité. Est pugnace celui qui aime combattre (Mars).

■ Le méridien débute à l'aisselle (du latin *axella* : l'axe, l'essieu qui peut s'entendre les cieux) ; le cœur - axe finit à l'extrémité de l'auriculaire : le doigt de l'oreille (Eau) et de Mercure (Eau). L'égo est donc fortement influencé par l'énergie ancestrale, parentale … et plus si affinités.

Le Grêle :

■ Le cerveau entérique n'a rien à envier au cerveau tout court.

■ Ces cellules de l'intestin doivent être soudées les unes aux autres comme dans un pack au rugby, sous peine de laisser passer dans le sang des protéines sources d'allergies, maladies auto-immunes … Des organes lymphoïdes jouent le rôle de sentinelles et assurent la défense immunitaire (avec TR) : ce qui n'est pas reconnu comme « ami » est éliminé. L'alimentation correcte résulte donc d'un choix pertinent qui correspond au Soi. Elle doit être consciente, non impactée par des affects (Feu), de trop de logique (Terre. En astrologie classique, la Vierge : analyse, rigueur … gouverne le grêle), de peur (Rein) qui enclenche un processus sympathique (orthosympathique pour être plus exact) qui ne facilite pas la digestion.

Une bonne digestion commence par une bonne mastication (dents : rein).

■ Le méridien débute à l'extrémité de l'auriculaire (Mercure : Eau) et se termine sur le bord antérieur de l'oreille (Eau).

■ Grêle est associé au Bélier : la tête, le sang, (initiative, impulsion, énergie vitale). La tête contient le cerveau, formé de deux hémisphères : le gauche gouverné par Mars, le doit par Mercure. Le gauche est plus logique, cartésien : le Cœur –Empereur, réceptacle de l'Energie Christique devrait agir bien évidemment par amour, tout en ayant une haute conscience de Soi et du tout.

Pour info : le droit est plus intuitif, et, d'après Melvin MORSE (la divine connexion), le lobe temporal droit est un « capable de donner des perceptions mystiques de Dieu et d'autres capacités spirituelles ». Le problème se situe au niveau de l'intuition : croyances, instincts ou inspirations ? Les Reins, héritage le plus souvent inconscient, risque fort d'influencer nos perceptions.

Gauche :
- Séquentiel
- Verbal
- Numérique
- Déductif
- Logique, analytique
- Théorique
- Objectif
- Mémoire auditive

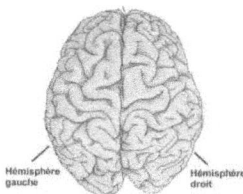

Hémisphère gauche   Hémisphère droit

Droit :
- Global
- Non verbal
- Image
- Analogique
- Symbolique, émotion
- Ressenti –intuition
- Subjectif
- Mémoire visuelle

Non exhaustif

Le gauche, Mars – Feu a une mémoire auditive (Eau – Rein). Le droit, Mercure – Eau a une mémoire visuelle (Bois, mais aussi symboliquement Feu – Dieu). La nature cherche « toujours » l'équilibre, ou la complémentarité. Il est clair que l'Ego ne va pas sans son patrimoine (qu'il soit familial, ou de ses vies antérieures), et que les gènes prédisposent (voire indisposent parfois) l'Ego dans ses projets.

La complexité ne s'arrête pas là : le Feu étant lié à l'émotionnel, il est de ce fait relier au système limbique qui réagit à l'instinct grégaire (appartenance). Ce limbique contient l'amygdale et l'hippocampe impliqués dans la mémoire et l'apprentissage. Le Dr VERET met en corrélation amygdale, thyroïde et le couple Rein- Vessie, impliqués notamment dans la peur.

Attention toutefois, les informations, par manque de recherches et d'investigations, ne sont pas fiables à 100 %. Il convient de rester prudent.

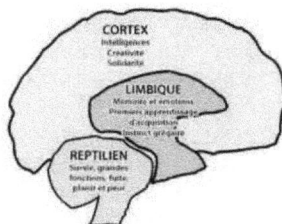

CORTEX
Intelligences
Créativité
Solidarité

LIMBIQUE
Mémoire et émotions
Premiers apprentissage
d'acquisition
Instinct grégaire

REPTILIEN
Survie, grandes
fonctions, fuite,
plaisir et peur

- Le cortex siège de la raison et de l'éthique pourrait être en lien avec Rate – Estomac et Cœur (le shen, la conscience)
- Le limbique : cerveau émotionnel avec Cœur – Grêle mais aussi avec Rein – Vessie.
- Le reptilien : tronc cérébral et cervelet dont dépend l'équilibre sous gouvernance de Rein – Vessie
- Le corps calleux varie en nombre de connexion d'un sexe à l'autre : MC.

Terre :

L'aphone éthique :
La Terre :
Elle peut être vue comme une entité à part entière : une planète vivante, qui porte elle aussi des méridiens, qui respire – tant bien que mal puisque ses forêts sont abattues, et que le goudron les remplace ; qui s'exprime : volcans, typhons … Si le climat d'un pays conditionne le caractère de ses habitants, certains affirme qu'en retour le climat sociopolitique d'un pays a une incidence sur la terre, du moins dans cet endroit.

Ainsi, certains pays du moyen orient producteur de pétrole (scorpion) sont-ils plus enclin à la guerre ;le Japon gouverné par Mars, subit-il régulièrement des « agressions » : tsunamis, typhons. La terre ne ferait que réagir aux énergies humaines, traduisant colère, peur, haine à travers des manifestations météorologiques et géologiques.

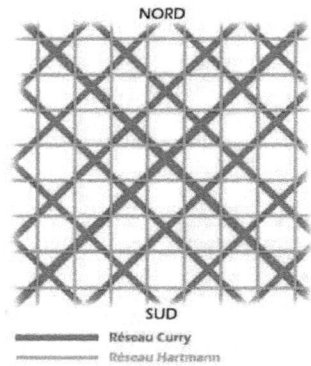

Les problèmes écologiques d'aujourd'hui montrent clairement que l'homme a « manipulé » la terre ne l'a pas respectée comme le faisaient pourtant nos ancêtres et certaines cultures encore présentes et l'a même « trahie ». L'homme devrait être le « jardinier » de la planète, malheureusement il l'exploite, pas toujours véritablement avec intelligence (Rate). Or l'homme Adam est tiré de la terre Adamah, ce qui tendrait à prouver leurs interconnections. « *Adam signifie en hébreu : fait de « terre rouge ». Le limon dont il est ici question est cette « terre rouge », « terre rougie », « terre de feu », c'est à dire matière spirituelle, par opposition à la matérialité telle que nous la connaissons après la chute.* » Pour De SOUZENELLE Adam est Dieu : Aleph dans le sang : dam. Si le sang est le véhicule de l'Ame, de l'étincelle divine, la terre spirituelle dont il est question ci-dessus ; la terre est la chair (Rate) de l'homme. La chair, la matière qu'il doit diviniser. Si l'homme prenait autant soin de la terre qu'il ne s'occupe de sa propre image, il est certain que la terre deviendrait un paradis.

Et c'est bien de cela qu'il s'agit : « nous n'héritons pas de la terre de nos parents, nous l'empruntons à nos enfants » Saint EXUPERY. Ces enfants sont certes nos descendants, mais ils sont également nos enfantements successifs, nos renaissances après nos petites morts de chaque jour.

La terre nous ramène à la densité, qui implique la présence, la gravité, le poids (faire le poids, mettre tout son poids dans quelque chose) ; l'inertie, la réalité : entre ce que j'imagine, ce que je crois pouvoir et ce que je peux faire, il y a parfois tout un monde.

Ter : trois !

Curieux que cet Elément Terre (élémentaire) qui comporte trois « organes » et trois « fonctions » dans l'approche occidentale ; la Rate étant différente du Pancréas.

- *« Composé à partir des nombres « 1 », le nombre du Créateur et « 2 » division, dualité, le binaire, « 3 » est le premier nombre mystérieux qui intervient comme la signature de la création dans l'Ordre… Depuis l'avènement de l'humanité, le genre humain porte la marque de la Loi de création qui se manifeste par une cause, un effet, un produit, cette triade correspondant à la mise en branle de l'énergie créatrice, la transformation de la lumière en matière, l'incorporisation de l'esprit dans la matière. »*

- Le 3 est présent dans toutes les traditions : trinité égyptienne, Isis, Osiris et Horus ; en Inde, Brahma, Vishnou, Civa ; le christianisme, le Père, le Fils, le Saint Esprit ; Lao Tseu enseignait : le trois engendre toutes choses.

144

▪ « *Jésus a été crucifié un 3 avril au moyen de 3 clous. Il rendit le dernier soupir à 3 heures. Il y avait 3 croix. 3 crucifiés sur le Golgotha, 3 familiers avec « Marie, Marie-Madeleine et Jean » se tenaient près de la croix. Il ressuscita 3 jours plus tard, etc.*

▪ Pour Louis-Claude de Saint Martin et les frères du Rite Ecossais Rectifié : « *3 marque toutes les choses créées parce qu'il a présidé à leur création... C'est le nombre de la Loi directrice des êtres et du commencement des choses matérielles.* »

Nous sommes bien dans l'Elément Terre ! Et cette Terre revêt un aspect essentiel : elle contient l'esprit : « *la chair est le lieu de l'accomplissement total, celui de l'union la plus intime avec Dieu* », mais si le foie « *est le lieu de corps où s'engrange la lumière de l'accompli* », il faut d'abord « *descendre dans l'inaccompli, dans cette partie obscure ... jusque dans le pancréas et la rate* »

Taire :
Si les Poumons symbolisent les échanges (gazeux), la communication (le souffle qui active les cordes vocales), la Terre, elle, peut se terrer, et se tait ! Elle est liée aux « profondeurs » de la chair (voir la symbolique du corps humain). Elle est aussi le terreau où la graine se fortifie et germe en silence. Pourtant le corps (dense, physique) s'exprime : tremblements, spasmes, douleurs, maladies … comme la terre dont les plaques tectoniques bougent et peuvent provoquer séisme, raz de marée, éruption volcanique. C'est d'ailleurs ce que disent les chinois à propos de la rate : « *elle est le tonnerre, elle est le séisme* ». Le problème vient du fait que l'homme est très peu à l'écoute de son corps. Celui-ci est pourtant des plus précieux : il encaisse, subit, prend en charge nos émotions, nos excès, nos écarts.
Le sens de la Terre est le toucher qui permet de sentir ce qui n'est pas dit, de percevoir des tensions non conscientes. La religion chrétienne a éloigné l'occidental de son corps, lieu de péché, alors qu'en réalité, il est un lieu de vérité. Contrairement à l'Africain, investi dans son corps, l'Européen redécouvre les bienfaits du massage, de l'expression corporelle. Mais ceci s'effectue sporadiquement, alors que l'organisme est sollicité au quotidien. « Ce qui ne s'exprime pas, s'imprime » explique le décodage biologique. Les techniques corporelles vont plus loin : là où le cerveau n'est pas encore formé, là où les souvenirs – qui se formeraient généralement vers les 4 ans, parfois avant – ne sont pas présents, les mémoires du vivant, telles que la période utérine, sont bien écrites dans la chair et l'apprentissage du ressenti peut y donner accès. Pas en mots, ni analyse, comme nous avons l'habitude de la faire, mais en sensations. La Rate, cimetières des hématies, contient, comme Vessie, de vieux schémas : et en ce sens la Terre contrôle l'Eau.

Rate - Rat :
Animal répugnant, le rat est doué d'une grande intelligence, il est décrit comme un animal impur, symbole du mal par les grandes religions monothéistes décrivent le rat. Par opposition, les croyances religieuses orientales mettent en avant ses qualités comme sa prolificité et les transposent aux humains sous les symboles d'abondance,

de fertilité... Les religions polythéistes mettent en avant la puissance guerrière et la supériorité du rat.

➡ Le corps est en renouvellement constant : les cellules de la peau sont renouvelées toutes les 3 à 4 semaines, les globules rouges tous les 120 jours, les cellules de la rétine : 15 jours, les entérocytes (cellules intestinales) : 5 jours *« Une équipe de chercheurs suédois a utilisé une technique de datation en archéologie et en paléontologie, celle du carbone 14 ... Ils ont ainsi pu montrer que la plupart des cellules d'un corps humain ont moins de 10 ans. Les plus «vieilles» sont et celles des muscles des côtes qui atteignent 15 ans. »* La sagesse populaire, quant à elle affirme que le corps est entièrement renouvelé tous les 7 ans.

« Les rats vivent dans des terriers. Du fait de sa vie souterraine, il est un animal tellurique... ce qui le rapproche du chakra racine. Les rats apportent aussi la peste. Ils n'hésitent pas défendre leur vie en mordant. Ils sont aussi très intelligents et peuvent parfaitement être domestiqués, ils sont très câlins, joueurs. »
➡ Le chakra racine est associé à Saturne, planète de la Terre (chapitre 7)

Le rat est aussi le radin : attaché à ses biens. C'est Géronte de Molière qui cherche sa cachette, à en devenir grotesque. Géronte vient du grec *géron* : vieillard. « La peste soit de l'avarice et des avaricieux ». Or Saturne est associé à la vieillesse et à la mort.

Rate - Rater :
Le physique, le réel, la mise à l'épreuve valide ou non les idées, intentions, résolutions. Il permet de vérifier si la théorie rejoint la pratique ; si les capacités, compétences sont présentes ou suffisantes. Il montre également les lacunes, les manques, les améliorations à fournir pour concrétiser le désir, l'attente.
L'objectif était-il correctement ciblé, clair ? Les ressources étaient-elles présentes ? Ces questions nous permettent d'établir une autre approche concernant la mise en place et la réalisation d'un projet :
- Les ressources : Eau, le patrimoine familial et personnel
- L'objectif : Bois, la vision, le désir
- Le « Moteur » : Cœur, Feu, l'émotion met en mouvement
- La réalisation : Terre, le concret, le réel, le palpable

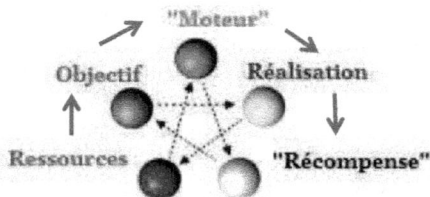

- La « Récompense » : Métal, ce qui est fait et qui gratifie la personne
Mais le processus peut rater, échouer. La personne peut être cataloguée de ratée, engendre (cycle cheng) un sentiment d'humiliation.

Saint Bolique :
L'Estomac :
🔲 Il est en forme de J comme je. La nourriture renvoie au « je » : dis-moi ce que tu manges, je te dirai qui tu es. Elle reflète notre état intérieur ; un stress, un

problème affectif, et un bon nombre vont compenser par des pâtisseries ou de la viennoiserie, associant le sucre (affectif) et le gras (protection). Les comportements alimentaires sont révélateurs du tempérament :

➢ L'exagération musculaire chez le bilieux : tonique, décidé, organisé, entreprenant, autoritaire hyperactif (dépêche-toi), entraîne une exagération de l'appétit avec abus d'aliments glucidiques (féculents, hydrates de carbone, sucres), qui occasionne une surcharge de travail pour le foie.

➢ Le sanguin : épicurien, jovial, extraverti … qui s'emporte facilement, est un bon mangeur et un bon "*buveur*". Il aime la nourriture riche, lourde et succulente. Il est sujet aux problèmes cardiaques : hypertension, infarctus ; et aux surcharges pondérales.

➢ Le nerveux : sensible, introverti, susceptible et parfois pessimiste, est un petit mangeur, dyspeptique, aimant les aliments peu volumineux et variés. La digestion est lente et lourde. Il est prédisposé aux troubles arthritiques, à l'eczéma, ainsi qu'à l'insomnie et aux troubles nerveux.

➢ Le lymphatique : introverti, persévérant, mais désordonnée, négligent, est un gros mangeur à digestion lente, facilement gourmand, appréciant la nourriture lourde. Le système digestif est surchargé et élimine mal.

A côté du « ce que je mange », le « comment je mange » est aussi révélateur du caractère, et des comportements de l'individu. Certains ont même fait le rapprochement entre la manière de manger, et les attitudes relationnelles – pour ne pas dire sexuelles – de la personne (lien entre estomac et Maître-cœur)

▨ Il est en forme de J comme jouissance : le premier plaisir ressenti est la satiété. Bébé s'endort, repu, après le sein : il est nourri physiquement et affectivement : les deux, comme déjà vu, sont intimement liés.

▨ Le méridien est particulier : c'est le seul yang sur le devant du corps (Vessie : l'arrière, le passé, les mémoires – VB : les côtés, les collatéraux, les amis, les ennemis, les choix) il est le présent, ce qui se présente : ce que je vais goûter, savourer, (devoir) avaler, ou ce qui va me rester sur l'estomac.

▨ L'estomac en astrologie classique est gouverné par le Cancer : la mère, le foyer, la lune, la maternité … et aussi les seins. Le seul point d'acupuncture qui passe par le mamelon est E17 ou Ruzhong. Qichong (E30) est un des points clés de Vital, en lien également avec la nourriture.

▨ « *Estomac et pancréas sont le support d'une action métabolique de transformation. Ils régissent l'action et la concrétisation. Ils participent ainsi à la réalisation et à l'aboutissement du travail, ce qui aide l'homme à s'insérer dans son lieu de vie* »

▨ « *Les perturbations d'Estomac et de Pancréas peut engendrer une déminéralisation osseuse, principalement sur les membres inférieurs, et en particulier au niveau des talons et des genoux* ». Saturne, Maître de Terre, gouverne le squelette. La Terre renvoie à l'aspect minéral de l'organisme. Le talon sert à l'ancrage.

▨ Estomac est associé au Verseau : un homme portant de l'eau (Rein : le Ciel antérieur et Postérieur). SURANY dit qu'il est individualiste (l'individu se manifeste par l'incarnation), qui aime la communauté et le nouveau : la coopération est le fondement de la société humaine, le mental (Rate), le nouveau : l'homme est le seul « animal » à avoir créé (je dis crée, pas utilisé) des outils.

Rate - Pancréas :

▓ Le pancréas est le seul organe digestif sur le plan horizontal (avec la partie transverse du côlon). Symboliquement, il ramène comme l'estomac à l'instant présent : à ce qui est là.

▓ Il est aussi une glande endo et exocrine : il intervient sur la matière, les nutriments ; et sur un aspect régulateur du sang au niveau de la glycémie (insuline pais aussi glucagon dont les effets sont contraires) : l'énergie dans le véhicule de l'Ame.

▓ La Rate, pour rappel, capte l'énergie cosmique ou solaire. Rate Pancréas peut paraître de ce fait ambigüe : la Terre, le physique certes, mais toujours avec une connotation spirituelle, qui semble souligner que tout est Esprit, ou énergie.

▓ Sa sécrétion est la salive : on salive. Mettre l'eau à la bouche, c'est susciter l'envie, la faim. Saliver, c'est aussi beaucoup parler, souvent pour ne rien dire. On parle généralement pour ne pas sentir (il ne s'agit pas de l'olfaction de Métal, mais de la proprioception, du ressenti), et donc de se couper de ses sensations. Un peu comme la rumination qui empêche d'être dans le temps présent, de saisir l'opportunité. L'opportunité pouvant être vue comme une manne, du miel (Pancréas) offert par le « Ciel ».

▓ Le 1er point, sur le côté interne du gros orteil, est en corrélation avec le cerveau (en réflexologie plantaire)

▓ Le 4ème point est un des points clés de Vital, mer des méridiens ou mer du sang, 1er vaisseau à entrer en action lors de l'embryogenèse (incarnation). RP4 est un grand point de la digestion.

▓ Rate est associé au Capricorne, qui lui n'est pas ou peu sociable. Comme la chèvre, il grimpe et vise les sommets ; mais aussi les obstacles, les luttes, les entraves : ce qui résume la matière, son inertie et quelque part la vie terrestre. Cette chèvre a une queue de poisson (qui rappelle une fois encore l'eau et l'aspect essentielle pour ne pas dire spirituelle).

Métal :

L'aphone éthique :
Les Métaux
Ils sont présents dans l'organisme sous forme d'oligo-éléments, tout aussi précieux pour la santé que les vitamines : les métaux de constitution se retrouvent dans les os et les dents ; les métaux solubilisés participent à la croissance, à la réparation et santé des tissus. Pour exemples : le magnésium participe à plus de 300 réactions métaboliques dans le corps, le zinc l'est tout aussi essentiels : antioxydant, cicatrisation, système nerveux, métabolisme des protéines, synthèse de l'insuline …
Les métaux ont permis à l'homme d'évoluer, de créer des outils. Ils peuvent être considérés comme la base ou l'expression de la science, et ce dans beaucoup de

domaines : l'agriculture, l'habitat, la santé (broches, prothèses, scanner, IRM, téléchirurgie …), la conquête spatiale : l'air / l'espace. Il peut être le résultat d'une alliance, qui coïncide peut-être avec le relationnel, la collaboration de Poumons et Côlon.

► **Le fer** est le plus utilisé des métaux (Wikipédia). Les Grecs l'appelaient *Sidéros* : le ciel. Il forme l'hémoglobine qui transporte l'oxygène (Poumon). Il est lié à la planète Mars, rouge, couleur du sang, véhicule de l'Ame, psyché – cousine de pneuma (Poumon), et au cœur : la conscience. Bon nombre de techniques physiques et spirituelles insistent sur le rôle de la respiration. Le fer est également un constituant de la myoglobine qui stocke l'oxygène dans les muscles.

► **Le cuivre** freine la formation d'histamine et joue un rôle important dans la prévention des allergies. Il intervient dans la pigmentation de la peau (Métal) par la conversion de la tyrosine en pigment. Antioxydant, il est présent, comme le fer, dans les mitochondries (Poumon). C'est le métal de Vénus qui gouverne Métal.

► Certains métaux peuvent être conducteurs : relationnel, communication.

Métal – m'étale :
La course aux honneurs, aux titres … ou les réponses à « fais-moi plaisir » peuvent conduire à la désillusion, aux regrets, aux remords, voire à la honte (sentiments généralement attribués à Métal). Il peut donc s'en suivre une humiliation, un déshonneur qui bien évidemment vient impacter l'estime de soi.
Lorsque l'on s'étale, on tombe par terre : Elément qui précède Métal, donc un retour en arrière.
S'étaler, c'est dégringoler, ce qui, sur un plan psychologique, renvoie à la dépression, au fait d'être coupé (Métal) de ses énergies.

Poumon – Mon pouls / pou :

Le pouls renvoie au cœur, aux battements, au rythme cardiaque (la respiration permet de le calmer), aux pulsations de l'organisme … et de l'univers. C'est le Saint Esprit, l'inspir - expir, le Verbe par ses vibrations. Le pouls, quand il ne bat plus, signifie la mort : le dernier expir.
La prise de pouls sur le poignet se situe au niveau du méridien Poumon. Les médecins chinois s'en servent pour évaluer l'énergie des méridiens.

Le pou est un parasite, mais il n'en a pas toujours été ainsi : *« les séances d'épouillages ou « grooming » faisaient partie des rites collectifs, tissant les liens entre membres d'une même tribu. Le pou était en effet considéré comme une sécrétion naturelle du corps humain : Aristote ou Galien le nommait « ver de peau ». Au XIXe siècle, se « chercher des poux dans la tête » était une activité noble car les poux étaient considérés comme porteurs de chance et censés guérir des maladies. Vers 1850, le développement des insecticides change cette vision : les poux sont alors associés à la notion de crasse et la contamination s'installe vers la fin du XXe siècle dans les milieux défavorisés ne pouvant s'acheter ces insecticides. Les poux* *développant une résistance aux insecticides, cette notion de crasse et contamination se transmet à toutes les classes sociales. »*

Jaloux comme un pou serait en réalité fier comme un pou, dont le sens serait assez proche. « *L'expression est issue d'une déformation du vieux français : Pouil en vieux français (signifiant Coq) a peu à peu été assimilé au terme Pou (signifiant Pou). Le coq, maître de la basse-cour, et son instinct de domination naturel ont finalement été associés au petit animal disgracieux des chevelures de certains* ». Nous sommes ici dans l'estime de soi, la fierté, qui frise l'orgueil (le contraire donc de l'humiliation, et du « fais-moi plaisir », le coq étant plutôt égocentrique dans son symbolisme).

Le métal est aussi relié à l'air
Air :
C'est l'air qu'on respire mais aussi celui qu'on affiche : la vitrine. Ils peuvent être grands, faux, de famille, de déjà vu … Mais la vitrine, si alléchante soit-elle, n'est pas toujours cohérente avec l'arrière cuisine, ou l'atelier. Maquillage, sourire, chirurgie esthétique … tout est fait pour ne pas laisser indifférent, entrer dans le rang, ne pas être en retrait. Nous sommes dans le côté superficiel de Vénus. Mais comment être aimé, apprécié pour qui l'on est, si l'on se travestit ? C'est aussi ce qui arrive aux stars, qu'on élève et qui planent sur leur succès. Plus dure sera la chute, s'ils ne sont pas restés les pieds sur Terre, s'ils se sont coupés de la réalité.

Ce qui est dans l'air, plane également. Mais il est plus intéressant ici de le pressentir. D'en avoir l'inspiration. Ainsi est-on relié … au mouvement, aux autres.

Erre :
Rejoint le « m'étale ». On cherche, on s'égare, souvent parce qu'on est mal inspiré ; ou que l'on est décentré. La personne cherche trop à faire plaisir, elle en vient à s'oublier. Ou bien elle est trop préoccupée (soucis – Terre qui engendre l'égarement). La culpabilité, les remords peuvent aussi déboussoler. L'individu ne sait plus quoi faire, elle a perdu une part de sa personnalité et/ou de son pouvoir (Côlon).

Hère :
Le mot se suffit à lui-même : il définit un homme sans mérite, sans considération, sans fortune. Tout est dit (pour ce qui est du négatif ; et pour le positif, il suffit de prendre l'inverse : homme méritant, considéré et riche … chacun donnera sa définition de la richesse).

Saint Bolique :
Les Poumons :
- Sont quelque fois associés à la poitrine, notamment chez la femme, d'où une connotation sensuelle, voire sexuelle (MC). La communication passe aussi par la séduction (Feu), et Métal dépend de Vénus, déesse de l'amour. L'amour est source de plaisir : « fais-moi et donne-moi du plaisir » dans un souci de réciprocité propre aux poumons.
- Le poumon droit comporte trois lobes, le gauche deux : soit 5 en tout. Le Prana, le Qi, le Saint Esprit, peu importe le nom qu'on lui donne est donc partout, il se retrouve dans les 5, les 5 Eléments, les 5 sens …

- Quelqu'un qui est un « poumon » a du souffle, de l'énergie (mitochondrie) à revendre. Par contre souffler, ou se faire souffler dans les bronches ne garantit pas un bon quart d'heure, et dans ce cas, il vaut mieux parfois ne pas broncher, rester en retrait, attendre la fin de l'orage.
- Si la Terre (et Saturne – Chronos) renvoie à la notion de temps ; le Poumon renvoie à la notion d'espace : on étouffe, ou on peut respirer … au grand air !
- C'est aussi une notion de territoire (marquage du sol par les glandes anales (Côlon) : le gorille se frappe sur la poitrine pour faire fuir l'intrus.
- On retrouve la notion d'argent indirectement : avoir du coffre !
- Le 11ème (et dernier) point de Poumon est sur le bord radial du pouce. Le pouce levé signifie la vie, baissé la mort, pour les gladiateurs. Mais lever le pouce, c'est aussi demander une trêve.
- Lieque, P7, est le point Maître de Vaisseau Conception. Il aurait une action sur la tristesse (émotion de Métal).
- Le méridien commence au foyer moyen, descend se ramifier à l'estomac, et remonte au point VC22 avant d'émerger au P1. Or VC22 se situe au niveau de la zone réflexe de la thyroïde en Biokinésiology (John BARTON), et les émotions négatives associées sont : humilié, déshonoré.
- Poumon est associé au Taureau qui gouverne la gorge, le cou, y compris la mâchoire inférieure (Côlon). Il aime la paix, et préfère qu'on le laisse tranquille.

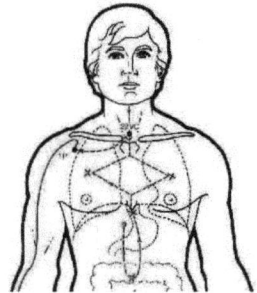

Le côlon :
- Renvoie lui aussi à la notion de territoire : le côlon occupe, colonise.
- Il renvoie bien évidemment aux emmerdes, aux difficultés.
- Le stade anal met en jeu la notion de propreté et de saleté. Les matières fécales devenant objet de dégoût (inspiré généralement par la mère), l'anal devient symbole du défendu, de l'interdit. Pour les psys le boudin fécal devient une monnaie d'échange : « je veux bien faire, si tu me félicites après » (Estime de soi). L'analité est en rapport avec l'argent.
- Hegu, GI4, qui fait partie des 12 étoiles célestes, les 12 points les plus importants, est utilisé dans les situations ou le consultant se sent impuissant (pouvoir – Côlon).
- Le 1er point commence à l'index : le doigt de l'autorité, ou celui qui met à l'index : qui exclut, qui condamne (culpabilité).
- Le dernier point termine près de l'aile du nez : le pénis (confondu avec le phallus : pouvoir).
- Côlon est associé à la Balance : elle recherche la paix, l'harmonie. C'est la maison 7 : maison des unions, des associations (relationnel) : elle peut de ce fait être service à l'excès (« fais-moi plaisir »).

Références :

http://www.therapieducorps.fr/blog/2012/03/01/Le-méridien-du-Rein.aspx
http://fr.wikipedia.org/wiki/Symbolisme_des_arbres
http://le-grimoire-de-sorcellerie.fr/arbres.html
http://crystallia.unblog.fr/symbolique-des-arbres/
http://suite101.fr/article/symbolique-de-vendange-et-resurrection-vigne-du-raisin-au-vin-a30990#.U_BMX8vlqUk
http://hautsgrades.over-blog.com/10-categorie-96695.html
http://www.matiere-esprit-science.com/pages/breves/symbolchif.htm
http://reikienergieradiante56.blogspot.fr/p/signification-des-maux-de-hanche-pied.html
http://www.astro-esoterique.info/Astro-esoterique/Articles/Entrees/2006/4/23_Approche_des_12_Signes_du_Zodiaque_en_Astrologie_esoterique.html
http://www.interbible.org/interBible/decouverte/archeologie/2010/arc_101210.html
http://trou-noir.fr/2013/12/limportance-du-feu-dans-levolution-de-lhomme/
http://hautsgrades.over-blog.com/article-969378.html
http://fr.wikipedia.org/wiki/Ch%C5%93ur_(architecture)
http://christian.reynaud.monteil.over-blog.com/article-adam-l-homme-rouge-48704585.html
http://oraney.blogspot.fr/2012/01/symbolique-du-nombre-trois-aspects.html
http://www.magiemetapsychique.org/t1336-symbolique-rat#axzz3B6DQqZgz
http://www.lefigaro.fr/sciences/2008/05/14/01008-20080514ARTFIG00005-pourquoi-change-t-on-de-corps-tous-les-quinze-ans.php
http://fr.wikipedia.org/wiki/Pou
http://www.bing.com/search?q=jaloux+comme+un+pou&qs=n&form=QBRE&pq=jaloux+comme+un+pou&sc=1-19&sp=-1&sk=&cvid=b3cded0c67e74dcda79199303c89d14e
http://www.astrologie-flash.com/zodiaque/signe-taureau.html#.U_jRoMvlqUk

Médecine Chinoise, Astrologie Médicale : De SURANY – Guy Trédaniel Editeur
Le symbolisme du corps humain : De SOUZENELLE - Editions Dangles
Acupuncture : J.F. BORSARELLO – Edition Masson
Précis d'acupuncture chinois : Académie de MTC – Editions Dangles
la voix du corps : Georges LAHY – Editions Lahy
"le dictionnaire des symboles", Jean Chevalier et Alain Gheerbrant
Traité de nutripuncture – Patrick VERET – Yvonne PARQUER- Editions désiris
Notre méthode pour apprendre l'astrologie – De SURANY ; Editions Trédaniel

Chapitre 9

Liens et associations possibles

Les 5 Eléments ouvrent également d'autres perspectives. Quelques-unes sont développées ici :

▪ 5 dérives de l'évolution humaines
▪ Les aspects sociétaux et le cycle cheng
▪ Autres pistes et parallèles :
  o Les 5 dimensions de l'être
  o Les motivations
  o Le cheminement interne

L'accompagnant pourra se servir de ces données pour éclairer son approche, en utilisant par exemple, le pendule, l'antenne de Lécher, le test musculaire … afin de déterminer quels étapes est en jeu dans la problématique ou difficultés du consultant.
Comme tout bon praticien qui se respecte, les informations sorties serviront, non pas de conseils ou de réponses, mais d'éléments servant à une réponse circonstanciée, personnalisée, qui sera, dans la mesure du possible, trouvée de concert avec la personne en séance.

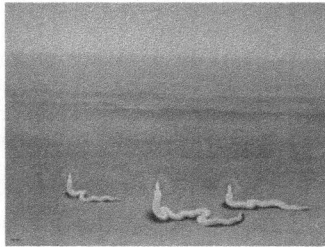

La méditation - Magritte

5 Dérives (parmi d'autres) de l'évolution humaine :

Eau :
La consommation de sel est désormais montrée du doigt.
« *Les entreprises alimentaires ajoutent du sel à cette quantité naturelle. De plus, ce sel est du type raffiné qui est l'un des plus difficiles à éliminer par le corps, aussi il n'est pas étonnant que la quantité absorbée par la plupart des consommateurs ait doublé en quelques décennies (80% de sel consommé est « caché », pré-incorporé dans les aliments). Les industriels utilisent le sel pour améliorer la saveur et dissimuler les goûts amers. De ce fait, la consommation de sel a considérablement augmenté dans les pays développés, notamment à cause de l'alimentation industrialisée.* »

Les méfaits du sel :
► Une alimentation trop riche en sel constitue un des facteurs de risque d'hypertension artérielle et de maladies cardiovasculaires. (Relation Rein – Cœur dans le cycle Ko). En effet, il existe un lien direct entre l'excès de sel dans l'alimentation et l'hypertension artérielle puisque les gènes qui contrôlent la pression artérielle sont aussi ceux qui régulent la réabsorption de sel au niveau des reins. Or les maladies cardiovasculaires représentent la première cause de décès dans notre pays.
► L'excès de sel est également reconnu pour favoriser le cancer de l'estomac. (Rein – Estomac : cycle de rébellion)
► Enfin, trop de sel augmente le risque d'ostéoporose. (Os : Rein). Sachant qu'un taux élevé de sel dans le sang augmente l'élimination de calcium dans les urines, au bout de plusieurs années, cela peut se traduire par une diminution de la densité minérale osseuse et une aggravation de l'ostéoporose.

Symboliquement, le sel est un conservateur, il est « l'ancêtre » du réfrigérateur. Les aliments sont attaqués de toutes parts par des micro-organismes. Certaines bactéries dégradent les protéines, d'autres les matières grasses, tandis que moisissures et levures détériorent la matière organique. Le sel a la propriété d'attirer l'eau et de la retenir. Du coup, les bactéries sont privées d'eau, se déshydratent, et ne peuvent plus se développer.
En intensifiant la consommation du sel, deux effets – inconscients – sont possibles :
▓ Un renforcement du conservatisme, c'est-à-dire un immobilisme (Vessie : mémoire)
▓ Ou l'inverse : la stimulation des reins les épuise. On coupe l'individu de sa mémoire, de son histoire. On le déracine : la mobilité géographique demandée par les entreprises.

Sur un autre plan, la pollution de l'eau devient alarmante. 1 % de l'eau terrestre est de l'eau douce liquide : (*schéma page suivante*)
Ce qui reste doit être partagé par les 7 milliards d'habitants estimés en 2011.

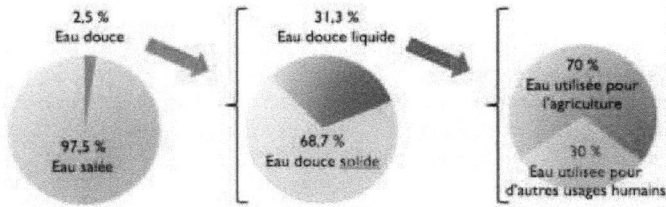

L'agriculture utilise 70% de l'eau potable terrestre - la majorité servant pour la boisson des troupeaux ou pour la production de leurs aliments.

Les déchets de nos océans constituent désormais un continent à part entière. Le plastique, même désagrégé en micromolécules est confondu avec le planton par la faune maritime … que nous retrouvons en bout de chaine alimentaire dans l'assiette de l'homme. Nous avons en mémoire l'image des sous-marins nucléaires soviétiques rouillés laissant échapper leur radioactivité, ainsi que les futs contaminés jetés en mer de Kora.

L'eau est un bien des plus précieux, tout comme l'air que nous respirons. Le corps humain en est constitué de 65 à 70%. Sur un plan « spirituel », polluer (ou laisser polluer) les eaux des rivières par les rejets des usines, et celles océans, revient à polluer l'eau de notre organisme :

- Au lieu d'évacuer des mémoires (Vessie) et d'épurer nos eaux intérieures, nos les chargeons à l'inverse de déchets (du plastique dans les mers, du silicone dans les corps … parfois pour de simples raisons esthétiques)
- L'eau est plusieurs fois symbole : elle est le premier miroir de l'homme, les émotions, l'âme, le baptême, les origines de la vie, la purification …

Pour info : besoin en eau pour 1kg de produit

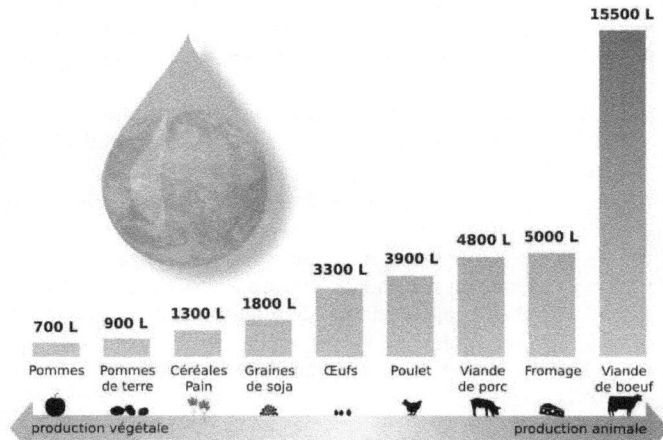

Source : Water Foot Print http://www.waterfootprint.org/?page=files/productgallery
Visuel www.L214.com

155

Terre :

Après (pour ne pas dire avant) le sel : le sucre ... et le gras, tous deux en relation avec le pancréas. Le sucre, symboliquement, est lié à l'affectif, le gras à la protection. Cependant glucose et lipides sont deux éléments nutritifs essentiels au cerveau : dans la Roue, Rate nourrit Cœur ; Rate est également associée au mental, à la rumination. Elle est à la base de l'énergie nourricière.

Les méfaits du sucre sont nombreux :

▶ Il favorise l'apparition de caries dentaires : dont des amalgames à venir dans la bouche, des problèmes de mastication possibles avec des digestions difficiles. Les dents sont en corrélation avec les vertèbres, tout comme les mâchoires le sont avec les hanches. Ainsi un problème de dent peut-il rejaillir sur une vertèbre, et comme chaque vertèbre est aussi en correspondance avec un organe ... la suite se laisse deviner facilement.

▶ Il serait une des causes possible de l'hyperactivité, notamment chez les enfants. Plusieurs études tendent cependant à prouver le contraire. Cependant Rate-Pancréas gère le sucre et l'activité mentale. Le Dr VERET, en psychophysiologie, précise que l'estomac en hyperfonctionnement est dans un activisme excessif ; que le pancréas, toujours en excès, ne se réalise que par son travail, il veut tout structurer dans une logique elle aussi excessive ...

▶ Il est impliqué dans la prise de poids : il est riche en calories, souvent pauvres en éléments nutritifs. Ces calories sont alors stockées sous forme de graisse. Pire le fait que le sucre et la grande majorité des aliments sucrés sont dépourvus d'éléments nutritifs comme les vitamines, minéraux et fibres alimentaires, ils ne nous rassissent pas ou en pas très longtemps, ce qui incite les personnes à manger encore puisqu'elles ressentent la faim, ce qui n'aide pas du tout à maintenir un poids santé ou encore à maigrir.

▶ Embonpoint et graisses favorisent un certain nombre de réjouissances : l'hypertension, mauvais cholestérol sanguin élevé, infarctus, l'angine de poitrine, apnée du sommeil, troubles respiratoires et circulaires, athérosclérose ...

▶ La maladie de la gestion du sucre est le diabète ; avec comme incidences : cécité (yeux – Bois : cycle de rébellion), dialyse (Rein – Eau : cycle Ko), gangrène (Feu : attaque de la mère).

▶ Il favorise les aigreurs d'estomac et les fermentations intestinales qui perturbent la flore bactérienne. Ce faisant, et toujours dans l'intestin, ils favorisent la constipation, diverses affections du colon, ou encore aggravent les mycoses (champignons), notamment le Candida albicans, cause de fatigues chroniques.

▶ Le sucre tend à nous carencer en cuivre, un oligoélément anti-infectieux ; et que, parallèlement, plus on absorbe de sucres, moins nos globules blancs réussissent à neutraliser les microbes, on comprend que les sucres raffinés font dériver notre terrain loin de la santé.

▶ Plusieurs études ont fait le lien avec les maladies cardio-vasculaires (Nasa Research Center) : le sucre, en effet, fait monter les triglycérides ainsi que le cholestérol LDL. Il peut favoriser des pathologies oculaires comme la cataracte et, par un phénomène que les scientifiques nomment glycation (liaisons anormales entre sucres et protéines), le vieillissement prématuré de tous les tissus de l'organisme.

▶ Des chercheurs y voient aussi un agent favorisant plusieurs cancers : du pancréas, de l'estomac, du côlon, de l'endomètre (Centre international du cancer de Lyon, Ecole de Harvard). Car aussi bien les bactéries que les champignons intestinaux et les cellules cancéreuses prospèrent grâce au sucre.

▦ Il s'agit d'une atteinte de l'organisme : « un esprit sain, dans un corps sain », si le corps n'est pas sain, les facultés physiques, cognitives, le ressenti … sont atteints. Plus encore la Terre est liée au goût : avec le sucre, on uniformise le goût, on le standardise.

▦ Par la graisse, on attise inconsciemment le besoin de « s'entourer » de se sécuriser.

▦ Par le poids, on accentue la lourdeur, alors que l'homme est appelé à s'élever.

Que fait-on avec le sucre ?
- On le casse sur le dos de quelqu'un
- On en profite (se sucrer)
- On est hypocrite : « être tout sucre »

La Terre-réalité est donc détournée. Sucre retourné donne écrus : à l'état naturel.

Concernant le gras, outre le fait qu'il « sert à nous protéger du froid, il est aussi moyen de séduction, d'affirmer son côté maternel et sa capacité à enfanter », il est surtout un stock de toxines. Evitez pour votre santé, les graisses animales.

Mais la pollution se retrouve également dans les aliments. En cause : les nitrates, pesticides … et arrosages en tout genre ; les hormones de croissances injectés à l'animal, les élevages intensifs, un traitement revu par la déclaration universelle des droits de l'animal (reconnu comme être sensible en 1976 – un projet visant à rendre l'étourdissement obligatoire avant tout abattage en … 2013 !).

Rate, maître de l'énergie Iong doit être sollicitée pour apporter une nourriture la plus saine possible à l'organisme.

Notre alimentation toujours plus sophistiquée, raffinée est la cause de bien des déséquilibres pour un corps dont les enzymes ont ou auraient très peu évolués depuis le paléolithique. Ainsi, selon Jean SEIGNALET, nutritionnistes et immunologistes bien connu (l'alimentation ou la troisième médecine), la cuisson, les mutations des céréales, la consommation des laits d'animaux, la préparation des huiles … seraient à la source de bien des dérèglements et maladies de l'homme.

▦ Nous sommes ici dans les besoins de base de l'individu, sacrifiés ou négociés sur l'autel d'une certaine économie (« manipulation » de l'information).

▦ Si « le corps est le Temple de l'Esprit », il serait bon de revenir à des aliments sains, préparés sainement.

Feu :
Je m'attarderai ici sur l'aspect TR et MC de l'Elément Feu. TR gouverne le système

157

immunitaire, que l'homme va renforcer ou solliciter par les vaccins, les médicaments. Nos ancêtres cueillaient des plantes, ils ont appris à les connaître et à les utiliser. Celles-ci ne parvenaient pas toujours à soigner, mes nos médicaments en font autant. Le médecin n'a pas d'obligation de résultat, contrairement à son ancien homologue chinois. Il faut dire que la vision occidentale de la médecine diffère des anciennes pratiques orientales

Le médecin traditionnel chinois reçoit aux intersaisons. Ses consultants ne sont pas malades et souhaitent le rester. Le thérapeute s'emploie donc à préparer l'organisme à la saison suivante. Un cabinet rempli aux intersaisons (voir chapitre 2), et vide pendant les saisons, est signe de compétences du praticien. Dans le cas contraire, si la préparation n'a pas donné le résultat voulu et que la personne est malade, le médecin la soigne gratuitement.

Le médecin généraliste ou spécialiste occidental ne voit personne aux intersaisons qu'il ne connaît pas, son cabinet ne connaît que deux saisons : celle où il officie et celle où un médecin stagiaire le remplace pendant ses vacances. Le cabinet est ordinairement plein, ce qui permet à chacun de bénéficier des miasmes, virus, microbes des personnes présentes. Cela lui permet de fidéliser sa patientèle. Car le patient, comme son nom l'indique, est patient. Il teste des substances mises au point par des laboratoires, pour la plupart sérieux (sauf que régulièrement, le commun des mortels apprend que les produits ne sont pas toujours aussi efficaces qu'on le prétend : thalidomide, médiator, gardasil, prothèse PIP …).

On sait pertinemment qu'une grippe se règle en 3 jours de repos et de diète mais … On a longtemps donné des antibiotiques pour soigner des maladies virales … Tout le monde peut se tromper, et la médecine avance. Ce qui est plus gênant, sont les lobbies qui parfois manœuvrent et jouent avec la santé de gens.

La question des vaccins est posée ? Le dernier gros coup de pub reste (à ce jour) les 80 millions de doses commandés pour la grippe H1N1 – 712 millions tout de même, mais une économie de la moitié suite à la résiliation de la commande - avec de Français plutôt réticents vis-à-vis de ses injections. Avaient-ils raison ?

Liste volontairement non exhaustive de ce qu'on peut trouver dans un vaccin :

- Aluminium (adjuvant) : responsable de dommages cérébraux, suspecté d'être en cause dans la maladie d'Alzheimer, certaines démences, comas et attaques. Responsable également d'allergies cutanées. Lourdement impliqué dans la myofasciite à macrophages.
- Sulfate d'ammonium : suspecté d'attaquer le foie, le système nerveux, le système gastro-intestinal et respiratoire.
- Bêta-propiolactone : connu pour ses propriétés cancérigènes. Poison suspecté d'attaquer le foie, le système respiratoire et gastro-intestinal ainsi que la peau et les organes des sens.
- Levures génétiquement modifiées, ADN bactérien ou viral d'animaux : Substances qui peuvent se combiner à l'ADN des vaccinés et entraîner des mutations génétiques inconnues.

- Latex : Produit qui peut produire des réactions allergiques mettant en péril le pronostic vital
- Glutamate de sodium : neurotoxique connu pour ses effets mutagènes, entraînant malformations et monstruosités ; et ses effets sur la descendance. Responsable d'allergies.
- Formaldehyde (formol) : Constituant principal des substances employées dans l'embaumement ; carcinogène, impliqué dans les leucémies, les cancers du cerveau, du colon, des organes lymphatiques ; suspecté d'occasionner des problèmes gastro-intestinaux ; poison violent pour le foie, le système immunitaire, le système nerveux, les organes de reproduction. Utilisé pour inactiver les germes.
- Micro-organismes : virus ou bactéries vivants ou tués ou leurs toxines. Le vaccin polio contenait du SV40, virus de singe retrouvé ensuite chez les humains dans les os, l'enveloppe des poumons – Mésothelium, dans les lymphomes et les tumeurs du cerveau.
- Polysorbate: Connu pour causer des cancers chez les animaux.
- Tri (N) butylphosphate: Suspecté d'être un poison pour les reins et les nerfs.
- Glutaradehyde : responsable de malformations néonatales chez les animaux.
- Gélatine : Responsable d'allergies.
- Gentamycine et polymyxine B: Antibiotiques toxiques pour les reins et le système nerveux; responsables d'allergies pouvant être mortelles.
- Mercure (conservateur) : Une substance des plus dangereuses, qui a une affinité pour le cerveau, le foie, l'intestin, la mœlle osseuse et les reins. D'infimes quantités peuvent causer des dommages graves au cerveau. Les symptômes de l'intoxication au mercure sont multiples, et certains sont superposables aux désordres autistiques.
- Néomycine : Antibiotique qui perturbe l'absorption de la vitamine B6. Un défaut d'assimilation de la Vit. B6 peut entraîner une forme rare d'épilepsie et de retard mental. Réactions allergiques pouvant être mortelles. Toxique pour les reins et le système nerveux.
- Phénlo – phénoxyéthanol : Utilisé comme antigel. Toxique pour toutes les cellules et capable de dérégler les réponses du système immunitaire

Source : http://www.terresacree.org/grippe7.html
Mais les autres sites sont tout aussi inquiétants

Note : je crois sincèrement que les vaccinations, du moins certaines, sont nécessaires. Elles ont en tout cas éradiqué certaines maladies nocives et mortelles. Il me paraît néanmoins important de replacer l'humain au centre du débat, aux dépends d'un contexte économique ou d'une prospérité pharmaceutique.

La question des œstrogènes : « *Depuis quelques années, on constate une hausse des résidus d'œstrogènes issus des résidus contraceptifs dans les rivières.*
*Conséquence : **ces œstrogènes se retrouvent dans l'eau du robinet** car les stations de filtration ne parviennent pas à éliminer ces molécules. Depuis 2002, on sait le*

159

danger que font courir les œstrogènes à l'environnement : ils sont responsables d'une féminisation massive des poissons sauvages (notamment dans la Seine). –Et d'autres espèces. *Mais en plus de perturber gravement l'écosystème aquatique, ces molécules agissent directement sur la santé humaine :*

▶ *Cancer de la prostate : en 2011, une équipe de chercheurs canadiens a établi un lien entre une exposition prolongée aux œstrogènes via l'eau courante et l'explosion des cancers de la prostate aux Etats-Unis et en Europe. (65 000 personnes / an en France en 2005)*

▶ *Cancer du sein : dès 2008, Andreas KORTENKAMP et son équipe de l'université de Londres, pointent la responsabilité des œstrogènes dans l'augmentation du cancer de sein. En matière de tumeurs aux seins, on a longtemps cru à la prédominance du facteur génétique. Jusqu'au jour où l'on s'est aperçu que des femmes japonaises, immigrées aux Etats-Unis, développaient des tumeurs, alors même que ce type de cancers était très rare au Japon. Cette étude a confirmé l'importance du facteur environnemental dans l'apparition des tumeurs du sein. Ainsi, l'exposition aux pollutions - notamment aux œstrogènes- serait responsable de près des 2/3 des cas de cancers du sein. Et t 1/3 aux facteurs génétiques.*

▶ *Problèmes de fertilité : aujourd'hui, on sait que les hommes produisent deux fois moins de spermatozoïdes que leur grand-père au même âge. En Flandre, cette situation est particulièrement inquiétante : 40% des jeunes adultes ont un sperme de mauvaise qualité.*

Parallèlement, on a constaté depuis plusieurs années l'explosion des familles monoparentales, avec une absence de père – donc de repères, d'autorité, de cadre … - conséquente.

▦ L'assimilation, l'intégration (Grêle), la socialisation sont-elles toujours aussi facilitées ? Problème de banlieue ; l'apprentissage, la scolarité devient un vrai problème : de plus en plus de jeunes se désintéressent des études (mais les contenus sont-ils appropriés ?), ne respectent plus l'enseignant …

▦ L'émotionnel est exacerbé : des quartiers s'enflamment rapidement, le sentiment d'appartenance conduit au clivage, aux règlements de compte. Et au lieu de tirer l'humanité vers l'étage supérieur : l'estime de soi, le processus la ramène vers des besoins sécuritaires.

▦ Le système immunitaire de l'homme est remis en cause.

L'Empereur-Cœur est apparemment visé. De tout temps, le peuple n'a pas eu grande considération auprès de ses dirigeants « donnez-leur des jeux et du pain » ; « les Français sont des veaux »

L'indépendance (abandon-dépendance : chapitre 5) n'est visiblement pas encore au programme.

Le phallus :

« *Le symbolisme phallique est le symbole de la virilité et de la fécondité. Dans de nombreuses civilisations et dès l'Antiquité le pénis était par exemple associé à des divinités comme Osiris ou Bacchus. Dans certaines tribus des Indiens d'Amazonie, la taille du phallus est directement liée au rang social. Les hommes mettent ainsi un étui pénien indiquant leur rang social. En Mésopotamie et en Inde (où l'on voue un véritable culte au phallus, nommé lingam), le caducée — emblème de fécondité — est représenté par deux serpents s'enroulant autour d'un phallus, verge nue ou fleurie, ou encore arbre de vie »*

« L'oestrogénisation » ne vient-elle pas privé l'individu de ses forces martiales (guerre mais aussi agriculture), de son pouvoir, de ses « couilles », anagramme de lucioles : les lumières dans la nuit.

(Voir le tableau de Magritte : la méditation, la métaphore est belle)

Bois :

L'alcool pardi, le « binge drink » où l'on absorbe une grande quantité d'alcool en un minimum de temps.

Voilà une des dernières tendances, venue de l'Angleterre, mais nous (Français) ne sommes pas en reste, comme le prouve ces statistiques :

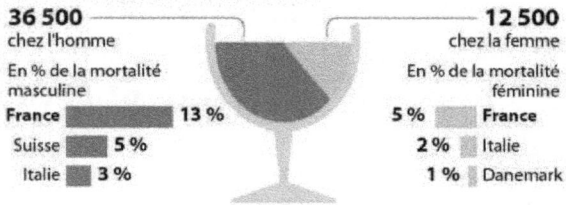

Décès dus à l'alcool en France en 2009

36 500 chez l'homme — 12 500 chez la femme

En % de la mortalité masculine — En % de la mortalité féminine

France 13 % — 5 % France
Suisse 5 % — 2 % Italie
Italie 3 % — 1 % Danemark

On connait pourtant les effets désastreux de l'alcool (le vin n'est pas à ranger dans cette catégorie : il est bénéfique, en doses respectables, aux fonctions cérébrales et aux intestins par ses tanin. La jeunesse, principalement touchée, se dépêche donc de boire, pour être ivre le plus rapidement possible.

Tout comme la société qui persiste dans sa course effrénée à la consommation : on sait que lorsqu'un produit arrive sur le marché, notamment en électronique, il est déjà dépassé. Et « nos jeunes » le sont également. Etudes, pressions, course aux inscriptions … le rythme est intense. Ils cherchent donc à s'évader de cette réalité, souvent morose ou rigide, avec peu de perspective d'avenir. Bac + 5 pour travailler chez Mc Do (je n'ai rien contre cette enseigne, qui, au moins, donne du travail à ces étudiants ou salariés).

Ces personnes ne voient plus comment se réaliser, perdent la foi, recherchent l'ivresse (voir pages précédentes), et c'est l'organe foie qui en souffre.

L'évolution de la taille :   *Sources : http://www.insee.fr/fr/ffc/docs_ffc/ES361D.pdf*

	1870	1970	1980	1991	2001	2007
Femme	1,57	1,604	1,606	1,615	1,619	1,639
Homme	1,63	1,701	1,716	1,731	1,741	1,761

Cette évolution est due grandement à l'alimentation, l'apport de protéines (Foie) étant plus important.

L'impact de l'alcool sur l'organisme :

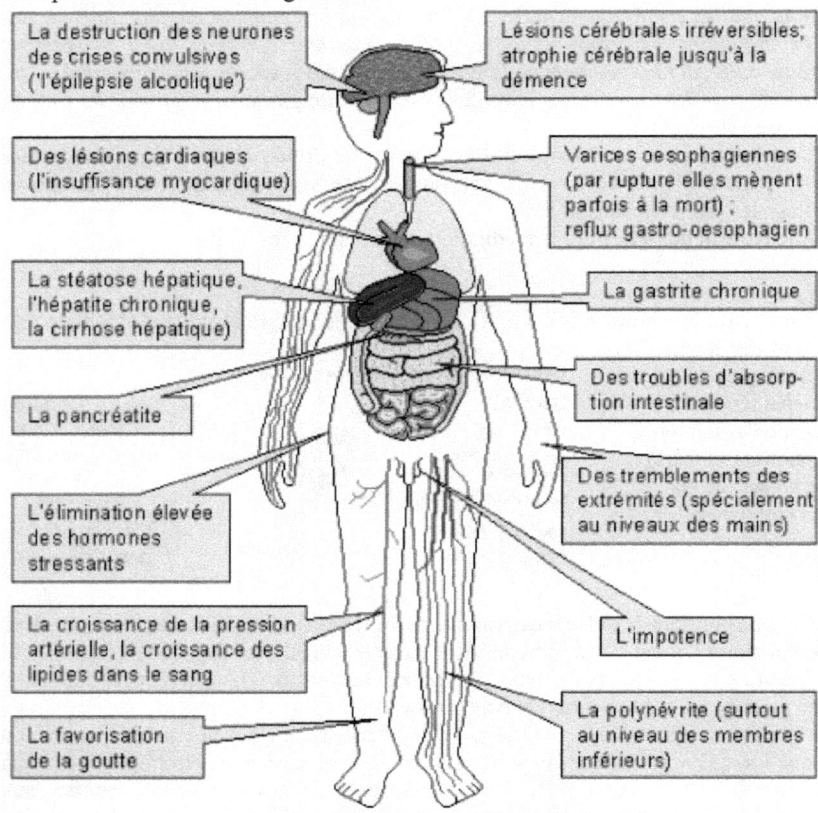

La destruction des neurones
des crises convulsives
('l'épilepsie alcoolique')

Lésions cérébrales irréversibles;
atrophie cérébrale jusqu'à la
démence

Des lésions cardiaques
(l'insuffisance myocardique)

Varices oesophagiennes
(par rupture elles mènent
parfois à la mort) ;
reflux gastro-oesophagien

La stéatose hépatique,
l'hépatite chronique,
la cirrhose hépatique)

La gastrite chronique

La pancréatite

Des troubles d'absorp-
tion intestinale

L'élimination élevée
des hormones
stressants

Des tremblements des
extrémités (spécialement
au niveaux des mains)

La croissance de la pression
artérielle, la croissance des
lipides dans le sang

L'impotence

La favorisation
de la goutte

La polynévrite (surtout
au niveau des membres
inférieurs)

http://medchrome.com/downloads/presentations/alcohol-related-disorder/

▓ L'homme cherche-t 'il à prendre de la hauteur (se rapprocher de Dieu) ?
▓ On sait que la taille des cadres est généralement supérieure à celle des ouvriers
▓ « Hauteur » est l'homonyme de « auteur »

Les arbres :
La forêt primitive de Bornéo, la forêt amazonienne, le poumon de la terre, les forêts
en Afrique et la destruction de la canopée. Des forêts dévastées pour replanter des
eucalyptus …
*« L'arbre est le symbole de l'élévation, de la vie, de culte, du chemin ascensionnel, de
la mort, de la régénération... son symbolisme est présent dans la quasi-totalité des
cultures et des religions.*
L'arbre communique avec trois mondes ou trois niveaux différents ; le monde

souterrain où il développe ses racines dans l'obscurité de la terre, puis dans le monde aérien où son tronc et ses principales branches croissent, canalisant les forces célestes et terrestres et lui donnant sa forme première, et enfin vers le ciel là où les branches supérieures tendent vers la lumière solaire et où son feuillage, renouvelé chaque année, concrétise la loi cyclique naturelle. En cela, l'arbre est comme l'homme qui naît de la terre, grandit sur cette même terre et tend vers le Divin où son âme retournera après la mort...

L'arbre est le symbole universel des rapports Terre-Ciel. Il est le symbole central, l''axe du monde, le chemin ascensionnel par lequel cheminent ceux qui voyagent entre le visible et l'invisible. Il est un pont entre la matière et l'esprit...

Dans toutes les civilisations, l'élévation de l'âme est symbolisée par un arbre, une échelle, une montagne, un temple, une obélisque, une tour (donjon), la linga, la stèle, le poteau chamanique, le clocher, la lance ou la colonne vertébrale.»

- La spiritualité n'est plus tellement présente au quotidien
- On rase les forêts comme on se rase les poils du corps : vous avez demandez la peau lisse !
- Le processus de maturation s'envole (les arbres doivent pousser en 30 ans en non plus 200 ans), la société est pressée : dépêche-toi.

Métal :

La pollution est un problème écologique qui devient préoccupant : rejet de CO_2, particules en suspension … de plus en plus de personnes y deviennent sensibles et déclarent des allergies (non alimentaires, pollen, acariens, poil de chat …) et de l'asthme.

Voir le tableau ci-après.

Polluant	Effets à court terme	Effets à long terme
Composés gazeux :		
CO : monoxyde de carbone	Troubles respiratoires ; asphyxie ; gaz mortel à forte dose	Dépression, aggravation des maladies cardio-vasculaires
NO2 : dioxyde d'azote	Irritation des bronches. Aggrave les crises des asthmatiques	
SO2 : dioxyde de soufre	Inflammation des bronches, essoufflement, toux	
O3 : ozone	Irritation de la gorge, des yeux, des bronches ; gêne respiratoire, aggrave les crises des asthmatiques	
COV : Composés organiques volatils	Troubles respiratoires, irritation des yeux, du nez, de la gorge, réaction allergiques	Suspicion de toxicité pour la reproduction ; suspicion de cancer

Particules fines	Accroissement de la	Aggravation des
Tabac	sensibilité aux allergènes ;	maladies respiratoires et
Amiante	allergies, effet dépendant des	cardio-vasculaires ;
Pollens	polluants	fibroses des poumons ;
		cancers
		Cancers du poumon
		(tabac)
		Cancer du poumon
		(radon)
Fibres	Irritations de la peau, des yeux, de la gorge, du nez ; allergies cutanées et respiratoires	
Polluants biologiques :		
Moisissures	Aggravation des crises d'asthmatiques ; sensibilités aux rhinites, trachéites, bronchites	
Acariens	Rhinites, conjonctivites, aggravation des crises d'asthme	

http://www.mtaterre.fr/dossier-mois/archives/chap/748/Quelles-sont-les-consequences-de-ces-pollutions

Il est intéressant de relever que l'entrée dans la vie, la naissance est de plus en plus programmée : point d'accouchement le 24 décembre, le 1er janvier. Il faut tout de même savoir que :

- L'accouchement naturel est déclenché par une hormone provenant des poumons du bébé. Elle n'est secrétée que lorsque le poumon est arrivé à maturation. Une naissance provoquée - nous ne parlons ici que celles qui ne présentent aucun risque, et qui ne sont nécessaires que pour l'obstétricien, une date arrêtée ... - engendre donc un stress au niveau pulmonaire qui pourrait par la suite être la cause de bien des problématiques, voire pathologies à ce niveau.
- Les péridurales représentent le 1er shoot de l'enfant, qui, sensibilisé à la substance, a plus de risque d'y recourir plus tard. Les drogues ont une action sur le « système de récompense » via la dopamine. La récompense est en lien avec l'estime de soi, qui, avec la drogue, est certes stimulé, mais produit les effets inverses.

Pollution et accouchements prématurés sont, bien involontairement, source de perte de son propre pouvoir et de « masochisme ». Le poumon c'est la vie, et la production d'ATP au niveau cellulaire.
Peut-on ensuite faire un parallèle entre les délocalisations que connaissent bon nombre de pays dont la France : les entreprises convolant vers des contrées où la

main d'œuvre est meilleur marché, et le nombre de cancers colorectaux qui, apparemment, augmentent, ou en tout cas, sont sujet à une plus grande attention ?
Le côlon est lié au faire, et les pays précités ne produisent plus ... chacun se fera son idée.

Retour à l'Eau :

Une des prochaines étapes, pour ne pas dire révolution dans l'histoire de l'homme, se situe au niveau de sa procréation. D'éminents spécialistes se sont penchés sur la question, et l'éthique qui va de pair. La science permet des FIV (fécondations in vitro), elle permet des accouchements de plus en plus précoce : 6 mois, puis mise en couveuse. Les naissances peuvent et/ou sont programmées (ce qui est une constitue une liberté pour la femme qui n'a plus la charge à elle seule de la maternité). On fait de plus en plus appel à des mères porteuses, même si en France, ce recours n'est pas légal ... mais à l'avenir ?
Il y a donc une profonde évolution depuis les années 60. Les familles sont de plus en plus recomposées. L'adultère est en passe de rentrer dans les mœurs (il existe des sites spécialisés désormais), et certains affirment que l'on tendra dans un futur peut être pas si éloigné que cela, à la reconnaissance de la multiplicité des partenaires. Ces données chamboulent quelque peu les bases en vigueur depuis des millénaires.

- Les mémoires (Vessie) au départ familiales vont devenir, si cela se vérifie, collectives : chaque individu portant l'histoire de la famille « d'accueil », et l'histoire de la mère porteuse : quel sera l'impact sur un plan affectif, je parle de la mémoire du corps qui aura séjourné dans un « centre d'accueil » et non dans l'utérus maternel ?
- Est-ce que cela va dans le sens du retour au Tout, chacun étant jusqu'alors intimement lié à une fratrie, un clan, et désormais dans une mixité plus grande ? Résolvant du même coup la question du rejet (Eau)
- Nos origines vont- elles devenir nos Origines ?

Les aspects sociétaux et le cycle cheng :

Eau - Bois :

- Les difficultés d'intégration, l'immigration (problème récurrent surtout en période de crise et/ou de récession : on cherche le bouc émissaire) mais aussi la perte des repères due à l'évolution de la société, aux enjeux commerciaux activent le pôle Eau (Vessie : territoire, mémoires, régulation des flux internes), et provoquent de l'incompréhension, qui, si elle s'amplifie, devient colère, violence (Bois).
  Cela est visible notamment dans les « banlieues ». Si certains réussissent et s'intègrent parfaitement, d'autres éprouvent des difficultés. Les modes de vie et les traditions sont différents : par exemple, dans les pays du Maghreb, l'éducation est plus du ressort des grands parents. Mais les mouvements s'effectuent aussi en « interne », ainsi la France a-t-elle accueilli des populations des Antilles dès les années 60 pour faire face au défi de la croissance industrielle. Ces migrants accomplissent le plus souvent des tâches

de production. Le rêve espéré se heurte à une réalité qui laisse des traces, des mémoires dans les générations suivantes (voir le film « Indigènes »).

La ghettoïsation de certains quartiers, les clans ou gangs, l'embrasement de cités … sont les manifestations – la plupart inconscientes – d'un sentiment de rejet : difficultés d'intégration, coupure avec sa terre d'origine. Ces arrivants se sont sentis repoussés, mal accueillis, exploités et leurs descendants ressentent encore cette injustice : délit de faciès et l'expriment, car ils ne peuvent, faute d'études, de moyens, s'épanouir, se réaliser pleinement, si ce n'est dans une organisation parallèle où les rôles sont redistribués.

- Les nouveaux systèmes de communication : inter-pas toujours très-net, l'information – désinformation, les buzz, les sites de rencontres … tout ce qui est véhiculé (ARN – Mercure : Eau) se développe à une vitesse exponentielle et crée la aussi un clivage entre les générations d'une part, et entre ceux qui y ont accès et ceux qui ne l'ont pas d'autre part. Tout ceci vient bousculer habitudes et croyances (Bois) : il n'y a plus besoin de faire des efforts pour acquérir des connaissances, une reconnaissance, une place dans la société ; mais une urgence à se réaliser à travers les nouvelles technologies. Ce qui peut passer pour une réelle injustice, puisque la réussite n'est plus basée sur le mérite, les capacités, la volonté de l'individu, mais sur son accès à l'espace médiatique, sur une nouvelle notoriété basée sur l'image, et parfois l'exhibition (pas toujours morale ou intelligence si l'on en croit certaines émissions dites de télé réalité).

Bois - Feu :
Le marketing l'a bien compris et joue sur la confusion entre réalisation de soi et appartenance. Ainsi espère-t-on une Rolex pour ses 50 ans (sous peine de ne pas avoir réussi sa vie). Aille phone, aille pad, aille tech : aille, aille, aille. Ceci ne sert que le commerce, et renforce avant tout le sentiment d'appartenance. Les ados – et même les plus jeunes – ne sont pas admins dans la tribu, le clan, s'ils ne portent pas des marques.

Mais les adultes ne sont pas en reste : dis-moi comment tu t'habilles, je te dirai ce que tu fais et ce que tu crois être. Blouse, bleus de travail à l'effigie de la société ; voiture de fonction avec logo … tout est fait pour valoriser non pas l'individu mais l'entreprise qui l'emploie. Les grosses sociétés, du moins pour ses cadres, engagent des chasseurs de tête qui vont chercher à séduire leurs futurs collaborateurs et pour cela proposent désormais : un service garderie, un lieu détente … tout est fait pour que la personne se sente épanouie. En contrepartie, elle ne compte pas ses heures. Le lieu de travail devient le « lieu d'habitation ». Est-ce réellement une source de réalisation de soi ? L'individu n'a-t-il pas besoin au contraire de sortir du cocon, d'expérimenter d'autres voies ?

Derrière la vitrine, les enjeux sont quelque peu différents : c'est une course contre les concurrents, où le mot d'ordre est d'être « le plus fort » pour absorber, se développer mais aussi fidéliser (dépendance). Les actionnaires priment désormais sur le travail : il faut les séduire, et pour cela on n'hésite pas à désigner des responsables en cas de mauvais résultats, pour s'en séparer (abandon - Feu) ensuite, que les motifs soient

justifiés ou non (injustice – Bois)

Feu - Terre :

Le rythme effréné (Cœur) des Terriens entraîne des besoins de plus en plus élevés d'énergie. Dans les années 70, l'humain a commencé à utiliser plus de ressources que la terre n'en dispose : son empreinte écologique dépasse la bio capacité disponible. Alors qu'il en utilise de plus en plus, il a de moins en moins de ressources.

Le jour du dépassement est un concept développé par l'institut de recherche anglais new economics foundation partenaire du Global Footprint Network. Le jour du dépassement

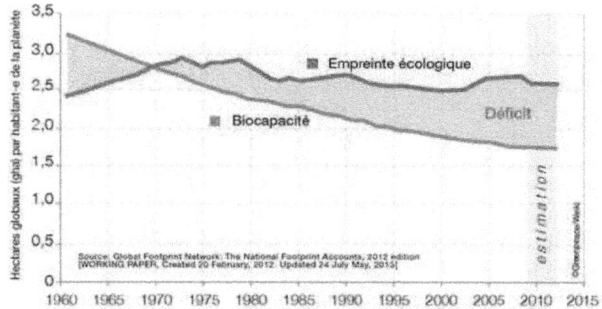

Source: Global Footprint Network: The National Footprint Accounts, 2012 edition [WORKING PAPER, Created 20 February, 2012. Updated 24 July May, 2013]

*marque chaque année le moment auquel nous commençons à vivre au-dessus de nos moyens écologiques. (*Voir ci-dessous : l'évolution de ce jour du dépassement)

On creuse (gaz de schiste), on fore sur terre, en mer (pétrole), on s'apprête à fondre – jeu de mots navrant – sur l'antarctique pour s'accaparer ses richesses, alors que l'enjeu est capital sur un plan écologique. Disparition de certaines espèces mais surtout des incidences certaines sur le climat avec des incidences prévisionnelles alarmantes.

On massacre ainsi la Terre, et on abandonne ce que d'autres peuples avant nous appelaient la Terre-Mère. L'homme préfère rester dépendant de son mode de vie plutôt que de changer son comportement.

Il ne peut contrôler, réfréner sa natalité (MC) ; il prospère, envahit le territoire (physique, lieu d'habitation : Terre) d'autres espèces brise les écosystèmes. Si l'information circule, elle est souvent banalisée, voire contredite. Les enjeux sont colossaux, et l'on n'hésite pas à manipuler les chiffres et les données. Mythes ou réalité : TESLA aurait inventé « l'énergie libre », d'autres chercheurs réussiraient à produire plus d'énergie qu'ils n'en consomment. Les USA auraient été ou seraient en relation avec des extraterrestres qui leur auraient fourni l'accès à l'énergie « gratuite ». Il n'y a pas de fumée sans feu dit-on.

Année	Date du dépassement
1990	7 décembre
1995	21 novembre
2000	1er novembre
2005	20 octobre
2006	09 octobre
2007	28 septembre
2008	23 septembre
2009	25 septembre
2010	21 août
2011	27 septembre
2012	22 août
2013	20 août

167

Toujours est-il que des solutions sont possibles, et que certaines sont déjà dans les tiroirs. En attendant terre et mer sont devenues des poubelles … même l'espace autour de la terre devient saturé par les débris de satellites et le reste.
Peut-être serait-il nécessaire que l'homme retrouve le Feu sacré, qu'il soit conscient de sa dépendance vis-à-vis de la terre et qu'il en tienne compte.

Terre - Métal :
- Le physique, la beauté, le « rester jeune » devient un véritable diktat. Le corps est investi, c'est-à-dire qu'il est le lieu d'investissement, d'assurance, qui n'ont rien à voir avec la santé. C'est même quelquefois l'inverse ! Sous prétexte de valoriser l'image de soi (Métal), on s'adonne à des pratiques, qui pour certains, dépassent l'entendement : les crèmes antirides, anti-âge, anticellulite, mais les implants capillaires font marcher le commerce, tourner l'économie ; mais que dire de cette chirurgie esthétique à répétition (je ne parle pas de chirurgie réparatrice). On en vient à nier sa propre identité au profit d'un remodelage censé apporter un meilleur prestige, un mieux-être intérieur. Le problème, c'est que le corps vieillit dans un processus qui lui est naturel, et que la demande devient plus présente au fur des ans. L'estime de soi passe aussi, e semble-t-il par l'acceptation de soi.
- Précision : je parle de négation de sa personnalité car l'image affichée n'est pas le reflet de la vie vécue, elle est artifice. Certaines approches : morphopsychologie, personnologie s'appuient sur les traits de physionomie pour déterminer les traits de caractère supposés, et établir une communication facilitée. Ces traits sont actifs dans toute relation, et sont perçus par l'interlocuteur de manière inconsciente. Or le visage envoie alors des messages erronés qui faussent ainsi la relation. Pas sûr alors que l'estime de soi soit rehaussée par ce décalage sources d'incompréhensions.
- A l'inverse la malbouffe, les produits hypercaloriques, le manger sur le pouce engendrent un mauvais rapport au corps : surcharge pondérale, obésité ont des répercussions sur l'image et l'estime de soi. Que penser de l'industrie agroalimentaire qui exerce une véritable manipulation de l'information : « fabriqué en France », additifs (anciens E110, E120 …)

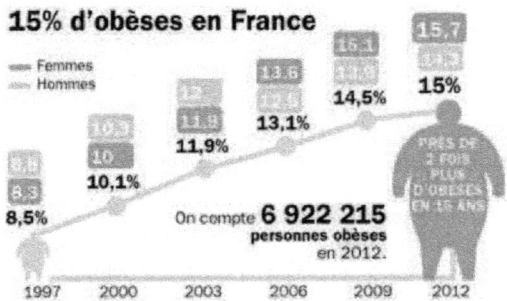

15% d'obèses en France

Femmes
Hommes

8,5% 10,1% 11,9% 13,1% 14,5% 15%

On compte **6 922 215** personnes obèses en 2012.

PRÈS DE 2 FOIS PLUS D'OBÈSES EN 15 ANS

1997 2000 2003 2006 2009 2012

d'où des textes de loi pour réglementer, mieux aviser le consommateur.
Sans parler des scandales sanitaires … La santé est un facteur de l'estime de soi : allez dans les hôpitaux, les maisons de retraite : pardon les Etablissement Hospitaliers pour Personnes Agées Dépendantes. Si elles ne l'étaient pas, elles deviennent dépendantes, pour la plupart, lors de leur entrée en institution. Les

infrastructures (Terre) sont certes médicalisées, sécurisées, mais ne répondent que partiellement aux besoins psychologiques des résidents. Je ne parle pas de la maltraitance qui a pu exister et qui rejoint la blessure d'humiliation.

- Si l'évolution de l'obésité est en passe d'être stoppée, l'anorexie a dû elle aussi être combattue. Les tops modèles, qui, pour être tendance, répondre aux exigences d'une certaine image, ou d'une mode toujours plus ou moins extravagante se privaient de nourriture, au point d'en devenir anorexique.

Le corps est un temple. Il est la base de la vie. Toute atteinte à son intégrité peut être perçue comme dégradant (donc dévalorisant - Métal). Le sport, le végétarisme, le soin, la recherche de maîtrise de son corps, dans un souci de respect - de ses capacités, de ses limites - et de tempérance (savoir doser sa demande) est source de valorisation et d'estime, par une meilleure connaissance de soi. Il s'agit de faire avec (relationnel – Métal) et non pas forcer, imposer, chercher à être parfait (Terre).

Métal - Eau :
- La science, les avancées technologiques (le froid – Métal) repoussent sans cesse le mystère de la vie, ses origines et va même jusqu'à poser des questions éthiques sur ses recherches : Fécondations In Vitro, génétique, euthanasie (du moins non acharnement thérapeutique en France) … montrent bien le désir de pouvoir (Métal) que l'on veut acquérir sur la vie, son existence. On refuse, on ne veut pas se sentir diminuer dans les derniers instants de maladie, on aspire à un certain respect (qui correspond à l'image que l'on s'en fait lorsque l'on est bien portant).
- De même à l'autre bout, on programme les naissances ; on contourne les stérilités ; on contrôle les anomalies possibles … La génétique peut ainsi modifier l'inné (Jing – Rein) ; et tout ceci bouleverse considérablement les fondements de l'histoire de l'humanité (Eau). L'homme n'a plus besoin de Dieu, et choisit sa voie (Voix – Poumon). L'intelligence humaine aspire à de plus grandes connaissances, à plus de maitrise (aspirations – Métal)… alors qu'en réalité, elle ne fait que découvrir et copier ce qui est présent ou latent, la sagesse dans la nature (Mercure – Eau).
- Le progrès, dans les technologies, le domaine de la santé … vise à toujours plus de sécurité (Eau) contre les infractions, les piratages, la souffrance. Tant et si bien qu'il en devient parfois insécuritaire (trop de protections : Métal, n'engendre que de la peur : Eau)
- La communication, terme de plus en plus galvaudé, passe désormais par des boites vocales, résolument inhumaines ; par de la publicité de plus en plus niaise qui avilit l'essence (Eau) même de l'homme. Le relationnel s'oblige maintenant à créer la fête des voisins pour retrouver des échanges naturels qui s'étaient étiolés, voire perdus. La communication, les paroles exprimées, sont de plus en plus stéréotypées : pas un mot plus haut que l'autre, politesse artificielle, sourire figé : il ne faut pas contrarier le client. « Fais-moi plaisir » (Métal) sous peine de rejet (Eau).
- C'est ainsi que régulièrement des tueries ont lieu, principalement aux Etats Unis où les armes (Métal) sont en vente libre. C'est un moyen de communication lourd

de conséquence. Il serait peut-être préférable d'instaurer un climat de confiance et d'échange plutôt que de prôner un droit d'auto-défense et de sécurité. Ces événements sont souvent dus à des problèmes relationnels (drame familiaux, séparation dans des cadres plus restreints) ou à un fanatisme (croyances – Bois) mais qui là ressort plus d'un cycle inversé d'engendrement. Notons quand même que certains martyrs ont droit, en guise de compensation, à 40, 70 ou 72 vierges. Ce qui peut effectivement rehausser l'estime et la valeur de soi … (je plaisante).

Autres pistes et parallèles :

(Ce qui pourrait s'appeler) les 5 Dimensions de l'Etre :

Il est souvent question de 3 composantes qui sont : Etre, avoir et faire. La psychologie souligne leur différenciation. Pour les besoins de la cause (à moins que cela ne constitue une autre piste de réflexion, j'en ai ajouté deux autres : le savoir (souvent repris également dans l'apprentissage et le management : faire, savoir-faire, faire savoir) et la vouloir. En effet sans vouloir (volonté, désir) pour de mise en marche et point d'accès aux autres notions précitées.

♦ Le vouloir met donc les énergies en route, c'est le Jing, le Ciel antérieur qui devient Ciel postérieur.

♦ Le faire est, nous l'avons vu, lié au côlon : l'individu passe par l'apprentissage. L'enfant veut, désire posséder, mais il ne possède pas encore.

♦ Puis il acquiert des compétences, des diplômes et entre dans l'avoir : une voiture, maison, conjoint(e) …

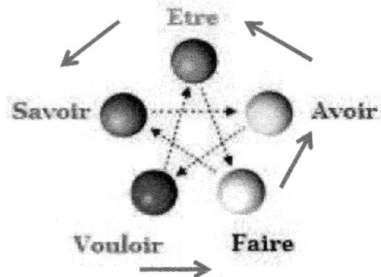

♦ Arrivé à un certain âge, d'autres motivations voient le jour : il aspire à Etre, distinct du faire et de l'avoir.

♦ Plus tard, vécu, expériences forment son savoir. Savoir respecter dans toutes les cultures : « un vieillard qui meurt, c'est une bibliothèque qui disparait »

Liens :

• Comme indiqué ci-dessus, le vouloir (Rein : siège de la volonté) renvoie à l'Elément Eau. Faire un effort, c'est d'abord vouloir : beaucoup d'enfants (et d'adultes) ne font pas les efforts demandés parce qu'ils ne le veulent pas ; parce que la demande ne correspond pas à leurs attentes, à leur essence, ce pourquoi ils sont faits. De ce fait ils rejettent plus ou moins en conscience ce qu'il leur est proposé.

• L'expression populaire dit : lorsque l'on veut, on peut, suggérant que les doutes (peur – rein), les barrières sont levés par la volonté. Tant que je suis indécis, je reste dans une position inconfortable et insécurisante.

• Le faire commence dans la prime enfance par faire plaisir, du fait de la non-distinction entre le moi et le non-moi (pour être plus simple, l'enfant est fusionné à sa mère – un peu plus que le relationnel de Métal). Puis il apprend à faire par

170

lui-même : il casse. L'apprentissage commence ainsi. Il est plus facile de démonter que de réparer. Son cerveau ne lui permet pas encore d'avoir une dextérité et une coordination ou motricité fine. Les remarques, les regards sur ce qu'il fait peuvent donc conditionner son avenir personnel et professionnel : si ce n'est pas bien, si je fais des bêtises, je peux me sentir coupable et quelquefois humilié. Je risque donc de rester en retrait (Métal)… Ou à l'inverse faire le showman, ou continuer dans la marginalisation.

- Le faire se transforme en parfaire : on cherche à s'améliorer, à acquérir des compétences, des outils. Pour ce faire, on manipule, au sens noble du terme, on prend en main ; on cherche à contrôler son cœur de métier, ou de développer des compétences transversales. Il s'agit donc de concret, de formations, de CV, de structure … (la Terre).

- Puis ce sont les remises en question : « la crise de la quarantaine », on aspire à d'autres choses, de plus vraies, qui correspondant à notre nature interne. On s'interroge : quelle est la véritable famille ? Celle du sang, celle des amis ? On cherche de nouveau à séduire, sur d'autres bases : les temps grisonnantes, le savoir-faire en lieu et place de la fougue … mais on cherche surtout à se séduire : qui suis-je ? est-ce que ma vie correspond à qui je suis ? quelle flamme m'habite (Feu). On abandonne également certaines illusions, on se recentre … (on fait ce que l'on peut – l'Etre étant une dimension des plus complexe à définir).

- Puis la récolte des fruits : le savoir issu du discernement acquis et de la vision sur les choses et les événements (Bois), mais aussi des croyances forgées au cours des âges. Je sais : accomplissement suprême. La juste rétribution du labeur. Alors que la véritable Foi, c'est justement de ne pas savoir et de faire du « neuf ». Mais l'arbre ne porter que ses fruits, et pas ceux des autres (sauf s'il a été greffé).

Les motivations :

Ce sont les mobiles qui poussent à agir, répondre, entreprendre. La plus connue, et la plus auréolée est bien évidemment l'amour, recherchée par tous, enfin c'est ce que l'on dit. Viennent ensuite les mobiles un peu moins louables que sont les intérêts personnels. L'enfant cherche l'appréciation, la récompense, qui peuvent ensuite se transformer en honneurs. D'autres, blasés peut être, agissent par devoir ; alors que les derniers vont agir par convictions.

- L'amour, toujours l'amour sera bien évidemment rattaché au Cœur (Feu). On agit pour l'amour du prochain, l'amour de soi, l'avoir de l'humanité ; pour le bien-être de tous, car « *ce que vous faites au plus petit d'entre les miens, c'est à moi (*le fils de Dieu, donc le créateur, l'origine de tout ce qui existe*) que vous le faites* » (Appartenance).

- Les intérêts, qui ne sont pas que financiers : ils peuvent être des avantages, des biens matériels On se marie entre cousins pour ne pas diviser les terres. Lorsque l'on agit dans son seul intérêt, on peut être amené à « trahir » la confiance, les engagements donnés. On peut retirer son soutien, ou au contraire l'apporter pour en tirer bénéfices. Contrairement à l'élan du cœur, il s'agit ici de manœuvres intellectuelles (mental – Rate).

171

- La récompense intervient, normalement lorsque l'on a satisfait à la demande, que l'autre est content de vous : il vous remercie, vous met à l'honneur. Ainsi l'estime de soi est-elle mise sur le devant de la scène. Se récompenser soi-même est plus rare, c'est pourtant ce qui est le plus

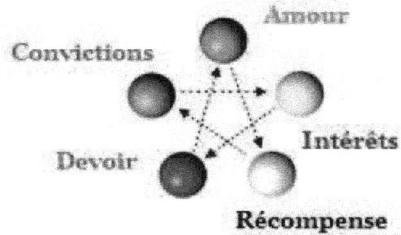

gratifiant. Car sans l'autre (relationnel – Métal) point de récompense, point de médaille, de titre, de diplôme : les auto-proclamations sont généralement mal perçues. Le crédit vient d'une formation, de l'aval d'un autre.

- Le devoir : on fait les choses parce que c'est ainsi. Parfois de générations en générations (Eau). Ou bien pour la mémoire de quelqu'un. La notion de devoir est rarement personnelle. Elle fait référence à une éducation, une morale, quelque chose de transmis. Un devoir de mémoire, la shoah par exemple. Elle fait référence au passé. Si l'on peut comprendre qu'un hommage soit fait aux victimes, on peut s'interroger sur le fait de perpétuer cette mémoire. Si les enseignements ont été retenus, on peut aussi envisager de tourner la page et d'entrée dans une ère nouvelle, où cet égrégore ne planera pas aux dessus des têtes comme une épée de Damoclès. A trop vouloir se préserver (besoin de sécurité) c'est souvent l'inverse qui arrive.

- La personne qui répond à des convictions, agit en fonction d'un idéal, de représentations, de modèles qu'elle cherche à réaliser, concrétiser. Il lui paraît juste d'agir, de fonctionner ainsi. Elle est portée par une « Foi » qui peut la faire se dépasser dans l'affirmation de soi. La conviction peut s'appuyer sur une certaine rigueur, un discernement (VB) ou, à l'inverse, un aveuglement, un dogme : le côté jupitérien : « la loi, c'est moi » … un fanatisme dont chacun connaît malheureusement les effets.

Le cheminement interne :

Tout événement, projet, objectif suit une certaine logique. Tenter de la synthétiser expose naturellement à des objections, et des ajustements.

Néanmoins, l'accompagnant, le coach avec ses outils et ceux proposés dans cet ouvrage pourra mieux conseiller l'accompagné dans l'éclaircissement de ses difficultés, voire la réalisation de son désir.

Le schéma se décompose en deux parties similaires mais de qualités opposées : l'un propose un cheminement dit « négatif », l'autre « positif ».

Cheminement négatif :

La vie débute par des sensations, in utero, lorsque nous rencontrons quelqu'un ou commençons une activité. Du moins devrions-nous être plus attentifs à ce que nous disent nos sens : la vue, l'ouïe … mais aussi la proprioception : « *sensibilité profonde qui désigne la perception, consciente ou non, de la position des différentes parties du corps* ». Et ces parties ne sont pas statiques ; elles bougent et donnent des informations précieuses sur le vécu du corps.

Le terme sensation revêt plutôt un caractère passif.

Ses sensations génèrent des émotions, un ressenti interne, parfois assimilé au sentiment (le sentiment est déjà une interprétation de l'émotion

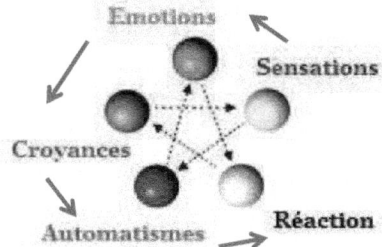

– voir les livres d'Antonio DAMASIO pour plus d'information). L'émotion comme son nom l'indique, met en route : motion, des activités musculaires, cérébrales …

Ces émotions / sentiments sont alors analysés par le cerveau, qui, fait des rapprochements avec ce qu'il connaît, ce qu'il a en stock dans son disque dur, qu'il remet à jour régulièrement. Cependant, il s'arrange souvent pour trouver une cohérence entre la nouvelle info et les références internes. De ce fait, il renforce souvent l'acquis, ou le modifie légèrement (et c'est heureux, sinon nous serions constamment en mode apprentissage, ce qui n'aurait guère favorisé la survie chez nos aïeuls). Les croyances (l'acquis) sont donc réactivées.

Elles engendrent à leur tour des réponses connus, des automatismes. Feu rouge : je m'arrête. Nouvelle tête : méthode d'approche traditionnelle (qu'elle ait fonctionné ou pas). Nouveau job : même hésitation que lorsque je suis entré à l'école (ceci dans les grandes lignes). Bref : je ne fais que répéter ce que je connais. En cela je suis en mode réaction : je ne suis pas dans l'action qui se veut vierge, nouvelle, spontanée, circonstanciée.

Cheminement positif :

Les sensations laissent la place à la perception qui révèle un caractère actif.

Ces perceptions engendrent un sentiment, qui est plus conscient et personnel. Le sentiment génère une idéation. L'idée peut bien sûr être conditionnée par les croyances, mais elle n'est plus entièrement réactive, ou du moins est-elle plus posée.

Elle fait plus intervenir les lobes frontaux, siège des « nouvelles alternatives », mais aussi de l'éthique individuelle.

L'idée va ensuite faire appel le potentiel présent, les ressources de la personne. Il ne s'agit pas d'un mouvement à l'économie (automatisme) mais au contraire d'une mobilisation partielle ou générale.

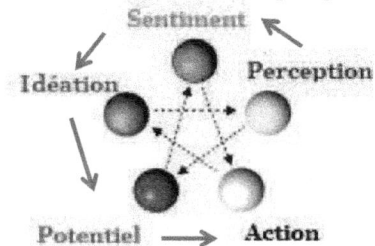

De ce potentiel va émerger une action : c'est-à-dire un acte conscient

La perspicacité du lecteur lui aura fait remarquer que les cycles précédents va à l'inverse du cycle d'engendrement … des réponses viendront au chapitre 11

Références :

http://www.regime-gratuit.fr/mefaits-du-sel.html
http://tpe-consommation-alcool-jeunes-2013.e-monsite.com/pages/partie-i-c.html
http://www.danger-sante.org/manger-trop-de-sucre/
http://archives-lepost.huffingtonpost.fr/article/2011/02/11/2402824_pourquoi-devenir-vegetarien-la-faim-dans-le-monde.html
http://maigrirsansfaim.com/les-effets-nefastes-du-sucre-sur-la-sante-et-lorganisme/
http://www.cyclopaedia.fr/wiki/Symbolisme-phallique
http://www.greenpeace.org/switzerland/fr/publications/actualites/greenpeace/jour-depassement-ecologique/
http://www.lest-eclair.fr/article/france-monde/lobesite-stoppe-sa-progression-en-france

Chapitre 10

Applications

Les 5 Eléments ont de multiples applications. Celles qui sont données ici ne sont pas exhaustives mais donneront quelques pistes au lecteur. Parmi elles :

- La santé
- La personnalité
- L'amour, le relationnel
- Le monde professionnel
- Le côté pratique pour le praticien

Mais d'autres liens sont possibles, et les 5 Eléments trouvent leur utilité au quotidien.

Petite synthèse pour faciliter la suite de la lecture :
Un nombre conséquent d'informations ont été données dans les chapitres précédents, un rapide récapitulatif (une vue globale est donnée dans le chapitre 12) aidera sans doute à mieux comprendre et suivre les exemples données en guise d'applications.

Eau :

Elément	Méridiens : Rein ; Vessie
▶ La source de la vie (avec le soleil) ▶ L'océan primordial : l'origine du monde ▶ Le liquide amniotique ▶ Entité : zhe volonté ▶ Son - Emotion : gémissement - peur	L'Energie ancestrale, les os ... la phobie Territoire – mémoires (vieux schémas) Régulateur (point shu) Gouverne : audition, chevilles, cervelet ...

Besoin	Stratégie	Driver	Blessure	Planète
Sécurité	Plainte	Fais des efforts	Rejet - fuyant	Mercure
	Force	Facilité (aller vers)	Intégration	

Bois :

Elément	Méridiens : Foie ; Vésicule Biliaire
▪ La croissance, les fruits ▪ Croit- croit : système de croyances ▪ La bile : pureté, colère, peur ▪ Entité : Hun, âme ... poussée initiale ▪ Son - Emotion : cri - colère	La transformation (personnalisation ...) Le discernement, le choix ... la rancune. Les décisions Gouverne la vue, les hanches ...

Besoin	Stratégie	Driver	Blessure	Planète
Réalisation	Colère	Dépêche-toi	Injustice - rigidité	Jupiter
	Affirmation	Maturation	Justesse - souplesse	

Feu :

Elément	Méridiens : Cœur ; Grêle
● La vie : le soleil (le centre) ; l'énergie : mars ● L'esprit (shen) – les tripes : intimité ● L'émotionnel (émotion et sentiment) ● Entité : Shen, conscience ● Son - Emotion : rire - joie, amour, haine	L'Empereur : rythme – jalousie, égocentrisme Le tri, l'assimilation, système immunitaire La famille, le clan ... le goût Gouverne le poignet, les clavicules ...

Besoin	Stratégie	Driver	Blessure	Planète
Appartenance	Séduction	Sois fort	Abandon - dépendance	Mars
	Charme	Acceptation faiblesses	Attention	

Terre :

Elément	Méridiens : Rate-Pancréas ; Estomac
▪ Incarnation, matière, corps, temps ▪ Réalisation … digestion, présence ▪ L'énergie nutritive, glucose, sucre : affectif ▪ Entité : Yi, réflexion, pensée ▪ Son - Emotion : chanter, soucis	Elaboration mentale, rumination … obsession La mère, le sein (une part d'affectif) Ce qui vient de l'extérieur Gouverne le toucher, le genou

Besoin	Stratégie	Driver	Blessure	Planète
De base	Manipulation	Sois parfait	Trahison - contrôle	Saturne
	Tact, mesure	Rester naturel	Sérénité - confiance	

Métal :

Elément	Méridiens : Rein ; Vessie
• La vie / la mort … le Prana, l'espace • ATP : respiration cellulaire • La valeur (argent, bijoux) – les armes • Entité : Po, les instincts • Son - Emotion : pleur - tristesse, culpabilité	La communication, le relationnel L'identité, le pouvoir, les emmerdes La peau … l'élimination Gouverne l'olfaction, les épaules …

Besoin	Stratégie	Driver	Blessure	Planète
Estime de soi	Retrait	Fais-moi plaisir	Humiliation - maso	Vénus
	Etre avec	Se faire plaisir	Fierté - respect	

Note : Il a été ajouté une contrepartie positive là où il se pouvait :

Eau :
> La force (intérieure) est l'envers de la plainte, l'expression d'une faiblesse, d'un mal être. L'intégration, l'incorporation (aller à l'intérieur) est l'inverse du rejet (repousser au dehors)

Bois :
> La colère est souvent un aveu d'impuissance, l'affirmation de soi le contraire.
> La justesse (l'équité) équilibre l'injustice (la demande d'égalité). La souplesse n'est ni négligence, ni résignation.

Feu :
Le charme attire à soi, la séduction va vers l'autre (les mouvements sont inverse).
L'abandon délaisse, néglige, renonce. L'attention, qui commence par soi, produit
l'inverse. (Mais l'attention n'est pas dépendance)
Terre :
Le tact prend l'autre en considération, la manipulation le considère comme un
objet. La trahison brise un pacte, une confiance. Elle met sur le qui-vive. La
sérénité fait que l'on peut s'en remettre à ... sans crainte de ...
Métal :
La mise en retrait ne permet pas d'être avec les autres, on est à côté (espace)
L'humiliation est dépassée lorsque l'on retrouve sa fierté.

La blessure, le driver ... représentent une façon de vivre qui devient une norme, une
« réalité » pour celle ou celui qui la vit. Deux choix s'offre alors à lui : soit
l'injonction a été intégré, et le détenteur va s'employer à appliquer ce que lui-même a
reçu ; soit le vécu l'a atteint de manière à ce qu'il se refuse à utiliser l'un ou l'autre,
mais en pratiquant l'inverse, ce qui revient au même.
Par exemple :
La personne a été soumise au « dépêche-toi ». Cela devient une seconde nature : elle
n'a pas une minute à elle, elle parle vite, est excitée. Elle est performante ou se
disperse. Ainsi va-t-elle demander la même énergie à son entourage. Ou, ayant mal
vécu cet empressement, elle a décidé de ne pas reproduire le schéma. Elle prend donc
du temps dès qu'il peut, elle se rend disponible, elle procrastine ... En cela elle est en
réaction à son driver, mais elle est toujours en déséquilibre qui peut tout autant
stresser son entourage, qui a son tour réagir, créant un schéma semblable au premier.
On dit d'ailleurs que les caractéristiques sautent une génération. Si vous voulez
comprendre une problématique, une maladie, demandez ce qui s'est passé deux
générations avant. Souvent vous y trouverez des causes, en tout cas des indices forts
intéressants.

La santé :

R : infarctus, cancer à l'estomac

R, le « glorieux guerrier », c'est son étymologie, est né au début de la seconde guerre
mondiale. Son père est parti à la STO (Service de Travail Obligatoire) en Allemagne,
pour n'en revenir que trois ans plus tard. Toute sa tendre enfance, R l'a donc vécu
sans son père et a donc entretenu une relation privilégiée avec sa mère et son grand-
père.
Le père rentre donc ... et reprend ses droits. R est face à un inconnu, qui, non
seulement impose son autorité, mais qui en plus le « prive » de sa mère. Tant est si
bien que neuf mois après le père prodigue, un petit frère arrive. Le chouchou à sa
maman, même si d'autres frères et sœurs viendront par la suite. Chacun vivait cette
situation de façon différente. R la vit comme une injustice. Pour preuve : il est
souvent en « guerre » (vu l'histoire du père) avec ses voisins. D'abord dans la

confrontation directe, puis, l'âge le rattrapant, il enchaîne des procès en justice qu'il ne gagne pas toujours. Bien évidemment ses rapports avec son fils unique – normal, puisqu'il aurait préféré resté seul – sont elles aussi tendues. En psychologie, on dit que l'enfant est le parent idéalisé, donc les conflits, non-dits et l'éducation reçue sont appliquées en retour à la progéniture.

R est un colérique. Souvent fâché, irrité, il râle plus qu'il ne parle. En fait il est toujours dans son histoire, l'enfant intérieur n'ayant pas été entendu, il reste dans sa souffrance, en fait profiter son entourage, et répète le scénario pour tenter de régler le problème. Il est de ce fait un peu – beaucoup – rigide. Il impose ses règles, qu'il ne met pas en pratique lui-même. Il n'est pas tendre. Estimant avoir été élevé à la dure, il fait de même avec les autres. Il n'a pas beaucoup de patience et n'est pas pédagogue. Le lecteur aura reconnu bon nombre de qualificatifs de l'élément Bois.

Par ailleurs, R est un hyperactif. Il travaille du matin au soir, ne part pas en vacances (on ne s'éloigne pas sinon les problèmes arrivent). Il cherche à montrer sa valeur, la reconnaissance de ses parents ; et s'emploie, comme son père, à faire du bois, avoir des vergers, avoir une vigne … aspirant peut-être à être l'égal du père et ainsi retrouver une place de choix dans le cœur de sa mère. Son épouse M a un prénom qui signifie seul, unique … montrant en cela par son union (le partenaire est censé apporter le complément, donc les réponses) un désir inconscient de rester seul … amis avec qui ? (ceci pour vous si vous suivez).

Dans son empressement, ses tensions internes, il a déjà beaucoup sollicité, malmené son cœur (qui l'était déjà au départ par la rupture affective au retour du père). Il fait donc un premier infarctus à 50 ans. A la suite duquel il a arrêté de fumer : la cigarette stimule le foie en vide d'énergie).

50 ans, chez l'homme, est l'âge de l'andropause : les taux d'hormones se modifient. MC est couplé à Foie, une incidence sur l'un se répercute sur l'autre. Foie a aussi une action sur l'énergie sexuelle (DE SURANY). Le foie encore affaibli ne peut plus nourrir Cœur, qui à force d'être agité, devient malade. En décodage biologique, le cerf se bat contre ses congénères lors de la période du rut : il doit d'abord défendre son territoire, rester le « chef », pour assouvir son désir. C'est ce qui se dessine en toile de fond dans l'histoire de R. Par ailleurs, un homme trop sollicité par son entourage, va faire un infarctus pour signifier qu'il est à bout : « j'ai tout fait (soi fort) mais maintenant je ne peux plus ». Malade, on lui fiche la paix. L'infarctus pour R est un signal de son corps qui lui demande de ralentir, de modérer son agitation, sa pression … et de dans le domaine affectif (cœur – la cause dans ce cas présent).

Le conflit interne n'a pourtant pas été réglé, ni même soulagé. Le décès de ses parents quelques années plus tard le réactive, d'autant plus qu'avec la disparition de ceux-ci, plus aucune solution ne peut être trouvée. Il se confronte à nouveau à ses frères et sœurs pour des questions d'héritage : le Roi (ou plutôt l'Empereur en MTC) est mort, vive le Roi. Problème : personne n'adhère à sa vision des choses. Il coupe donc les ponts avec les siens (le Métal, estime de soi, coupe). Le sentiment ou le désir d'appartenance (Feu) a-t-il pour autant rendu l'âme ? Même s'il refuse de l'admettre, cette rupture est une souffrance supplémentaire. Une épreuve difficile à avaler, et tout aussi dure à digérer. L'organe physiologiquement impliqué est l'Estomac. En astrologie classique, il est gouverné par la lune et le cancer. Il se rapporte au foyer et surtout à la mère. Si le conflit était explicite avec le père : combat de coqs (Feu), il était larvé avec la mère qui n'a pas pris la défense ou le parti de son fils (au retour de la guerre). Tout ceci n'a pu être exprimé, si ce n'est « vomi », vociférer. Le Foie tente de convaincre, contrôler la Terre : estomac – mère par le cycle Ko. La pression interne devient intense : il n'a plus personne pour l'approuver : l'affectif-Cœur qui peut nourrir son estomac d'autre chose ; et l'estime de soi-Métal qui demande à être plus nourri et qui épuise de ce fait la Terre. Résultat : cancer de l'estomac.

R rechigne à se faire diagnostiquer. Il n'aime pas les hôpitaux, lieux où l'on soigne (la mère) mais où l'ambiance est froide. Comme à son habitude, il ne se plaint pas. Il endure, serre les dents. Bien évidemment un régime draconien est mis en place, dont la suppression de l'alcool, déjà réduit, mais dont il a largement goûté jusqu'à un âge avancé. Là encore l'alcool agit sur le foie comme la cigarette, en compensation de l'injustice, colère et rancune. Rancune bien présente que l'on retrouve chez lui dans un bruxisme (grincement des dents), notamment pendant le sommeil (la nuit : la mère). La colère fait serrer les mâchoires, et crispe les zygomatiques (De SURANY associe l'os zygoma au sagittaire / vésicule biliaire).

Il sera suivi pendant 3 ans (le temps de déportation du père), puis décédera. Ses funérailles ont eu lieu dans la plus stricte intimité. Le besoin d'appartenance étant nié jusqu'au bout.

C : angine de poitrine, bradycardie, diverticules ... cancer du foie

C est décédée à 87 ans. Un bel âge diront certains. Néanmoins on aurait pu s'attendre à un départ « tranquille » : d'usure, de vieillesse. Il est clair que la vitalité des organes n'a pas été pour elle d'un grand secours, ce qui fait qu'en un peu plus d'un mois, un cancer du foie a été diagnostiqué et il l'a emportée non sans souffrance.

C est l'ainée d'une fratrie, dont le drame est d'avoir perdu la mère lors d'un énième accouchement. Après des années de restriction dues à l'occupation allemande, la mère tombe une nouvelle fois enceinte. Elle sent que la grossesse est difficile, et un mois avant de partir en clinique pour accoucher, elle confie à C qu'elle n'en reviendra pas (nous sommes en 1946 : pas d'échographie, peu d'infrastructure, les mentalités ne sont pas aussi évoluées que maintenant : imaginez-vous l'impact d'un tel discours). Le jour où elle part, elle confie ses enfants à (donc les frères et sœurs de) C. C dira elle-même qu'elle a senti le moment où sa mère est morte en couches.

Voilà donc C investi d'une mission (Foie – croyances). Elle prend la relève, assure la continuité (devoir de mémoire : Eau + Vessie), à la fois sur le plan professionnel : elle devient garde-barrière, profession qui n'existe plus mais qui est plus que parlante quand on écoute : non seulement il y a des barrières, mais en plus on les garde ! Ça passe dans les gènes (Eau) ; et sur le plan personnel car elle s'investit pleinement dans son nouveau rôle. Fonction qu'elle « assumera » jusqu'au bout, s'inquiétant toujours pour l'un ou pour l'autre (peur – Rein), parfois intrusive (interrogateur – Cœur). Les frères et sœurs s'en sont accommodés tant bien que mal. Primo parce que ce n'était pas leur mère biologique, et que mission ou pas, elle était une « usurpatrice ». Secundo, parce que bloquée à l'âge de cet événement, elle continuait à les materner, alors qu'ils aspiraient à une plus grande indépendance (toujours Feu).

Face à ce qui aurait pu être un rejet de la part des siens (et qui le deviendra pour certains), C va adopter la stratégie de la plainte : ses demandes, ses actions partent toujours d'une bonne intention, elle est accommodante, toujours prête à rendre services ... et finit par chercher à résoudre le problème des autres, même s'ils ne lui ont rien demandé (plaintif – voir chapitre 4). Elle est toujours en cela dans le drame familial : plaindre la mère (le père aurait pu se retenir plutôt que de mettre la mère une nouvelle fois enceinte : la colère est rentrée mais bien présente) et chercher une solution (quelque part la mère n'est pas morte et ne peut pas mourir).

Bien évidemment elle n'aura pas d'enfant et s'en assurera par une hystérectomie.

Toute sa vie va donc être dévouée aux autres : ses frères et sœurs, les petits enfants de son mari, puis les handicapés. Elle restera loyale (Rein) à sa mère, et à ses engagements. Mais sa santé va en pâtir. Hystérectomie : on supprime les gènes (Rein), la « fabrique à moutards » ; et très tôt les problèmes de cœur – physique ceux là – vont apparaître.

« *L'angine de poitrine survient quand il y a un manque de sang oxygéné dans le muscle cardiaque. Elle provoque de vives douleurs au cœur ressenties dans la région de la poitrine. Ce trouble survient à l'effort (*fais des efforts : Eau*) et disparaît en quelques minutes avec le repos sans laisser de séquelle. Le terme « angine » provient du latin* **angere**, *qui signifie « étrangler ».*

Pour les décodeurs : l'angine de poitrine désigne, d'une part, une incapacité à se laisser aller aux plaisirs simples de la vie, et d'autre part une véritable obsession vis à vis du devoir ou de l'efficacité. Dans le cas présent : l'angine fait référence à la gorge, donc à l'expression. Il est clair que tout n'a pas été exprimé concernant le décès de la mère, chez C, mais aussi dans la fratrie. Il a fallu «étrangler» ses larmes, sa colère, se taire devant l'autorité du père. C m'a raconté qu'à table, personne ne disait rien. La communication se faisait par signe, pendant que le père lisait son journal. La poitrine renvoie à la fois au sein – maternel – et au cœur : l'affectif. C a le cœur serré et ne peut pas le dire. Elle ne peut donc plus travailler et est mise en invalidité. Ce qui ne va nullement l'empêcher d'agir et de rendre service à qui en veut. Son cœur continue à battre mais lentement : « 40 pulsations, vous avez un cœur de sportif» sans faire de sport toutefois. Cela s'appelle de la bradycardie (du grec *bradys* : lent). Qu'est-ce que cela signifie ?

« *Conflits potentiels associés à la bradycardie :*
- *Vouloir garder en soi les « déchets » (secrets de famille par exemple), au niveau familial.*
- *Deuil dans la famille non fait.*
- *Avoir peur de mourir, économiser son cœur. (plus le cœur bat vite, plus on meurt jeune)*
- *Avoir peur d'être empoisonné.*
- *Frustration affective ou sexuelle.*
- *Épuisement affectif/moral à force d'avoir souffert.* »

C en cumule au moins la moitié.

Mais il paraît que souffrir du cœur fait mourir vieux. Superstition ? Au bout du 3ème infarctus pourtant, les chances de survie sont réduites à néant. C y a cru. C a tenu.

On voir ici que la peur : C avait surtout peur pour les autres, la loyauté, la dévotion, l'engagement pris … font référence à l'Elément Eau qui contrôle en excès le Cœur du Feu, et pour cause vu l'histoire. Maître Cœur également. Et que la colère rentrée, non exprimée, mais bien présente, surtout lorsque l'on abordait certains sujets, ont eu un fort impact sur le cœur. Cependant sa Foi, foie, elle prie tous les jours, nourrit et maintient le cœur dans sa fonction.

A force de retenir, et de ne rien lâcher … voici venir **diverticules et polypes** !

Le père rend l'âme à son tour. La structure en place, le père en étant le ciment (par l'autorité), est remise en question. Les querelles « intestines » font surface. Chacun essaie de prendre une indépendance, le lien étant fondé sur la disparition de la mère, la mort du père est une occasion pour le défaire. La légitimité de C, son rôle, ce qu'elle nomme sa loyauté … sont mis à l'index. La transmission (Eau) est interrompue, de manière assez brutale. L'énergie régresse et passe de l'Eau au Métal. L'estime de soi en prend un coup, les reproches, les règlements de compte (argent - Métal) lors de l'héritage sont vécus comme une humiliation.

Le sentiment d'injustice remobilise le foie. C se fait certes de la bile, mais elle est utilisée sur un plan psychologique, et de ce fait, ne lubrifie plus les intestins. Par ailleurs C campe sur ses positions et « ne veut rien lâcher ». Normal, puisqu'elle en fait le serment à sa mère. Commence alors les problèmes de côlon

Pour Olivier SOULIER, le côlon parle préjugés (donc opinions, idée admise sans démonstration, croyance que je situe dans le Bois) Mais il précise : lieu de préjugés à lâcher.

- Les diverticules sont la résultante de la pression d'une éducation que la personne reproduit mais qui l'étouffe (Poumon). La pression interne déclenche des diverticules, sortes de petites hernies. La hernie tire son étymologie de *hernia*, la hargne : une agressivité qui nous ramène à l'Elément Bois.
- Les polypes (du côlon) sont l'expression d'un individu envahi par sa famille, ou ses amis, qui, bien que l'aimant, lui jouent des tours de cochon. Un sentiment de chagrin (Métal) et de colère (Bois) l'envahit, et les polypes arrivent. Plus vulgairement, le corps bouche le côlon pour ne pas se faire enc…

Le cheminement part donc de l'Eau : la mémoire, le devoir, renforcée par une colère non exprimée (Bois). Le tout agit dans un premier temps sur le Feu, pour consolider le lien (appartenance), jouer le rôle de la mère disparue. L'excès d'énergie qui couve alors dans le Feu, se déclenche lors d'un second décès : le père … feu. L'Eau régresse, comme déjà dit, mais Feu se déverse sur Métal, dans le cycle Ko.

Tout ceci perdure. Mais C prend de l'âge, doit entrer en maison de retraite, d'abord de son plein gré, car elle a peur le nuit, seule dans sa maison. Elle ne peut de ce fait plus recevoir ses sœurs : l'appartenance, le lien s'effiloche encore. Elle passe par une période de fauteuil : « à quoi bon avoir des jambes, si je ne peux me déplacer librement » (ressenti). Elle parle souvent de gagner au loto pour repartir dans sa maison qu'elle n'arrive pas à vendre. Manque d'argent supposé, manque de relations, lien rompu avec l'une de ses sœurs mettent à mal son foie et sa Foi. A ceci s'ajoute le manque de la mère, voire le manquement à son engagement. Toutes ces vieilles histoires qui refont surface au crépuscule de la vie. La jaunisse apparaît. Jaune cocu dit-on, c'est-à-dire trahison (couleur de la Terre). Le cholédoque se bouche : les substances qui favorisent l'élimination de la bile sont appelées cholérétiques. C'est la colle hérétique : un problème de Foi qui se pose. Ainsi qu'une colère éthique. Colère présente très certainement depuis un bon bout de temps, et qui se libère avant le départ. Fin tragique pour certains, libération pour d'autres.

C est partie avec le sourire.

Compliquons un peu :

N : blanc de blanc

N est en vie, je rassure le lecteur, qui croyait lire la nécrologie de son journal !

N est l'aînée de deux enfants. La mère a l'accouchement, c'est du moins ce qu'elle dit, a prononcé : « tout ça pour ça » en découvrant sa fille. Elle aurait préféré un garçon. N vit donc dès les premiers instants de sa vie un fort rejet (Eau). 18 mois après arrive un petit frère, prématuré : apparemment il est urgent qu'il arrive … pour compenser le « coup raté » précédent si l'on suit la logique. Ce frérot est « toujours » malade est capte donc toute l'attention de sa mère.

La mère a eu une enfance, dont elle ne parle pas, mais qui laisse présumer qu'elle a été battue par son père. Certains détails font penser que des attouchements sont également envisageables. L'humiliation a engendré le rejet (Métal ⟶ Eau).

L'énergie parentale, en partie, est hostile (Rein), et la famille (Grêle), l'affectif (Cœur) sont impactés. N est du signe du scorpion : le cœur chez SURANY.

Elle a mis fin à son premier mariage suite à un adultère de son conjoint. Elle a dû se débrouiller seule avec sa fille : ce qui constitue la réponse à son conflit. Elle rompt avec le conjoint pour solutionner le problème d'abus de sa mère ; elle s'occupe seule de sa fille, comme elle aurait voulu que sa mère s'occupe seule (sans frère) d'elle. Elle répond au rejet - fuite par une occupation de la place, et à ce qui peut apparaître comme un abandon ensuite par un attachement à sa fille.

Les premières manifestations physiques sont les migraines et la tachycardie.

Les migraines (la tête : le Bélier, donc le Feu – Grêle) surviennent après la naissance de son fils, dont le prénom ne laisse aucun doute sur l'héritage légué. L'approche symbolique de cette pathologie indique :

- Volonté de ne pas perdre le contrôle lors d'un problème rencontré.
- Recherche de la maitrise parfaite, de la perfection dans ce qui est entrepris.
- La personne est quelqu'un de passionné, qui fait les choses à fond et qui n'en fait jamais assez.
- Fixer la barre trop haute dans ce qu'on cherche à atteindre.
- Être entêté. « Se prendre la tête »

Le vomissement indique que l'on rejette la situation, l'émotion, le problème, qui paraît insupportable. La gêne de la lumière renvoie au fait de ne pouvoir supporter la vérité, la réalité … (dans le cas présent, il s'agit de ne pas voir le jour … naissance).

La tachycardie accélère le rythme du Cœur (Feu), et indique, toujours par les mêmes sources :
- Avoir peur d'être frustré en amour ou au niveau affectif, dans le futur.
- Ne pas vouloir de telle ou telle relation.
- Événement qui réveille une angoisse, inconsciente ou non.
- Se sentir en combat ou en danger constamment *.
- Vouloir éliminer un problème rapidement.
- Vouloir avoir raison à tout prix.

* en Biokinésiology, la migraine signifie l'évitement de la confrontation.

Le fait de ne pas avoir les ressources (Eau), l'appui (Vessie) de la mère crée un stress intense, qui agissant par le cycle Ko, nécessité de contrôler, impacte le Feu dans son aspect Yin (Cœur) et son aspect Yang (Grêle – tête).
N'oublions pas cependant les autres règles de la MTC :
- Rein (origines) est en « opposition » à Côlon (loi midi-minuit)
- Feu (migraines – tachycardie) est en couple avec Métal (pouls chinois).

Les deux ramènent au besoin d'estime de soi et à l'humiliation. Humiliation connu à l'adolescence, lorsque ses premiers émois amoureux sont vertement tancés par la mère (qui projette le danger, vu les suppositions précitées).
N cherche donc la reconnaissance - on l'aurait deviné - et ceci passe par des formations extraprofessionnelles, non officielles (parce que officiellement elle s'est sentie « délaissée », « seule », « laissée pour compte » : émotions négatives liées à côlon en biokinésiologie). En réponse, elle a une communication et un relationnel faciles. Le lien (Feu) par contre est plus difficile.
De même les lobes frontaux gouvernés par Estomac (et Rate) sont en « opposition » à Maître Cœur : la sexualité. C'est bien le sexe de N qui pose problème lorsqu'elle nait. C'est encore vis-à-vis du sexe que sa mère la couvre de honte. Et c'est à la naissance de son fils – qui rappelle le frère – que le processus s'enclenche. Bien évidemment, N ne supporte pas la trahison (adultère) mais s'y trouve confrontée. Elle est perfectionniste : pour recouvrer grâce aux yeux de la mère, il faut être parfaite.
Elle s'engage également dans un travail de développement personnel (pour effacer les vieux schémas – rein du départ). Tout devrait donc aller pour le mieux, sauf qu'après des problèmes de santé : constipation, colites, fatigue, mycoses … on lui découvre un candida albicans intestinal. Celui-ci est *« un champignon unicellulaire qui se trouve dans le tube digestif et dans la bouche de la plupart des humains. Il ne provoque cependant aucune pathologie chez les individus ayant un système immunitaire normal. Il peut se trouver sous plusieurs formes : levure, pseudohyphe ou hyphe ».* On retrouve également ce « candidat » au niveau uro-vaginal.

Candida albicans : blanc –blanc.
L'originalité de ce parasite est son nom. Candida vient de candide : blanc, symbole de l'innocence ; et albicans : blanchâtre. N avec ses outils et de l'aide a cherché à s'en débarrasser : régime draconien. Le candida adore le sucre, il faut donc l'affamer

en supprimant :
- les hydrates de carbone (pâtes, riz, blé, pommes de terre … et dérivés : pizza, pâtisseries),
- les fruits et légumes trop sucrés (carottes, asperges, oseille, rhubarbe …)
- les produits laitiers : beurre, fromages, surtout ceux ayant subis une fermentation
- la bière (qui détient le record de l'indice glycémique, plus élevé que le sucre lui-même), le cidre
- les produis préparés (ajouts de sucres, lait, colorants …)
Question : que mange-t-on alors ?

▶ Il est clair que la nourriture est liée à la mère.
▶ Le blanc, symbole de pureté vient à la fois « innocenter » la mère : si effectivement il a eu attouchements, l'adolescente s'est sentie coupable, honteuse, ceci sur un plan sexuel. Mais la crainte de la jeune fille pubère est de tombée enceinte, de porter un enfant dans son ventre. N reprend donc la mémoire et la somatise au niveau du Grêle : le ventre, la famille.
Noter qu'après les boyaux de la tête (migraine), les boyaux du ventre prennent la relève. Pourtant ces informations, et le travail effectué n'apportent aucun changement significatif. J'ai donc vérifié certains paramètres (essentiels dans une séance de kinésiologie) : N est en sabotage, c'est-à-dire que son corps (ou son inconscient) fait en sorte que l'aide apportée ne porte pas ses fruits. Le sabotage (à vérifier) est certainement lié au rejet (Eau) : ayant subi le rejet, la personne rejette elle aussi, ce qui vient de l'extérieur. Ce nouvel indice m'a permis de comprendre et de simplifier le sens du candida (pour N – attention aux généralisations et grilles de lecture qui offre certes des pistes, mais ne constituent pas une vérité, si des liens ne peuvent être établis). Le candida consomme le sucre (Terre). Au lieu d'être le problème, il est au contraire la solution : le corps ne veut pas de sucre, l'affectif. Rate-Pancréas dans le Roue est la Mère de Cœur : elle le nourrit. Mais Cœur sous contrôle de Rein, les mémoires, le patrimoine transmis, et en l'occurrence le rejet de la mère, ne veut pas être nourrit N est souriante, chaleureuse … mais n'a pas beaucoup d'amis. Elle reconnait elle-même ne pas avoir donné beaucoup de tendresse à ses enfants. Quant à ses compagnons, cela lui appartient.

D est un mal de hanche incompréhensible
D prend une séance car elle a mal à la hanche droite. Il lui arrive en fin de journée d'avoir des difficultés pour marcher. Elle a des répercussions dans le bas du dos. Elle a vu un médecin, pris de séances de kinésithérapie. Comme aucune amélioration ne se faisait sentir, elle a pris rendez-vous chez un ostéopathe. Suite à cela elle a passé un IRM. Résultat : rien ! Elle arrive donc sans grand espoir pour une séance de magnétisme. Néanmoins, j'aime savoir sur quoi je travaille. L'analyse posturale révèle une rigidité au niveau de la hanche droite : le pied ne peut pas pencher vers l'extérieur. J'en viens donc à tester psoas, un muscle qui a la particularité d'être impliqué dans pas mal de symptômes : problèmes de VIC (Valvule Iléo caecale), de dos, douleur inguinale, boiterie … les ostéopathes disent que c'est un muscle

poubelle. Et pour cause, il est en corrélation avec le méridien Rein. Il est souvent impliqué dans l'accouchement ...

Et effectivement, les psoas de D n'ont pas d'énergie. Et effectivement le terme accouchement fait remonter des mémoires, et pas des moindres. D a pendant plusieurs années désiré un enfant, sans succès. Elle a donc eu recours à des FIV (Fécondations In Vitro). Au niveau du Jing parental, ce n'est pas terrible. L'enfant est douée, mais n'emprunte pas les voies classiques. Elle réussit ce qu'elle entreprend : musique, plongée ; est même en avance (projet sens des parents : il faut que ça marche, et que tu arrives vite).

Mais dans la scolarité, c'est la cata : son mode de fonctionnement n'est pas celui attendu. Bizarrement les autres grossesses se sont faites naturellement. Enfin presque. Un problème de rhésus est venu se greffer : la petite dernière a dû recevoir une transfusion in utéro. Bonjour l'angoisse de la mère (toujours dans Rein). Elle en a eu deux autres après sa naissance : on prend l'enfant, la mère reste seule ... deux heures d'inquiétude, avec un mari absent pour cause d'obligation.

Symboliquement, le corps manifeste le désir d'avoir et de retenir l'enfant (plusieurs fausses couches avant la naissance de l'aînée). La gauche exprime le ressenti, la droite la manifestation. Ainsi, pour que l'enfant vienne à terme, le corps ferme la sortie : le fémur part en rotation interne et/ou en adduction (pied droit ne pouvant aller en rotation externe).

Mouvement impossible chez D

En MTC, l'époux Rein impacté par le stress (et l'histoire de D) a des répercussions sur l'épouse MC. Le choix (VB) d'avoir un enfant, de passer par l'assistance médicalisée est cependant nourrit dans le cycle cheng par le stress de l'Eau : assurer la transmission, besoin de sécurisation ... Foie – VB gouvernent la hanche, qui symboliquement renvoie à la sexualité (MC). Le simple fait d'avoir abordé ces souvenirs a déjà eu un retentissement sur la hanche, qui « s'est exprimée », notamment par une légère rotation externe. Charge à D de continuer le travail ... jeu de mot !

La personnalité :

Bois :

« Le foie est le lieu du corps où s'engrange la lumière de l'accompli » c'est du moins ce que nous dit Annick De SOUZENELLE.

■ Il stocke le glucose sous forme de glycogène, la nourriture du cerveau.

- Il fabrique la bile, qui est pure (tous les autres organes fabrique des déchets), seule VB n'en forme pas : c'est pourquoi les Chinois disent qu'elle est pure.
- Le foie a une action de détoxification
- Il réchauffe le sang : la température du foie approche les 40° - un sang chaud est synonyme d'égo distinct pour HEINDEL (les animaux à sang froid ne possèderait pas d'égo mais dépendrait d'un « Esprit de groupe ») …

On pourrait donc attribuer une dimension spirituelle au Foie-Foi. Une destination, une finalité, un accomplissement pour l'être qui s'incarne. Cependant, le Bois, la forêt représente aussi ce qui est caché, à couvert. Elle peut être sombre, épaisse … l'homme peut y être en insécurité : une des épreuves du chaman est de dormir la nuit en forêt afin que ses peurs archaïques remontent en surface. Il se passe des choses dans le Bois de Boulogne, et ailleurs, qui visent plutôt à soulager le corps de l'homme plutôt que sa conscience.

Donc à l'**accompli** se mêle l'**inconscience** (ce qui n'est pas encore conscient). Et par voie de conséquence : **fertilité** s'oppose à **stérilité** (l'arbre a t'il porté ses fruits)

➡ La personne obtient-elle ce qu'elle veut, ce qu'elle a mis en place ?
➡ Est-elle épanouie (besoin de réalisation) ?
➡ A-t-elle une certaine sagesse, lucidité (la vue, la vision) ?

Feu :

Le Feu assure le chauffage, la cuisson, le bien être au coin du feu : la flamme qui danse et qui hypnotise, relaxe, transporte. La flamme c'est l'amour, l'enthousiasme … Enthousiaste : c'est être en Dieu : in Théo

Mais c'est aussi l'incendie qui ravage, qui réduit en cendres des hectares entiers. Brûlés, rôtis, grillés, consumés, partis en fumée. Etre grillé, c'est être hors d'usage, hors circuit, hors-jeu (et hors je phonétiquement). Ce jeu-je est intéressant : les personnes qui assument qui elles sont, aiment généralement l'humour, la légèreté. A l'inverse quelqu'un qui arrive dans un nouveau service, prend ses fonctions, aborde un groupe ne connaît pas encore les codes (appartenance) et généralement, il ne se permet pas les » je de mots », plaisanteries et autres signes de décontraction (si ce n'est des traits d'humour vus et revus, passe partout ; là aussi il cherche à ne pas se faire griller d'entrée : l'étiquette qui pervertit le je)

D'un côté donc : en Dieu (le Soi, le « Je suis ») et de l'autre le hors je.

➡ La personne utilise t'elle le « je », ou emploie t'elle le « on », le « nous » ?
➡ Paraît-elle légère, enjouée … rayonnante, attirante (séduction) ou sérieuse ?
➡ Est-elle centré (cœur) ou éparpillée, dispersée ?

Terre :

La Terre c'est, nous l'avons vu, la matière, le dense, le réel, le palpable. Elle représente l'incarnation (pancréas). C'est encore la gravité, le poids, la lourdeur, l'inertie. C'est aussi le temps (Saturne) qui règle le quotidien, qui donne des repères.

Mais la Terre c'est aussi l'ensevelissement, l'inhumation : in humus, dans le sol. L'inhumation est-elle inhumaine ? (les sonorités sont proches). Dans le second cas, il s'agit alors de « désincarnation ». La vie et le temps s'arrêtent.

La Terre signifie donc autant **incarnation,** que **désincarnation** :

➡ Qu'y a-t'il d'incarné chez la personne (en plus ou moins bien) ou que n'y a t'il pas d'incarné ? Le curseur pour chaque élément allant d'un extrême à l'autre. Charge à l'accompagnant de distinguer sa position.

➡ Est-elle **présente**, là ; ou absente, distraite ? Réaliste ou utopiste ?

➡ Ce qu'elle dit, ce qu'elle fait compte-t'il (a du poids) ?

Métal :

Il représente (bis repetita) les valeurs : la monnaie, les bijoux … mais aussi les armes, les armoiries. Cependant le métal est froid … donc distant. A l'aspect **personnel** des armoiries : « ensemble des armes peintes aux emblèmes du porteur », donc un signe distinctif, une carte d'identité s'oppose l'**impersonnel** du froid, du métal …

L'air correspond aux échanges, il correspond au milieu dans lequel on est. On peut être dans l'air du temps ; sentir ce qu'il y dans l'air. En ce sens la personne est connecté à ce qui se passe maintenant, à l'actuel et au contextuel.

➡ Chébran (branchée) ou pas ? (est au courant ; est à la mode … sans pour autant être un courant d'air, bien évidemment : la star d'un jour ou plutôt une étoile filante)

➡ Est-elle « froide », coupante, tranchante … ou de bonne compagnie ?

➡ Se trouve t'elle généralement dans les « bons coups », est-elle opportuniste ?

Note :

Chronos - Saturne, planète régente de la Terre, est maître du temps. C'est ici, ou là sur l'échelle du temps. Il répond à la question : quand ? L'air du temps, l'opportunité de Métal, c'est se trouver au bon endroit : l'actuel, ce qui se passe ici, dans ce lieu ; et le contextuel : l'environnement dans lequel on se trouve. Ici et maintenant se complètent, mais la Terre gère le temps, tandis que Métal gère l'espace. De même les armoiries représentent les domaines, les propriétés, les possessions (qui effectivement se manifestent en Terre). Ceci m'amène à la relation avec les 7 questions QQOQCCP ou plus facilement CQQCOQP, abréviation utilisée dans la gestion de projet et/ou la préparation de rapport et les 5 Eléments auxquels il convient d'ajouter MC et TR :

• Q : Qui = Feu : le Je, l'Ego
• Q : Quoi = Eau : les ressources, le potentiel, ce que l'on va utiliser
• O : où = Métal : l'espace, l'environnement (le relationnel)
• Q : quand = Terre : Saturne ; l'incarnation : le début … la fin
• C : comment = TR : le triple réchauffeur conduit les souffles originels de Ming men (littéralement : la porte de la vie ou de la destinée), en assurant leur répartition dans tout le corps, afin que les organes et les entrailles puissent fonctionner. Il permet les échanges entre les 3 foyers : le foyer du haut du corps (la respiration), le foyer du milieu du corps (l'alimentation) et le foyer du bas du corps en lien avec l'énergie ancestrale. Il est donc une sorte de chef d'orchestre, aux ordres de Cœur-Empereur, qui organise.
• C : combien = MC : la sexualité, donc la « reproduction »
• P : pourquoi = Bois : les fruits ; les croyances, les motivations

Eau :
L'eau c'est la vie, l'océan primordial d'où sort la vie. Pas d'eau, pas de vie. A commencer par notre premier appartement chez maman. L'eau par ailleurs rafraîchit, vivifie.
Mais l'eau représente également un grand danger : noyade, déluge, tsunami. Pris dans cette furie, l'homme est englouti, perdu, submergé. D'un côté, l'énergie se concentre : la **condensation** ; et de l'autre l'essence se volatilise : l'**évaporation**. L'eau est **fluide,** elle s'infiltre, passe partout (ou presque). Mais elle peut aussi se figer lorsque la température descend en dessous de 0°. Trois états possibles donc : l'eau, la glace, la vapeur.
➡ La personne est souple (fluide) ou au contraire figée, mécanique, stéréotypée ? C'est la peur (Rein) qui fige : le reptile fait le mort et ne bouge plus.
➡ Est-elle vaporeuse, éthérée … dans les nuages ?
➡ Débite t'elle un flot de paroles incessant (rejet, besoin de sécurité : parler rassure et maintient la relation à l'autre) ?

▓ Si la gestion du temps peut être attribuée à la Terre
▓ La gestion de l'espace peut être rattachée au Métal
▓ La gestion des ressources à l'Eau
▓ La gestion des priorités au Feu
▓ La gestion des acquis au Bois

Amour – relationnel :

Eau :
Gènes, caractères, tendances prédéterminent qui nous sommes. C'est aussi l'image du couple parental qui sert de modèle et que l'on va chercher à reproduire inconsciemment. Ce sont les naufrages, les attentes léguées en héritage qui vont chercher à s'exprimer, conditionnent notre vie relationnelle et amoureuse.

Feu :
Les personnes que nous rencontrons : amis, amours sont le reflet de nos tendances : nos miroirs. Ils vibrent, résonnent et s'accordent -plus ou moins – à notre propre son, vibration (audition – Rein). Ce sont les résurgences de vies antérieures qui conditionnent nos affinités pour certains, la destinée pour d'autres. Etonnant néanmoins que ce concept d'épouser sa moitié, alors qu'à la naissance, nous faisons le deuil, avons perdu une autre moitié qu'est le placenta, le frère jumeau, ce qui habita sur place (place hanta).

Métal :
Ceci nous conforte dans notre estime. Nous apprécions ces autres parce qu'ils défendent, portent les mêmes valeurs. La plupart des couples se forment sur le lieu de travail : on se reconnaît dans les mêmes goûts, ambitions … ou dépit. On fait partie de la même entreprise, du même groupe social (appartenance du Feu), et de ce fait la communication passe mieux.

Bois :
Cela renforce également nos croyances : l'amour est avant tout deux problématiques qui se rencontrent et se complètent. Ainsi certains vont rester ensemble toute leur vie, signe d'un grand amour. N rompt tous les 10 ans : c'est dans son programme. Et à chaque fois elle conforte son schéma. C'est aussi l'éducation (le fait d'élever – arbre / Bois) sa progéniture : il est préférable en effet que les parents soient sur la même longueur d'onde, c'est-à-dire aient les mêmes références.

Terre :
Ainsi peuvent se manifester nos qualités, défauts, tendresse, élans … La Terre, le concret, la réalité est le seul moyen d'évoluer ; car l'autre, si proche soit-il de nos attentes, n'est jamais parfait. Quand bien même ne varierait-il que d'un iota, ce iota est à la base de nos souffrances qui n'expriment que l'écart entre nos projections et notre vécu.

Le monde professionnel :

Les 5 étages de la Pyramide - cycle Ko :
L'entreprise se fonde autour d'un produit ou d'une production (qui peut être un service). Elle cherche à répondre ou créer une besoin, s'implanter, avoir une infrastructure, être présent sur le marché puis consolider ses biens matériels et financiers … bref avoir une réalité : des locaux, une adresse, une enseigne, une existence légale. En cela elle s'apparente à l'Elément Terre.
Il lui est nécessaire ensuite d'exploiter et de contrôler ses ressources, son potentiel. D'avoir un fond de roulement suffisant (sécurité), un carnet de commandes, des actions commerciales (Mercure), un réseau (Vessie) … Il faut également répartir et réguler les énergies dans les différents secteurs (Vessie). Ce qui passe par un bon management. En cela cette étape s'apparente à l'Elément Eau.
Puis il convient de gérer les personnels : les « ressources humaines » (peut-être faudrait-il que l'humain se ressource en retour sur son lieu de travail ?). De créer à la fois une dynamique d'entreprise, et un sentiment d'appartenance, qui vont faire fructifier le potentiel présent. La cordialité est un facteur essentiel de la bonne santé de la société (dans tous les sens du terme). Diviser pour mieux régner a fait son temps, et les entreprises offrent à nouveau des « privilèges », comme cela se faisait dans les années glorieuses de la sidérurgie, du textile, les mines … où les logements, crèches et même vacances faisaient partie des avantages sociaux. Il est clair que ceux-ci seraient inadaptés aujourd'hui. C'est pourquoi il est capital de trouver d'autres orientations, pour que le cœur de l'entreprise – mais aussi du pays – puisse donner du rythme à l'économie. Economie qui doit certainement elle aussi être revue : les richesses devant être reparties autrement. Tout comme il est nécessaire de penser autrement – écologie oblige – à l'échelle mondiale. En cela cette étape s'apparente à l'Elément Feu.
Ensuite, et seulement ensuite si l'on en croit le cycle Ko, la valeur, la vitrine de l'entreprise est envisagée : publicité, marketing. Dans la réalité, c'est souvent l'inverse qui se passe : les actionnaires (argent – Métal) étant souvent privilégiés aux

dépends des salariés. Ou le client étant floué par l'enseigne de l'artisan, qui n'a pas les compétences, ni le savoir-faire requis. Le client comme le salarié doit être pris en compte (sentiment d'appartenance) si on vise sa fidélisation.

5	**REALISATION DE SOI :** *Besoin d'affirmer d'une manière personnelle son caractère unique, de réaliser ses potentialités* ■ Se former et continuer son propre développement ■ Etre consulté et écouté, donner son avis sur le travail ■ Traiter en commun des désaccords ■ Décider ensemble ■ Etre autonome	*D'après Time Management*
4	**RECONNAISSANCE / ESTIME :** *Besoin de recevoir des signes de reconnaissance positifs* ■ Faire un travail utile, apprécié ■ Exprimer sa compétence ■ Varier, innover dans sa tâche ■ Recevoir des délégations de pouvoir ■ Participer à la définition des objectifs professionnels	
3	**APPARTENANCE :** *Besoin de savoir que l'on compte pour les autres* ■ Pouvoir entrer en contact avec les autres ■ Se « reconnaître » dans son entreprise ■ Discuter sur les informations reçues ■ Participer aux manifestations de l'entreprise : noël, médailles ...	La plupart des êtres humains obtiennent au travail une relative satisfaction de 3 premiers niveaux de besoin
2	**SECURITE :** *Besoin d'organiser sa vie de manière à garantir sa survie* ■ Travailler dans un milieu non menaçant ■ Avoir une stabilité d'emploi ■ Etre informé ■ Se sentir soutenu, recevoir de l'aide	
1	**SURVIE :** *Le « minimum syndical »* ■ Recevoir une juste rémunération ■ Travailler dans des conditions d'environnement acceptables ■ Avoir des outils et des consignes ■ Etre déclaré	

Des enquêtes montrent que les entreprises qui se soucient de leurs collaborateurs (Feu), notamment en prenant en compte du stress au travail, de la pénibilité, et en mettant en place les solutions trouvées ont une meilleure cotation en bourse : le Docteur SALENGRO, président du syndicat des médecins du travail précise, lors de son passage au JT de 13 heures le 12 mars 2008 sur France 2, que la capitalisation des entreprises cotées en bourse, qui tiennent compte du stress, est meilleure. Le même précise également que les décès sont plus importants dans les services de réanimation où le stress est présent. L'humain (l'être – Feu) est donc un facteur de réussite dont les aspects financiers, l'image en sont dépendants sur un plan énergétique. En cela cette étape s'apparente à l'Elément Métal.

Ainsi peut-elle ensuite poursuivre sa croissance et recueillir les fruits de ses investissements. Elle peut aussi permettre à ses salariés de continuer à se former. Elle peut favoriser l'épanouissement collectif, avoir une vision à plus long terme. Elle peut même se lancer dans le mécénat, et faire en sorte que des activités autres puissent voir le jour. En cela cette étape s'apparente à l'Elément Bois.

Nous n'avons fait que parcourir la pyramide de Maslow (chapitre 3). Les outils de la MTC permettent d'aller plus loin :

Les Couples (par les Pouls) :

Grêle – Cœur : Appartenance	⟺	Estime de soi : Poumon- Côlon
VB – Foie : Réalisation de soi	⟺	Base : Rate-Pancréas – Estomac
Vessie – Rein : Sécurité	⟺	Appartenance : MC - TR

La dynamique d'entreprise, son rythme de production, sa facilité d'assimiler les nouvelles technologies, les nouvelles demandes sont associées au sentiment de considération et d'appartenance qu'éprouvent les salariés. Si ceux-ci se sentent intégrés, impliqués, alors la production et l'image de l'entreprise seront positives et rentables. A l'inverse, si l'entreprise ne cherche qu'à se valoriser (en bourse, par de la publicité aux dépends de ses salariés, des conflits seront tôt ou tard inévitables (Renaud à Vilvoorde, et toutes les usines de tous domaines qui ont suivi).

L'excès d'appartenance a existé également : les usines textiles qui n'ont pas su s'adapter, se renouveler parce que leurs infrastructures étaient trop lourdes : cités, crèches, village vacances …

Les objectifs, les grandes réalisations et ce qui va au-delà dépendent des infrastructures, de la matière première. Une compagnie de gestion de l'eau pourra, par exemple, investir dans le forage et la construction de puits dans le désert (ce qui sert son image certes, mais toutes ne l'affichent pas au grand public, qui en vient à considérer cela comme un geste normal). Elle suit ainsi un fil directeur qui part de sa fonction première à l'œuvre caritative qui lui correspond.

A l'inverse une entreprise qui n'a qu'une vision matérialiste, basée sur son unique pérennité, n'a que peu de chance de se développer à grande échelle.

Le sentiment d'appartenance fait fructifier les potentiels et les ressources personnelles et collectives (Elément Eau). Il renforce également la sécurité, chacun se sentant responsable de l'autre. Le patron, généralement de petite ou moyenne entreprise, peut en arriver à se priver de salaire pour la survie de l'entreprise et celle de ses salariés. A l'inverse, certains secteurs ont vu les salariés réduire eux-mêmes leur salaire, pour éviter des licenciements ; ou mettre leurs primes de licenciement en collectif pour reprendre et faire tourner leur ancienne boite.

Le côté pratique pour accompagnant :

Le chiffre Kua, principe du Feng Shui :

Méthode de calcul du chiffre Kua pour les femmes :
1. Additionnez les deux derniers chiffres de   Exemple : 26 mars 1958
   l'année de naissance $5 + 8 = 13$
2. Réduisez si le résultat est supérieur à 9 $1 + 3 = 4$
3. Additionnez : 5 + résultat de la réduction $5 + 4 = 9$
4. Réduisez si le chiffre est supérieur à 9   Le chiffre Kua obtenu est 9

A noter : Pour les filles nées à partir de l'année 2000, additionner à 6 et non plus à 5

Méthode de calcul du chiffre Kua pour les hommes
1. Additionnez les deux derniers chiffres de   Exemple : 26 mars 1967
   l'année de naissance $6 + 7 = 13$
2. Réduisez si le résultat est supérieur à 9 $1 + 3 = 4$
3. Soustrayez : 10 - résultat de la réduction $10 - 4 = 6$
                                               Le chiffre Kua obtenu est 6

A noter : Pour le garçon né à partir de l'année 2000, soustraire de 9 et non plus de 10

Cas particulier : lorsque le chiffre Kua obtenu est 5, il devient 2 pour les hommes et 8 pour les femmes. Lorsque vous êtes né en début d'année (janvier ou début février), vous prendrez en compte l'année précédente pour votre calcul. Il est préférable de consulter un calendrier chinois afin de prendre en compte l'année correcte.

La correspondance avec les Eléments :

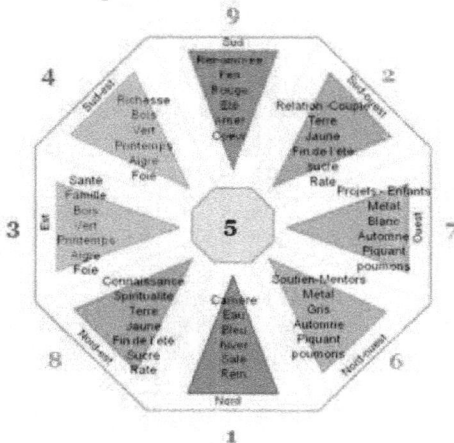

- Chiffre Kua 1 : Elément Eau
- Chiffre Kua 2 : Elément Terre
- Chiffre Kua 3 : Elément Bois
- Chiffre Kua 4 : Bois
- Chiffre Kua 5 : voir cas particulier ci-dessus
- Chiffre Kua 6 : Elément Métal
- Chiffre Kua 7 : Elément Métal
- Chiffre Kua 8 : Elément Terre
- Chiffre Kua 9 : Elément Feu

Récapitulatif (issu du feng shui)

Méthodologie de travail :

Outils à disposition :
En fonction de sa formation, le praticien utilisera le pendule, l'antenne de Lécher, le test musculaire, ses neurones. Est-il besoin de préciser que les informations données au chapitre 12 ne sont pas une grille de lecture, mais un ensemble d'informations dont certaines serviront dans un cas et pas dans l'autre. Il est bien évident que des liens seront établis entre l'histoire du consultant et ces mêmes informations, afin d'en dégager une certaine cohérence. Le praticien se méfiera de ses propres déductions et vérifiera si elles ne sont pas des projections. Pour cela, il est conseillé de s'interroger sur son propre vécu, ses résonnances vis-à-vis du discours et de la problématique, difficulté du client.

Utilisation des données :
Les 5 Eléments : donnent une vision orientale de l'approche des macro et microcosme, qui oblige à changer ses repères et facilite ainsi un regard neuf, une gymnastique de l'esprit (le pire ennemi du thérapeute étant la routine) ; Apportent les informations, et font les liens avec d'autres approches (le contenu des 9 premiers chapitres)
Les cycles : permettent de déterminer l'étape en cours, le pôle de blocage dans la progression du projet, établissent un bilan : 5 Eléments, Roue, énergétique, émotionnel, comportemental ; apportent une réflexion qui incite à saisir le mécanisme, la progression, et donc la cause d'un souci psychologique ou physiologique ; apportent un certain nombre de solutions : physiques, émotionnelles, comportementales …
Les époux : époux – épouse / les pouls : déterminent en santé par le toucher les excès profond ; sont la base du « diagnostic » chez les praticiens en MTC ; représentent ici les appuis à trouver : le complémentaire, qui peut néanmoins contrarier.
La loi Midi- minuit : les oppositions en astrologie contrarient, freinent, bloque, ennuient … mais modèrent.

Solutions et outils :   *liste non exhaustive*

Eléments	Méd. Convent.	Naturopathie	Méd. Non Convent.
Bois	Kinésithérapie	Phytothérapie Biokinésie (1) Massage (2)	EMDR - iridologie TCC–PNL – AT (5) Sophrologie, hypnose
Feu	Homéopathie	Sudation : sauna, bouillotte … Marche – jogging (3)	Moxa - ventouses Héliothérapie - Luminothérapie Hug
Terre	Allopathie	Nutrithérapie Jeûne Mono diète	Diététique - gemmothérapie Drainage lymphatique Géobiologie – feng shui

		Respiration (bol Jacquier) Oligoéléments	Acupuncture Yoga – Qi gong (6) Psycho … CNV (7)
Métal	Chirurgie		
Eau	Génétique	Hydrothérapie Magnétisme Isothérapie (4)	Ostéo – chiro – étiopathie Reboutologie, shiatsu Réflexologie

(1) La biokinésie est un ensemble de mouvements qui ont chacun un impact sur un organe ou une fonction. VB crée du dynamisme et donne de l'élan, donc du mouvement

(2) Massage en Bois par que le Bois gouverne les muscles (la Terre : la chair)

(3) La marche et le jogging sont bons pour le cœur. La seconde facilite la digestion.

(4) Isothérapie ou urinothérapie

(5) TCC : Thérapies Cognitives Comportementales, PNL / Programmation Neurolinguistique, AT : Analyse Transactionnelle

(6) Yoga et Qi gong en Métal, car ces techniques permettent aussi une communication avec son corps. La respiration y prend tout son sens et relie l'être à l'univers (intérieur et extérieur)

(7) Ce qui incite au Verbe : psychologie, psychanalyse, psychothérapie … CNV : Communication Non Violente

Notes :

▶ Emotionnel et Energétique sont (pour moi) au centre de tout travail. Cependant, le praticien ne fait qu'encourager, réveiller le processus d'auto-guérison du client, qui, de ce fait, doit prendre part à l'atteinte de son objectif (qui peut être son rétablissement). Une prise de conscience est nécessaire. Elle ne sous-entend pas comprendre la maladie, ou la problématique, mais mettre en place des changements pour satisfaire le besoin, la demande établie par le corps à travers le mal être.

▶ La détoxination vise le foie en particulier, mais peut aussi s'adresser aux autres émonctoires : rein, côlon, poumon, peau (et utérus chez la femme)

Références :

http://www.passeportsante.net/fr/Maux/Problemes/Fiche.aspx?doc=troubles_cardiovasculaires_pm
http://maisondelasolidarite.blogspirit.com/archive/2007/03/25/symbolique-des-maladies.html
http://santenatureetcie.com/bradycardie-decodage-biologique/
http://www.constellationsfamiliales.net/D01Comportementetmaladies.pdf
http://pastoralefamiliale.free.fr/refl-sensdesmaladies.htm
http://vivre-fengshui.fr/pages/personnalite.html
http://santenatureetcie.com/migraine-maux-de-tete-symbolique/

les deux inséparables – M. De SURANY ; Trédaniel Editeur
décodage biologiques des maladies – Christian FLECHE – Editions le souffle d'or

Chapitre 11 :

Le « sens » ésotérique

Tout n'est pas aussi simple qu'il n'y paraît.
Les différentes Traditions, orientales, occidentales, ont toujours présenté les choses de deux manières : la première dite exotérique, accessible au grand public où l'information est vulgarisée.
Ainsi retrouve-t-on sensiblement toujours les mêmes informations concernant les méridiens, et éléments. Ce qui peut paraître logique, mais qui néanmoins codifie, uniformise leur approche.
Or la médecine chinoise est nettement plus complexe et plus subtile.
La seconde ésotérique, réservé aux initiés. C'est-à-dire ceux qui prennent le temps d'étudier, s'interroger, vérifier, faire des liens …

Il ne s'agit pas ici de plonger dans les arcanes de la MTC, mais de proposer un autre regard sur les cycles conventionnels et d'en dégager – peut-être – d'autres

▪ Chassés croisés
▪ Les cycles « inversés »
▪ Détail des plans Terrestre et Céleste de chaque Elément

« Chassés croisés » :

Définition : la décussation est le passage à travers le plan médian des fibres nerveuses connectant un hémisphère cérébral à la moitié controlatérale du corps.

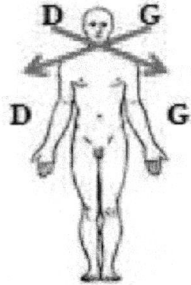

Hémisphère droit - côté gauche ... et inversement :

Il est connu que l'hémisphère droit contrôle la partie gauche du corps. Le croisement s'effectuerait au niveau du la nuque (un peu plus bas que le tronc cérébral). Ainsi un AVC touchant des aires cérébrales à gauche aura des répercussions sur la motricité et la sensibilité à dans la partie gauche du corps.

Le chiasma Optique :

Le chiasma optique est formé par la fusion et le croisement des nerfs optiques.

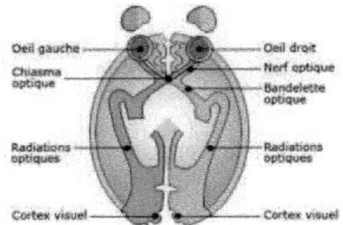

Certaines fibres dites homolatérales (du même côté) poursuivent leur chemin du même côté : celles de gauche vont à gauche, celles de droite à droite.

D'autres fibres croisent et passent du côté opposées (controlatérales).

- décussation de 50% des fibres optiques issues de la rétine :
- décussation de 0 % des fibres issues de la rétine temporale (fibres restant homolatérales) ;
- décussation de 50 % des fibres issues de la macula ;
- décussation de 100 % des fibres issues de la rétine nasale (fibres devenant controlatérales)

Le Monde à l'envers :

L'image obtenue sur la rétine est renversée de haut en bas et inversée de gauche à droite. C'est le cerveau qui interprète les images reçues par la rétine et qui nous rend un monde extérieur "à l'endroit".

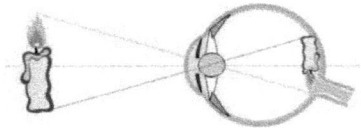

X - Chromosome - Lemniscate :

Ce phénomène de croisement rappelle étrangement la forme habituelle du chromosome ... qui elle-même renvoie à la croix, dont la symbolique prendrait un chapitre à elle seule. C'est encore une lemniscate inachevée, donc de l'infini, donc de la $8^{\text{ème}}$ lettre (la lemniscate est un 8 couché) : c'est-à-dire le H, initiale de l'Homme (Humanité). Et ce 8 est doublement intéressant :

▶ L'énergie nous disent les Chinois circule (ou circulerait) sous cette forme. Il existe d'ailleurs des méthodes pour équilibrer ces mêmes énergies qui utilisent le tracé du 8, dans un sens ou dans l'autre. Ce mouvement atténuerait même certaines douleurs, preuve de sa véracité.

▶ Sa boucle du haut peut représenter le « monde divin », le non matériel, l'incréé … et le la boucle du bas : le monde de la manifestation, le dense, la matière … le « monde du bas » projection du « monde d'en haut ».

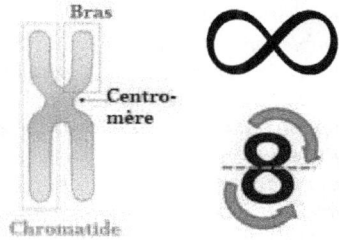

Corps physique et corps vital :
Pour certains, le corps physique aurait un double éthérique, appelé vital, car c'est lui qui aurait en charge « l'entretien et la réparation » du corps dense physique, notamment la nuit. Or chez la femme le corps physique est de polarité négative (ce qui n'a rien de péjoratif) alors que son corps vital est de polarité positive. Chez l'homme : c'est l'inverse.

Mouvements contraires : des polarités inversées
L'énergie tellurique entre par le 1er point de Rein (dans le V plantaire) à droite. L'énergie retourne à la Terre par le 1er point de Rein à gauche.
La main gauche reçoit.
La main droite donne.

Tête en bas - tête en haut :
Lors d'une naissance naturelle : la femme est accroupie, la gravitation aide à la parturiente et le bébé arrive donc tête en bas. Une fois devenu en âge de marcher, le voici tête en haut ! ce qui ne l'empêchera pas plus tard de faire le poirier pour soulager son mental, ou encore de surélever ses jambes pour favoriser le retour veineux.

Notons encore une tête prédominante in utéro, qui devient de moindre importance ensuite, sauf bien évidemment pour ceux qui ont la « grosse tête »

En arrière toute ! :
Si l'on en croit les astro-newage logues, nous entrons, allons entrer, sommes entrés dans l'Ere du Verseau.

Explications :
« En astrologie, une ère astrologique est la période de temps pendant laquelle le point vernal traverse l'une des 12 constellations du zodiaque, du fait de la précession des équinoxes, phénomène découvert par l'astronome Hipparque au IIe siècle av. J.-C..

Le point vernal effectue un tour complet du zodiaque en environ 25776 ans. Cela signifie que 30 degrés de l'écliptique sont parcourus en approximativement 2160 années. Le fait que les constellations occupent des portions plus ou moins grandes que 30 degrés sur l'écliptique est traité de différentes manières selon les auteurs. »

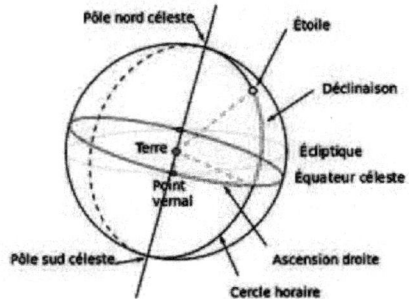

Ainsi la vie sur Terre aurait-elle débuté avec l'Ere du Cancer : le cancer régit la maternité, la femme, les cycles ... il est doc « normal » que l'avènement (ou l'accouchement) de l'humanité commence ainsi :

- *« Ère du Cancer : entre 8700 et 6500 avant Jésus-Christ selon la plupart des auteurs. Le signe du Cancer est associé au foyer, à la famille, à l'alimentation et à l'agriculture. Selon les astrologues, c'est l'intensification de la sédentarisation, le développement de l'agriculture, la domestication des animaux.*
- *Ère des Gémeaux : entre 6500 et 4300 avant Jésus-Christ, selon la plupart des auteurs. Le signe des Gémeaux est celui des échanges verbaux et commerciaux. Les astrologues associent cette ère à l'intensification des relations humaines : une étape fondatrice de la civilisation. Tout comme les Gémeaux, cette époque est associée à une prédilection pour les motifs abstraits, notamment dans les poteries.*
- *Ère du Taureau 4300 à 2000, avant Jésus-Christ, approximativement. Cette section est vide, insuffisamment détaillée ou incomplète. Votre aide est la bienvenue ! Structure et stabilité ... Le culte du veau d'or.*
- *Ère du Bélier : 2000 à la naissance du Christ. Premier signe associé avec la compétition, l'excellence, la guerre, l'unicité. Monothéisme. Lutte contre les faux cultes et les polythéismes. L'abandon du culte du veau d'or est un rejet des anciens cultes, plus sensuels, associés au péché. Rejet d'Astarté, divinité associée à Vénus, et au Taureau. Abraham : le sacrifice du fils, de l'agneau. L'obéissance au Dieu unique.*
- *Ère des Poissons : Ère chrétienne. Jésus, l'agneau de Dieu. Symbolisme des Poissons (Ichtus) dans les catacombes. Eaux baptismales. Les pêcheurs d'hommes. Le sel de la terre. La Vierge (signe opposé aux Poissons).*

Où les controverses commencent :
- ► *Selon Paul Le Cour et une majorité d'astrologues, l'Ère des Poissons aurait débuté avec l'avènement du christianisme et, environ 2150/2160 ans plus tard, commencerait l'Ère du Verseau*
- ► *D'après Max HEINDEL : l'Ere des Poissons aurait débuté en 498 et celle du Verseau commencerait en 2658.*
- ► *Rudolf STEINER par contre récuse cette façon de voir et affirme que l'Ère du*

Verseau ne commencera qu'en 3573 quand le point vernal sera à peu près au milieu de la constellation du Verseau. L'humanité se trouverait actuellement à la fin du premier tiers de l'Ère des Poissons.

Informations de Wikipédia

Ce qui nous intéresse ici est la « marche arrière » (Cancer – Gémeaux ... poissons, Verseau) du zodiaque. Est-il possible que ce mouvement inverse soit applicable aux 5 Eléments ?

Les Cycles Inversés :

Le cycle Terrestre :

Comme nous l'avons vu au second chapitre, le cycle cheng suit la progression des saisons ... et quelque part de la vie. Généralement, le cycle commence par le printemps, symbole de (re) naissance : la sève monte, les bourgeons éclatent, et petit à petit la nature reverdit. Il est bon de remarquer que la montée de la sève se produit mi-février, et non mi-mars, à l'équinoxe, preuve que le printemps est déjà commencer lorsque celui de notre calendrier l'annonce seulement. La terre est alors labourée : intersaison ; et les semis peuvent débuter. Viennent ensuite fenaison et moisson. La première est la plupart terminée pour la fin juin, la seconde est un peu plus tardive (je parle ici de l'agriculture traditionnelle. Il existe désormais des blés d'hiver, et des récoltes pratiquement toute l'année). La terre est ensuite retournée pour éliminer les éteules (partie des tiges des céréales qui restent dans les champs après la coupe).

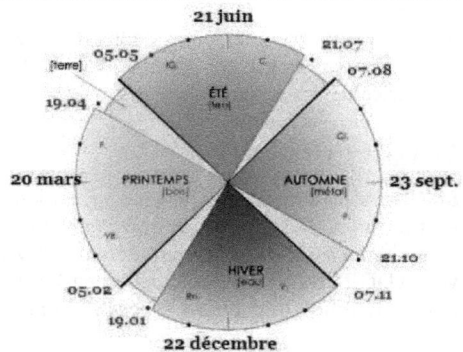

Viennent les récoltes de fruits : pommes, poires, raisins ... associées à l'automne et au Métal. La terre est ensuite labourée avant l'hiver. A la sortie de l'hiver, la terre est à nouveau retournée.

Ceci diffère néanmoins du cycle naturel qui, si l'on se réfère aux solstices et équinoxes, devrait débuter le 22 décembre : la fête de la nativité se situe le 25 et correspond :
- *« Dans le culte mithraïque, la fête la plus importante - le Mithragan - se déroulait chaque année le jour du solstice d'hiver, jour célébrant la naissance de la divinité et la victoire de la lumière sur les ténèbres*
- *Dans la Rome antique, les citoyens fêtaient les Saturnales : d'abord du 17 au 21 décembre, puis plus tard du 17 au 24 décembre : les gens sacrifiaient symboliquement un mannequin représentant un jeune homme, pensant ainsi transmettre la vitalité du personnage à la nouvelle année. Il est à noter que la*

fixation à la date du 25 décembre du solstice d'hiver est due à une erreur commise par l'astronome Sosigène d'Alexandrie, lors de la réforme du calendrier à l'initiative de Jules César en 46 av. J.-C., qui fixa le début des saisons avec un retard de un ou deux jours par rapport à la réalité.

- *À partir du règne d'Aurélien (270-275), les Romains fêtent officiellement le Sol Invictus (Soleil invaincu) au moment du solstice d'hiver qui commençait la nouvelle année, annoncée par le rallongement des jours.* »

La nativité donc au solstice d'hiver : l'enfant pour naître doit se retourner (comme la Terre après l'Hiver) après sa période de gestation, dans le liquide matriciel (Eau).

C'est alors l'enfance et l'adolescence, avec ses zones de turbulences : ses giboulées, les premiers orages (tonnerre en avril, préparez vos barils)

Le jeune adulte quitte alors le nid parental, doit s'insérer dans la société : 2ème intersaison

Arrive la crise de la quarantaine (ou cinquantaine, la vie s'allongeant) où l'on se remet en question, où les Terres intérieures sont à nouveau retournées.

La maturité aidant, l'homme (et la femme) sont plus en recherche du plaisir, ils recueillent les fruits de leur labeur, profitent de leur vie … et des petits-enfants qui arrivent.

Nouveau labourage : le temps de la retraite et/ou réduction des activités. Le temps des deuils et des pertes avant d'entrée dans la dernière étape avant le retour à la Terre ou au Ciel selon ses convictions.

Le cycle Céleste :

Si l'Etre s'incarne pour expérimenter, enrichir de son vécu son Ame, mais – peut-être – aussi le capital de l'Humanité ; bon nombre de philosophies affirment que cette même Ame aspire à rentrer au bercail, à revenir à la Source … ou à la vacuité (Xu – voir ADDENDA, Vaisseau Gouverneur). Cependant si l'on part de l'hypothèse que le bas est le reflet du haut, les processus sont inversés, ou plutôt énantiomorphes (effet miroir).

Comment cela ?

En été, les journées sont les plus chaudes et les plus longues : l'activité devrait être (elle l'était chez nos aïeux) au maximum. Hommes et femmes travaillent dans les champs. Les enfants quittent l'école, non pas pour des vacances en bord de mer, mais pour aider leurs parents. Cette activité ne favorisent guère l'introspection, le travail de maturation d' l'Etre ; même si le shen, la conscience est associée à cette saison.

Le soleil extérieur est plus favorable à la nuit intérieure. En hiver, les jours sont courts et froids. Les travaux sont restreints. On s'active moins. C'est le temps de la fabrication des paniers, des soirées près du feu, de la réflexion. Ce n'est pas un hasard si les retraites spirituelles s'effectuent dans des endroits retirés, à l'écart du bruit et de l'agitation. Le soleil extérieur est plus rare, les nuits sont plus longues mais elles laissent place à un plus grand soleil intérieur.

Le cycle d'engendrement :

Voici donc l'Etre dans les eaux matricielles (en lien avec l'Océan Primordial des Occultistes). Ou bien l'Ame éthérée (l'eau sous forme gazeuse, les nuages) prépare son incarnation. Il délimite son « territoire » (Vessie), son champ d'action, mais aussi son patrimoine héréditaire, sa lignée, sa génétique … Car pour certains, il inspire (Poumon – Métal) les parents qu'il aurait lui-même choisis afin de naître dans les conditions les plus adaptées à sa vie terrestre. Par exemples, des parents au moment du projet de l'Etre en devenir ne se connaissent pas, et pourtant peu de temps après ils sont ensemble et le bébé arrivent très rapidement. Vénus, la planète maitresse du Métal, a usé de ses dons. Après quelques heures de travail, la Terre compte un pensionnaire de plus, et voici l'aventure partie pour une moyenne de 80 ans. C'est à la fois long, lorsque l'on est jeune ; et court lorsque l'on engage la seconde mi-temps. Et pourquoi donc venir sur Terre ? Qui suis-je ? D'où je viens ? Où vais-je ? … dans quel état j'erre ? (formule bien connue).

Vers le Feu ! Le Cœur, l'Amour. L'attachement, le détachement … lorsque l'on regarde le monde actuel, soit on a du mal à le croire, soit on se dit que le chemin est encore long. « Le 21ème siècle sera spirituel ou ne sera pas » qu'il disait. Le Soleil est Maître du Lion qui gouverne le cœur (en astrologie classique). Et Christ est appelé le Lion de Juda. Il est également relié à Tipheret dans l'arbre kabbalistique : la beauté. Mais qui est ce Christ ? Son nom signifie l'oint en grec (et il est vrai que l'on est loin de ses enseignements !). Celui qui est oint a été béni ; et béni vient de ben qui signifie le fils. Fils de Dieu ou fils de l'Homme ? L'homme est ici l'Homme en devenir.

Mais avant, il fait l'expérience de la vie, se confronte à ses peurs (Eau), ses instincts (Métal), ses possessions (Terre), ses pulsions (Feu) … et il s'accomplit (le Foie, lieu d'accomplissement selon De SOUZENELLE) se heurte et modifie ses croyances jusqu'à trouver la Foi (mais ce n'est peut-être qu'une de mes croyances) pour rejoindre, retourner à … voire devenir la Source.

Et dans le concret ?

Projet :
1. Quelles sont les énergies en présence, mais aussi les volontés (Rein) pour mener à bien le projet ? Sans cette énergie de départ, il a peu de chance de voir le jour ou d'aboutir. Dans les objectifs, professionnels, personnels … en entreprise, en développement personnel, si les ressources ne sont pas là, ou non disponibles, les résultats ne seront pas au rendez-vous.
2. Une fois le potentiel, le dynamisme présent ; l'entreprise réalise une étude de marché : elle s'enquiert des possibles, fait appel à son réseau, établit des prototypes. Pour certains l'idée est envoyée dans l'univers (Poumon – inconscient …). Pour démarrer une activité (Côlon), il est nécessaire d'en parler, de « faire de la pub », de communiquer.
3. Arrive ensuite le temps de la réalisation, du concret : les choses se matérialisent, se formalisent On assemble les éléments du puzzle. Déjà la matière permet de souligner les erreurs, les approximations de la préparation (car la pratique est

rarement le reflet parfait de la théorie. Des ajustements sont la plupart du temps nécessaires).

4. C'est ainsi que l'on prend conscience des contraintes, de la réalité, du caractère humain (qui n'est pas une machine, un robot et qui fluctue donc en fonctions de certains paramètres). Le projet est-il bien en adéquation avec le désir du départ ? Apporte-t-il un épanouissement ? Est-ce que le sentiment de satisfaction est-il présent ? Quelles émotions en découlent ?

La totale satisfaction est rarement présente, et si elle l'est, dure-t-elle ? Certains diraient que tant que l'Homme n'est pas dans son « projet d'incarnation », la frustration (qui implique un certain degré de conscience : revoilà le shen) persiste. On peut parler ici de vocation. Si je suis dans ce qui me fait vibrer, peu importe les obstacles, mon énergie sera nourrit, et ma volonté intacte. Si je ne le suis pas, mon intérêt va vite retomber cherchant un autre objectif pour le remplacer.

5. De ce parcours, vont à la fois ressortir des résultats (les fruits de l'arbre) et des croyances : « il faut y croire », « … se battre pour y arriver », « tout vient à point pour qui sait attendre » … croyances nouvelles ou anciennes mais renforcées. De là peut se développer une intuition (Bois) ou des projections : on perçoit (vue : foie) le monde à travers le filtre de ses croyances.

Relationnel :

1. Chacun a un patrimoine génétique, des besoins, « un champ énergétique » (au sens large du terme) différent. Chacun a également une histoire familiale, des « racines », un « territoire » qui délimitent nos centres d'intérêts et nos attirances (énergie) …

2. Puis, les instincts, l'inconscient … mais aussi « ce qu'il y a dans l'air », les affinités (je peux ou ne peux pas le sentir, et ce avant même que la rencontre ait lieu). C'est le côté animal, le flair qui fait que l'on va vers une personne et pas une autre. Il existe bien évidemment d'autres conditionnements, dont nos croyances qui se basent sur les …

3. Apparences : le physique. La première « rencontre », le premier élan, plus ou moins conscient, s'appuie sur l'aspect physique du vis-à-vis. En l'espace de quelques secondes (la règle des 4 X 20 : les 20 premières secondes, les 20 premiers gestes, les 20 premiers mots et les 20 premiers centimètres) l'individu a déjà « catalogué » son interlocuteur.

Le psychologue Alex TODOROV, de l'université de Princeton, estime que les humains répondent intuitivement à un nouveau visage si rapidement que nos capacités de raisonnement n'ont pas le temps d'influencer la réaction. Notre cerveau décide en un dixième de seconde en voyant un nouveau visage si cette personne est attirante et fiable. Cette information aura bien du mal ensuite à être modifiée.

4. Viennent ensuite sentiments, passion : attraction ou répulsion, les élans du cœur (ou de Maitre Cœur) que la raison ne comprend pas toujours. Il peut être en effet bien difficile de se compléter sur un plan physique, intellectuel, spirituel … Ce

qui a été adoré un jour, peut être brûlé le lendemain et inversement … Les émotions peuvent jouer à ce stade une influence toute particulière : pour certains « les contraires s'attirent » ; pour d'autres « qui se ressemble s'assemble ». Une personne calme attirera une personne nerveuse et leurs attitudes pourront donc – du moins un certain temps – s'équilibrer. Néanmoins, à plus long terme, elles peuvent être source de conflit : l'un reprochant à l'autre d'être trop soupe au lait, ou trop flegmatique …

5. Les croyances, aspirations, modèles se mêlent enfin à la relation. Car le « temps des amours passé », une autre construction (toujours basé sur l'amour, que le lecteur soit rassuré) se met en place. Cependant les concessions premières sont revues et parfois corrigées. Les divergences sur l'éthique, l'éducation, les projets, la vision de la vie peut alors faire surface et là encore impacter - positivement ou négativement - la relation.

Au chapitre neuf, ce « mouvement » avait été effleuré à travers les 5 dimensions de l'être ainsi que les cheminements positif et négatif :

Comme l'écrit De SURANY, le Foie siège de l'Ame (et point d'ancrage du corps du Désir chez HEINDEL) excite le « désir sexuel », c'est-à-dire les forces de vie, la libido, l'orgone, le ça … présent en Eau. Le désir nait et met le potentiel, les capacités présentes (que la science a tendance à ramener aux seuls gènes) en mouvement.
De là émerge l'action, le faire du Métal. Et pour faire, il est nécessaire d'avoir les choses en main, ou en tête. Avoir également le matériel nécessaire, et donc posséder, ne serait-ce qu'un peu d'argent (Métal) pour mettre en œuvre, acquérir des outils (Métal) pour concrétiser son projet.

De là naissent des sentiments ou des émotions diverses : le plaisir de réussir, d'apprendre … l'excitation au fur et à mesure que le projet prend forme ; l'impatience ou l'irritation devant les obstacles. Ceci révélant le caractère, le tempérament et/ou la personnalité de l'individu. C'est-à-dire une partie de son être qui aspire à devenir l'Etre.

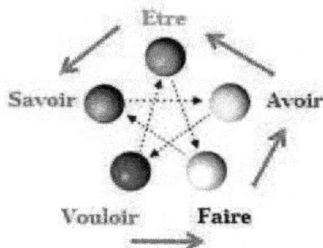

Cet apprentissage apporte des savoirs, des savoir-faire, un acquis, qui, e fonction du vécu vont engendrer une méthodologie, une approche … et pour certaines activités un rituel. Parce que le cerveau cherche à formater, éviter le stress. Il apprécie le confort. Il va donc mettre en place des croyances : « jamais deux sans trois », « Noel au balcon, Pâques au tison », « un bon tien vaut mieux que deux tu l'auras » … il tente ainsi de se préserver de l'échec ou d'infortunes.
Ces savoirs vont à leur tout donner naissance à d'autres désirs : on désire poursuivre ses études (parce que l'on a réussi, ou que l'on y a trouvé de l'intérêt) ou on change et prend d'autres orientations.

Le cycle de Contrôle :
Ce que l'on nommait cycle Rae, de rébellion, dans un plan, devient cycle de contrôle dans l'autre. Est-ce à dire que le Spirituel s'insurge contre le matériel ?

♦ Les gènes (l'essence de l'individu) contrôlent le physique. Cela se conçoit aisément. La science s'oriente de plus en plus vers la génétique et tente d'ailleurs d'expliquer – avec plus ou moins de succès – d'expliquer que la morphologie, la santé, les prédispositions dépendant de ces gènes. Si l'on comprend que les gènes ne sont que la manifestation, ou les porteurs du projet de la personne (projet de vie, projet sens parental …), l'explication devient tout à fait plausible. Etonnant néanmoins de noter que gènes et l'homonyme de gêne. La vie, comprise dans ce sens, n'est donc pas un partie de plaisir, d'avantages, de « vacances », mais belle et bien une confrontation, une suite d'épreuves « voulues » pour que l'Ame ou l'Etre puisse exprimer son potentiel (ou pote en ciel ?). Bien évidemment, une fois incarné, et le souvenir du désir oublié, les contraintes vécues paraissent injustes, anormales …

♦ Le physique, l'incarnation contrôle les croyances. Il est plus ou moins démontrer que la période intra-utérine est fondamentale dans le développement de l'organisme mais que le vécu a également un impact sur la vie psychique : tout se joue avant 6 ans, ou 3 ans, voire 1 an, avant l'apprentissage de la parole, selon les auteurs. Il s'agit là d'une mémoire et de ses incidences corporelles, le cerveau n'étant pas encore suffisamment mature. Notons que DAMASIO, célèbre neuropsychologue, explique que le corps est à l'origine des émotions qui sont ensuite analysées par le cerveau. Delà naitraient les sentiments. Le corps, en fonction des ressentis expérimentés, va donc influencer, pour ne pas dire modeler nos comportements et les croyances qui vont en découler. Ceci renvoie aux drivers abordés au chapitre 6. Si l'enfant ressent un manque d'amour, si les messages parentaux – partant d'une bonne intention – sont suffisamment répétés, alors le ressenti (qui ne résulte pas forcément d'une réflexion mentale) va générer des attitudes en corrélation.

♦ Le corps est un Temple. Les organes sont sacrés (les viscères momifiés sont conservés dans des vases canopiques – la Médecine chinoise, le décodage biologique, la symbolique leur ont donné un sens).

♦ La maladie peut être vue comme un processus d'évolution. La vieillesse comme une suite de deuils, destinée au lâcher prise … si chacun fait une rapide introspection, il s'apercevra que les croyances depuis notre enfance ont évoluées : elles ont pu se renforcer ou au contraire se modifier, voire s'inverser. Un accident, une convalescence, mais aussi la souffrance due à une rupture pouvant être la source d'une modification, parfois radicale, de nos schémas de pensée.

♦ Pour terminer sur une note d'humour (mais en est-ce une ?), le regretté Coluche disait quelque chose comme : « tout le monde est égaux, mais ce sera plus difficile si tu es noir, moche et handicapé ». Notre rapport au corps, notre vécu, nos sensations joueraient donc un rôle dans notre appréhension de la vie et notre regard sur le monde. Capacités et handicapés favorisant, stimulant ou réfrénant notre épanouissement et notre « accomplissement »

♦ Ces croyances vont également impacter, contrôler les aptitudes, qui englobent à la fois les savoir-faire et les compétences sociales (le relationnel) : en fonction des réussites ou échecs, du sentiment qui en découle, l'action de la personne va être facilitée ou inhibée.

♦ Sur un plan « spirituel » la Foi – qui n'est pas toujours aveugle, Bois impliquant la ruse par le Foie et le discernement par la VB – permet « d'être agi » : le Divin, le Soi, l'Atman … agissant au travers l'individu. Ce qui demande un certain lâcher prise attribué au Côlon. L'action est alors spontanée, sans notion de bien ou de mal (culpabilité de Métal), et non plus la conséquence de drivers, de désirs temporels, de projections … qui la plupart du temps ne résistent pas au temps, et qui résultent d'une échelle de valeur, donc de comparaison, donc de dichotomie : bien, mal ; plus, moins ; bon, mauvais … le Divin étant le retour à l'Unité première.

♦ Cette dichotomie contrôle et entrave l'Amour (généralement associé au Cœur). Amour qui dans l'absolu n'est pas une émotion mais un Etat, une Essence. L'Etre est immuable, l'énergie est sa force, son potentiel d'action que l'émotion met en mouvement. L'amour que nous connaissons est avant tout passions, possessions, projections, attentes, investissements (argent du Métal). Il se base sur deux forces opposées que sont l'attraction et la répulsion. Ceci est observable chez les métaux avec les électrons qui gravitent autour du noyau, et les réactions d'oxydoréduction qui permettent à ces mêmes électrons de passer d'un atome à un autre. L'Inspiration (Poumons) attire l'attention sur le fait que : *« L'univers serait constitué de plus de 99,9 % de vide. En effet si l'on supprimait le vide entre le noyau de chaque atome et les électrons gravitant autour, l'humanité tiendrait dans un dé à coudre. »* Or, je rappelle que VIDE est l'anagramme de DIEV. Ce vide peut être vu comme l'espace laissé à l'homme par Dieu (Allah, Brahma …) pour expérimenter ses possibles. Toute action devient réalisable. Le tout étant ensuite de savoir comment l'on agit : en se laissant guider par ses instincts (Métal) au risque d'être submergé par ses émotions (Feu) ; ou en prenant conseil (communication – Métal), en « respirant » en conscience pour utiliser à bons escient ces émotions.

> *Les émotions n'ont pas à être gérer, contrôler … mais tout simplement vécues.*
> *L'enfant tombe. Il pleure. Puis se relève et passe à autre chose.*
> *L'adulte se retient pour ne pas chuter, n'exprime pas son ressenti, fait bonne figure, mais reste impacté par sa peur et les manifestations internes liées à cet événement et va, dans certains cas, jusqu'à mettre en place des stratégies pour éviter l'inconfort vécu. Vivre l'émotion, c'est soulager le corps, ne pas cristalliser le stress. Les émotions – voir ci-dessus – sont essentielles et participent grandement à la conscience (le shen du Feu).*

♦ L'Amour, la conscience … va modifier les gènes de l'humain – sur une ou plusieurs générations – et stimuler son potentiel. C'est la théorie des cent singes : lorsqu'un nombre suffisant d'individus acquiert une compétence, accède à une information … celle-ci devient accessible à tous, et peut donc s'incarner, devenir « réalité ». C'est encore ce constat effectué lors de la première guerre mondiale dans un orphelinat. Des bébés étaient recueillis et placés en rang d'oignons dans des dortoirs. Les médecins s'aperçurent que beaucoup se laissaient mourir, ou présentaient des retards psychomoteurs. Un enfant pourtant se développait normalement. Il finit par partir, et, chose étrange, son successeur se développa lui aussi normalement. Après enquête, il apparut que tous les soirs, la veilleuse de nuit, lors de ses rondes, avait pris l'habitude de caresser la joue du bébé (que sa place favorisait par rapport aux autres). L'Energie du Cœur est puissante et comprend (prendre avec). « *Il donne la Raison guidée par les Principes et la Morale et non par les instincts et les besoins* ».

◆ Si Vessie régule le territoire et les autres méridiens, Cœur exerce une influence certaine sur Vessie, et sous cet angle, peut être perçu comme l'Acteur de régulation caché derrière Vessie. En biokinésiologie, le centre d'énergie du cœur gouverne les méridiens. En Touch For Health, si le praticien pratique un « hug » - qui doit être réalisé dans la plus pure intention, avec une méditation préparatoire – tous les méridiens testés faibles auparavant seront équilibrés.

Il y a donc deux « sens » aux 5 Eléments, et il importe au praticien de savoir dans quel plan le consultant se situe.

BOIS :

Contrôlé dans le **Plan Terrestre** par le **Métal :**

▦ La culpabilité retient la colère : « si j'avais su … » mais le procédé est pernicieux, lorsque la pression interne est trop importante, la personne explose … puis retombe dans la culpabilité créant ainsi un cercle qui peut être vicieux.

▦ L'humiliation détruit la Foi (Foie), les croyances, l'audace, l'élan, mais aussi la créativité, l'intuition, les rêves …

▦ Le retrait – l'humilité empêche l'affirmation de soi

▦ Le besoin d'estime de soi (et donc les stratégies pour se valoriser : « fais-moi plaisir », faire pour satisfaire) contrarie l'épanouissement et la réalisation de soi.

▦ Le côlon (celui qui colonise) entrave la prise de décision. Tout comme les pleurs (émotion de Métal) brouillent la vue (organe de Bois).

▦ Les instincts peuvent s'opposer aux croyances.

▦ …

Et inversement : trouvez les termes opposés, et vous aurez les facteurs stimulants des qualités de Bois.

Contrôlé dans le **Plan Céleste** par la **Terre :**

▦ L'incarnation permet l'évolution, la croissance, favorise l'épanouissement de l'Etre. Seul le plan terrestre permet de se confronter à la matière … et certainement beaucoup d'autres choses.

■ Cette évolution demande d'aller au-delà des apparences (Terre), au-delà des limitations, car - c'est du moins ce que disent bon nombre de Tradition - tout est Un.

■ La vie dans sa dernière partie est une suite de deuils. Elle invite au détachement … et quelque part à la Foi : y a-t' il quelque chose après la vie ? Qu'ai-je fait de ma vie ? … Elle incite à une intériorisation, une « spiritualité ». Mais aussi à la prise en main au plus tôt de cette vie précieuse, unique (décision, lucidité du Bois).

■ L'homme, l'accompli – foie, est appelé à diviniser la matière.

■ Le corps est le Temple de l'Homme (« la symbolique du corps humain » ; « l'alphabet du corps humain » … tous ces auteurs tendent à montrer l'aspect spirituel de l'organisme, la création la plus élaborée de l'univers).

■ Le plan terrestre ramène à la réalité empêchant ainsi l'individu de se réfugier dans ses rêves et occulter le présent. A l'inverse, la manipulation, la trahison (on se trahit d'abord soi-même) l'excès de contrôle nuisent à la sagesse, la justesse (plutôt que la justice) et à la croissance de l'Etre.

■ C'est dans les « Terres intérieures », que se produisent les transmutations du moi

■ …

FEU :

Contrôlé dans le **Plan Terrestre** par l'**Eau** :

■ La peur annihile l'enthousiasme, la joie … ou déchaine les passions (dynamique de groupe, instinct grégaire. Elle fait retourner à la dualité attraction-répulsion.

■ Le rejet, mais aussi le manque d'amour réduit le développement de la conscience (parce que le bébé, l'enfant est dans un stress de survie, que le cerveau est court-circuité, que l'amygdale est sollicité aux dépens des lobes frontaux …)

■ Il en va de même en l'absence de soutien parental (Jing). Le potentiel doit être accueilli, admis afin que l'Etre puisse prendre sa place et trouver sa voie. Si l'héritage familial est trop lourd, l'individualité ne peut s'épanouir.

■ Le sentiment de sécurité (du départ : notamment ce fameux amour inconditionnel de la mère, mais aussi la présence du père) est essentiel pour que l'individu reconnaisse et se reconnaisse dans l'humanité (dans les deux sens du terme).

■ La peur prend aux tripes (Grêle) et empêche l'assimilation. Alors que la force et l'habileté développe la compréhension, la conscience et la maitrise (Empereur).

■ …

Contrôlé dans le **Plan Céleste** par le **Métal** :

▪ Vénus (Métal) adoucit les ardeurs de Mars (Feu).

▪ Le poumon et son souffle font vibrer les cordes vocales pour que l'Etre s'exprime. En retour, l'Etre active le Verbe, l'Esprit Saint de la Chrétienté, la force agissante de Dieu.

▪ L'inspir divin est expir de l'homme et inversement. Ainsi par le biais de la respiration, l'homme peut devenir Homme, le Fils de la trinité.

- ✠ L'humilité (et non l'humiliation) est nécessaire pour trouver le Soi, être agi plutôt qu'agir.
- ✠ Mais l'estime de soi est également nécessaire « Seigneur, je ne suis pas digne de te recevoir ... » sont des paroles d'homme. Dieu n'a que faire des pénitents ... « lève-toi et marche ! »
- ✠ La culpabilité est également une entrave à la Conscience. Agir c'est être responsable ... pour petit à petit trouver le libre arbitre (Feu).
- ✠ Si Dieu est en tout, alors le relationnel (Métal) est une voie pour trouver Dieu.
- ✠ ...

TERRE :

Contrôlé dans le **Plan Terrestre** par le **Bois :**
- ■ Les croyances ont une incidence sur le physique et sur la santé. Le driver conditionne la réponse comportementale de l'individu, qui suffisamment répétée va s'incarner. C'est le principe de la morphopsychologie qui à partir des traits explique attitudes et réactions. Il existe des croyances connues, conscientes ; la plupart œuvrent néanmoins à l'insu de la personne.
- ■ La vision intérieure (en relation avec les croyances) détermine le monde qui nous entoure.
- ■ La vision intérieure, le discernement permet de voir au-delà des apparences.
- ■ Le Hun donne la poussée (et VB l'élan) qui se concrétise ou pas matériellement (vécu, expériences).
- ■ La colère (comme le sentiment d'injustice) combat l'inertie (si l'injustice n'est pas liée à la résignation) ... et s'insurge contre la manipulation. La Foi soulève des montagnes (Terre).
- ■ La maturation, la maturité demandent du temps (Chronos-Saturne, Terre).
- ■ ...

Contrôlé dans le **Plan Céleste** par l'**Eau :**
- ■ L'incarné est le reflet du potentiel. Le manifesté n'est qu'une expression de ce qui était en latence. L'individu ne crée que ce qui est en lui. Le gène s'exprime (ou ne s'exprime pas).
- ■ En ce sens l'individu ne peut se trahir lui-même. Il peut se renier un certain temps, mais il est contraint tôt ou tard à retrouver et assumer sa nature. Ce qui est plus fréquent est le contrôle qu'il va tenter d'exercer sur ses potentialités : le mental cherche à s'approprier l'énergie. Alors que l'énergie à la Source est inépuisable. Soit le « Sois parfait » est erroné, soit il est déjà.
- ■ Le corps est l'expression d'énergies : les méridiens en sont un bon exemple.
- ■ Energie et matière sont un. Une expérience scientifique a montré que l'énergie de venait matière et que la matière devenait énergie en fonction des attentes de l'observateur.
- ■ La plainte, due à l'insatisfaction, l'impatience ... empêche de jouir du paradis terrestre. La Terre, à qui sait la voir, est une source de bonheur quotidien.

- Le gémissement (son de l'Eau) permet un « nettoyage » du corps, et évite l'impact d'émotions plus fortes.
- La peur désactive le mental, la personne rentre dans sa zone de survie. Sur le plan spirituel, la connexion à la Source permet de dépasser les limitations de la pensée, si positive et si développée soit-elle.
- …

METAL :

Contrôlé dans le **Plan Terrestre** par le **Feu** :
- L'émotionnel a un impact sur la respiration (1ère fonction touchée par le stress) et sur le digestif et trop souvent sur nos actions.
- L'émotionnel, le charme, le charisme est un facteur clé du relationnel … et par incidences sur l'estime de soi (qui à l'excès peut devenir exhibition, mégalomanie).
- La séduction s'affirme et s'impose au niveau des poumons (poitrine) et du côlon (fessiers).
- L'amour donne de la valeur aux êtres et aux choses ; la haine aiguise les armes.
- La famille, le clan (Grêle) conditionne les instincts. C'est pour se valoriser aux yeux des siens que l'individu peut se conformer aux attentes et comportements d'autrui (appartenance).
- L'Empereur, l'Etre (Feu) détiennent les clés du pouvoir et de l'identité (Métal).
- Mars, dieu de la guerre envahit, colonise. Attention donc à notre prétendu amour : « l'enfer est pavé de bonnes intentions ».
- …

Contrôlé dans le **Plan Céleste** par le **Bois** :
- La justice brandit le glaive … mais que brandit le Sage ?
- La Foi mène à l'action et à la méditation (qui est aussi action) : elle se traduit en acte … inspiré
- La maturité et l'accomplissement (le retour à l'Unité première) balaie l'illusion de la séparation (la culpabilité rend coupable, celui qui est coupable peut être coupé, c'est-à-dire séparé).
- Le jugement humilie ; la tempérance (clé 14 du Tarot en lien avec le Sagittaire – VB) veille à la dignité de chacun.
- Le rêve est à la source de l'inspiration : rêvez !
- L'Ame s'incarne pour se réaliser (Bois) et va donc pour se faire expérimenter (faire – Métal)
- Décider incite à agir. Mais faire ne donne aucun pouvoir de décision. Celui qui s'emploie à faire est peu souvent le décideur, il est l'exécutant, même s'il croit le contraire. Le Grand Commandeur reste souvent dans l'ombre (et fuit la vanité du Métal)
- …

EAU :

Contrôlé dans le **Plan Terrestre** par la **Terre:**
- Le souci, la rumination, l'inquiétude saborde le potentiel de l'individu.
- La trahison prive des énergies : les siennes, parce que la trahison tôt ou tard a quelque chose d'inconfortable ; et celle d'autrui qui ne renouvèle plus sa confiance et son soutien.
- « Sois parfait » est contraire à l'Essence de la personne qui par définition est parfaite. La demande remet en cause et peut décentrer du projet de vie.
- *« Rein a besoin de geste faits avec gravité et lenteur »* (Terre)
- Les abus des plaisirs terrestres peuvent modifier, voire dénaturer les gènes.
- L'affectif est très certainement la base de la sécurité (notamment dans la tende enfance).
- Les apparences voilent la nature profonde de l'Etre (un sentiment de rejet peut donc s'installer plus ou moins conscient, créant des sensations d'inconfort. Chaque individu cherche intime-ment à être reconnu pour qui il est).
- ...

Contrôlé dans le **Plan Céleste** par le **Feu :**
- L'Etre ou l'Ame pour se réaliser choisit le meilleur terrain possible (territoire – Vessie) à ses expérimentations. Certains affirment ainsi que l'enfant à naître choisit ses parents (Sexualité – MC) et donc tout le patrimoine génétique qui va avec.
- L'Etre ne connait pas la peur (contrairement à l'égo). Il ne connaît pas non plus la volonté, les efforts. Il est.
- L'émotion met en route le potentiel ou le restreint.
- L'Etre garde la mémoire de ses Origines ; alors que le clan, la famille perpétue la tradition familiale et contrarie ainsi (appartenance) l'idée d'une Unité non seulement première mais éternelle.
- Energie, émotion : qui a fait l'œuf ? Tout est énergie disent certains, mais sans émotion pas d'énergie. L'émotion permet-elle l'expression de l'énergie ? Ou l'énergie est-elle une expression de l'émotion ?
- La séduction s'expose au rejet ; tout comme le rejet peut induire la séduction (la personne va chercher à plaire, à répondre aux critères de l'autre - oubliant du même coup son essence - pour ne plus être repoussée).
- ...

Références

http ://medecine.savoir.fr/anatomie-chiasma-optique/
http ://jeanpierre.gadbois.pagesperso-orange.fr/fonctionnelle.htm
http://cmoiii5.free.fr/cyclones/partie_2.php
http ://fr.wikipedia.org/wiki/%C3%88re_astrologique
http ://fr.wikipedia.org/wiki/No%c3%abl
http://bonnardchloe.blogspot.fr/2009/08/blog-post.html
Médecine Chinoise, Astrologie Médicale : De SURANY – Guy Trédaniel Editeur

Chapitre 12

Synthèse - Résumé

Etabli pour faciliter le travail du praticien et/ou du lecteur.
C'est un condensé des pages précédentes.
Toutes les informations ne sont pas à utiliser conjointement. Tout comme les gènes d'un individu, ses capacités, ce dernier les exprimera, ou pas, dans un contexte donné.
Comme les deux faces d'une même pièce de monnaie, certaines données peuvent sembler contradictoires. Charge à la personne ou à l'accompagnant de démêler, en fonction de chaque histoire, ce qui est approprié, et ce qui ne l'est pas.

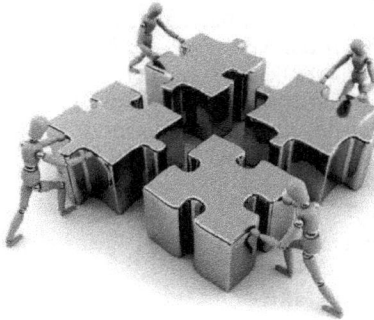

Ne sont donnés ici que les résumés portant sur les 5 Eléments, les informations principales sur les méridiens se trouvant dans la partie Addenda qui suit

NB :
Les qualificatifs sont donnés, non pas de manière scientifique, mais mnémotechnique,
quand cela se peut

BOIS :

- **La naissance, le matin, l'est ... le printemps** ... la jeunesse : donc l'impétuosité, la spontanéité, le caractère un peu fou, les rêves ... qui appellent la maturation. La saison est agitée : **vent**. La nature reverdit : **vert**.
- Période habituellement propice au jeune pour nettoyer le **foie** (et la **VB**).
- Les jours se rallongent, l'homme bénéficie de plus de lumière : rétine, **Œil**, la **vue** et par incidence les **larmes**.
- Sont considérées comme acide par les chinois, la pomme, le citron ... la choucroute, produits généralement bon pour le foie : **acide**.
- L'acidité (excès de purines, dégradation des acides aminés par le foie et évacués par les reins) se retrouve dans les articulations : **tendons, ligaments** ... et **muscles** (le foie et les muscle stockent le glycogène).

- La jeunesse, comme la saison, est agitée : **colère, cri, frustration** de ne pas pouvoir faire comme l'adulte. Mais l'enfant est volontairement **gentil** : il fait plaisir, rend service dès qu'il le peut. **Tendresse** (qu'il donne et réclame), **amabilité**.
- L'enfant est un grand observateur : **perception**, et a une grande **créativité** : **intuition, imagination** (qualité du Hun).
- C'est l'époque des apprentissages : familiaux et sociétaux. Il est très malléable (« *donnez-nous un enfant avant 6 ans et il sera à nous pour la vie* » précepte de la religion Catholique dans ses heures sombres) : **croyances, Foi**.
- Cependant, il tente aussi d'**affirmer** sa personnalité : il veut **décider** !
- Il élabore également des jeux, des ruses, des plans de bataille : **planification**.
- Et face à l'échec de ses projets, il peut se mettre en colère, être **irritable**, voire **agressif**. L'adulte devenu irritable pourra tomber dans la **rancœur** (colère rentrée et non exprimée).
- En revanche l'enfant (notamment vers 7 ans, l'âge de raison) devient ou se veut plus « scientifique » : **précision**.
- Il a hâte de grandir pour se **réaliser** (5ème étage de la Pyramide des besoins).
- Il est donc sur un plan général pressé, mais pour prend son temps pour chaque chose effectuée, car absorbé pleinement dans ce qu'il fait : d'où le driver « **dépêche-toi** ».
- L'enfant a une haute idée de la justice : « il en a plus que moi » ; « pourquoi l'adulte peut faire cela et pas moi » ... il peut se braquer, se bloquer. Par exemple si les affinités ne sont pas présentes avec son enseignant, il rejette la matière : **injustice - rigidité**.
- La vérité sort pourtant, dit-on, de la bouche des enfants : **sagesse, lucidité**.
- Néanmoins, à l'instar de **Jupiter** (planète du Bois), s'il énonce des lois, c'est avant tout pour autrui, et pas toujours pour lui.
- L'enfant est (devrait être) le **fruit** de l'amour. Il est aussi le dépositaire des investissements parentaux : on taille l'arbre, on le greffe pour obtenir les fruits attendus.

■ Il est donc parfois obliger de crier, de s'affirmer pour se faire entendre et respecter.

■ Le Bois répond au rythme de la motilité viscérale et à 7. 7 représentent les 7 jours de la création
■ Le E se retrouve dans le Foie

■ Bois : les différentes essences du bois, bois/ buvons
■ Le vert : la nature, l'espoir, l'immortalité ... le tonnerre, la justice ... le Graal (émeraude)
Moisissure, putréfaction

Elément	Méd. Convent.	Naturopathie	Méd. Non Convent.
Bois	Kinésithérapie	Phytothérapie Biokinésie Massage	EMDR - iridologie TCC–PNL – AT Sophrologie, hypnose

FEU:

◕ **La chaleur, l'été** ... les vacances dans le **sud,** le **midi** ... le temps des flirts et des amours ... l'**adolescence,** le jeune adulte : et donc la période **croissance** (surtout physique, mais aussi des capacités, des expériences) avec son **enthousiasme,** son énergie débordante (et/ou ses heures passées à dormir ... et aussi son **impatience** et sa **cruauté.** (Nombre de suicides chez l'adolescent, les brimades, et le tumulte de cet âge)

◕ Les flammes des incendies en été ont beau être jaune-orangé : tout est roussi : **rouge**.

◕ Voici donc les premiers émois : **Cœur** et les hormones sexuelles qui s'activent : **Maitre Cœur**. L'adolescent fait ses armes, **goute** aux plaisirs de la vie, apprend des « **langues** » étrangères, et connaît ses premières **sueurs** froides, et ses premiers frissons (les enjeux à cet âge sont souvent de taille et les déceptions **amères**).

◕ Les **sangs** – et par incidences les **vaisseaux** – sont donc souvent échauffés.

◕ C'est une époque normalement propice aux **rires**, aux **joies** : l'insouciance se mêlant à la liberté. Temps des **amours**, de la **vitalité** (mais pas avant 14 heures) mais aussi de l'**arrogance**.

◕ L'adolescent cherche à sortir du nid, et à retrouver son clan (besoin d'**appartenance**). Il aspire au **libre arbitre**. Il veut faire ses propres expériences, devenir indépendant. Et pour cela, il fume, boit ... ou fait du sport, suivant la mode selon ses affinités (donc **dépendance** : de l'image, des marques, des « potes » ...).

◕ Il réagit vite, s'emballe ... balloté par ses hormones et ses **émotions**, ses **passions**.

- Il est bien évidemment dans la **séduction** qui peut étrangement passer par du grunge ou des épingles à nourrice, des dreadlocks ...
- C'est aussi le temps où l'on veut changer le monde ... ou pas. Tout juste en profiter. Et pour cela on **communique** (réseaux sociaux), on élabore de grandes stratégies : **clarté d'esprit**. Enfin ce que l'ado présente comme telle !
- Car si le **shen** est la conscience, la rapidité de compréhension, la noblesse des sentiments ... l'ado et/ou le futur adulte a encore un peu d'apprentissage à effectuer
- En attendant, il a cette sensation de « toute » puissance – par instant, qui peut d'ailleurs alterner avec le sentiment inverse - qui le fait se sentir fort. Par ailleurs la plupart des parents l'incitent, notamment dans sa scolarité à être (le plus) fort afin de réussir dans la vie : « **sois fort** ». Ils n'ont pas tout à fait tort : la pugnacité s'adressant davantage au système éducatif et son parcours du combattant qu'à ses capacités.
- Les **passions** sont donc principalement sentimentales, et les vocations plus rares.
- L'**Ego** va donc se renforcer : je réussis. Ou je ne réussis pas, mais je compense ailleurs.
- La personne peut devenir **amère** : je peux, j'en envie, mais personne ne m'aide ou ne m'entend ! Au pire, la **haine,** la **violence** peuvent prendre la suite.
- Il vaudrait mieux que l'éducation s'adresse à **Mars**, dieu de l'agriculture, qu'à Mars, dieu de la guerre.

- Le Feu répond au rythme cardiaque et à 72. 72 est le nombre des noms du divin.
- Le O : le cercle, le soleil, se retrouve dans le Cœur.

- Feu : la chaleur ; feu(e) / mort ... cœur / chœur
- Le rouge : le sang, le feu, la force vitale, la puissance ; la libido ... connaissance ésotérique ou transgression
  Clair : ardeur et beauté ; jeunesse, santé, beauté
  Sombre : vigilance, inquiétude ... signal d'alarme
  Pourpre : pouvoir, despotisme ... haine, égoïsme, passion aveugle

Elément	Méd. Convent.	Naturopathie	Méd. Non Convent.
Feu	Homéopathie	Sudation : sauna, bouillotte ... Marche – jogging (3)	Moxa - ventouses Héliothérapie - Luminothérapie Hug

TERRE :

- C'est la **fin de l'été**, le temps où la nature marque un temps d'arrêt (la crise de la quarantaine ? qui maintenant tourne autour des 50). Le **centre** / milieu de la vie ; ou encore l'**après-midi** là où la charge de travail est la plus importante, et où l'on aime faire – quand on le peut –une petite pause.

216

▓ Tous les auteurs ne s'accordent pas sur les plages horaires, néanmoins 15h30 marquerait le meilleur temps de réaction de l'organisme, avec une remontée de la glycémie (tiens, voici Rate-Pancréas) et de la température ainsi qu'un peu plus tard, de la meilleure efficacité cardiovasculaire et force musculaire jusqu'à 16h30 ou 17 heures. C'est donc un moment où les choses se mettent en place : **transformation**, et de concret, matière.

▓ Et pour cela : la capacité à **intégrer l'expérience**.

▓ C'est l'âge de la **stabilité**, de l'**équilibre**, du **réalisme** (notamment grâce à **Saturne**, planète maître de la Terre). De la **structure.**

▓ Pourtant, c'est aussi l'âge des « tremblements de terre » : l'adultère : **jaune** (cocu) ; le commencement des **soucis**, l'**inquiétude** pour la progéniture qui entre dans la puberté (fini la tranquillité !)

▓ Remises en question personnelles et parfois professionnelles, la mi- vie (on passe de l'autre côté, celui du compte à rebours) qui demande plus d'**ouverture**.

▓ Voici venu le temps des **apparences** : sourire, codes sociétaux, codes de l'entreprise … Portant l'homme est ancré dans la **réalité**: il a la notion des choses et il est bien **présent**.

▓ Chacun cherche à **toucher** le gros lot, pour l'avenir, la sécurité, contrôler ses peurs (Terre contrôle Eau dans le cycle Ko). Pour compenser ses **échecs**, facilité les **épreuves**.

▓ La Rolex avant 50 ans : « **sois parfait** »

▓ C'est aussi le temps des **trahisons** (possibles : l'adultère, les 5 à 7, une aventure … changement de poste, de métier quitte à passer chez un concurrent). On recherche plus de **contrôle** sur son avenir, sa feuille de paie, son épanouissement. Quitte à user un tant soit peu de **manipulation**, et de **rumination** de ce qui n'a pas été digéré ou avalé.

▓ C'est encore le temps où l'on commence à s'adonner aux friandises : le **sucré**, le **doux** ; et le miel qui flatte … que ce soit sur le plan alimentaire ou comme déjà dit sexuel : les plaisirs de la **chair**.

▓ L'individu, après s'être investi dans sa profession, se tourne vers d'autres centres d'intérêt : les associations, la politique où il va pouvoir partager et user sa **salive**.

▓ Salive **: humidité** et par extension **liquides organiques**

▓ Le Yi correspond à la **réflexion**, à la **pensée**. C'est la mémoire du passé, la cogitation des idées pour un premier bilan

▓ C'est aussi plus de « **tact et mesure** » dans son comportement.

▓ La Terre répond au rythme de la lymphe et à 4 nombre de lettres du Tétragramme Divin

▓ Le U (ou le OU) trouvent ses correspondances avec la Rate

▓ Terre : ter (3) ; taire
Rate : rat ; rater

Jaune : soleil, lumière, vie, jeunesse … fertilité de la terre (blé, miel)
Soufre : perversion de la foi, orgueil, adultère

Eléments	Méd. Convent.	Naturopathie	Méd. Non Convent.
Terre	Allopathie	Nutrithérapie Jeûne Mono diète	Diététique - gemmothérapie Drainage lymphatique Géobiologie – feng shui

METAL :

- Le **soir**, le soleil qui se couche à l'**ouest**, l'**automne** de la vie.
- La fin de carrière, le début de la retraite : on peut profiter des « **récoltes** ».
- La vie a fait son œuvre ; la spontanéité, la fougue … sont passés. Il y a plus de rugosité, de « **sécheresse** » : le mot est mal adapté. La tendresse est présente, mais on n'est pas dupe, et moins enclin à s'enthousiasmer.
- On a également plus de flair, de **nez (odorat)**. On compense un début de lenteur par les savoir-faire, les astuces, les **aptitudes**.
- Mais l'âge se fait sentir : les cheveux commencent à blanchir (**blanc**), la **peau** flétrit, les **poils** eux sont plus nombreux !
- C'est encore l'âge des remerciements : des décorations (métal – médailles) ; des primes d'ancienneté, de l'assurance vie … la santé nécessite plus de soins et coutent davantage (**argent**) : appareil auditif, lunettes … *mais on peut très bien anticiper et s'en préserver.*
- La personne est sensible à ses états d'âme (**réceptivité émotionnelle et sensorielle**) : elle commence son bilan de vie, regrette ou se sent **coupable** et devient triste sur certains sujets. Cette tristesse se manifeste plus par **des pleurs** intérieurs, mais elle peut être profonde.
- A l'inverse ce peut être le patriarche, le sage qui représente la **solidité** de la famille, ou du clan. Il est d'autant plus accepté comme tel, qu'il est **disponible**, **conscient** car expérimenté, et **droit** car il n'a – presque – plus rien à perdre. Sa sagesse repose sur une grande **intériorisation**.
- D'autres au contraire **lâchent prise**, « retombent en enfance » dans la **vie instinctive, végétative** (inconscience : domaine du **Po**). Pour ceux-là, le **piquant** de la vie manque.

- La retraite, la mise à l'écart (**séparation, retrait, solitude**) peuvent être vécues comme une **humiliation**. Le **relationnel** et la **communication** essentiels à chaque individu n'étant pas forcément au rendez-vous.
- Certains deviennent **hésitants**, acceptent plus de contraintes, de remarques, se laissent persuader (arnaques par manque d'information ou de réflexe) : **masochisme**.
- La plupart cherche avant tout à « **faire plaisir** », et ce, pour avoir encore droit à de la considération : **estime de soi**.

✥ La notion d'**espace** est aussi présente : leur habitation devenant généralement trop grande, les enfants partis. Beaucoup cherchent alors une résidence en ville pour leurs besoins quotidiens et pour rompre une solitude plus facilement présente à la campagne.

✥ Commence une suite de deuils : moins de possibilités (**pouvoir**), d'aptitude, une perte des repères … jusqu'à l'**identité** (reconnaissance de l'autre).

Note : toutes les personnes ne réagissent pas ainsi. Qui plus est, les séniors sont chouchoutés, car ils ont ou avaient un enjeu commercial de choix : leur pouvoir d'achat.

✥ Le Métal répond au rythme de la respiration et à 18. 18 multipliés par 1440 (mn/jour) = 26920, nombre d'ans de la grande année sidérale.

✥ Le A est présent dans le Métal.

✥ Métal : métaux ; m'étale
Air : ressemblance, allure ; erre ; hère

✥ Blanc : pureté, innocence. Absence ou somme des couleurs. Mort (initiatique), révélation, transfiguration. Les nuages … avoir carte blanche (pouvoir).

Eléments	Méd. Convent.	Naturopathie	Méd. Non Convent.
Métal	Chirurgie	Respiration (bol Jacquier) Oligoéléments	Acupuncture Yoga – Qi gong (6) Psycho … CNV (7)

EAU :

▪ La **nuit**, l'**hiver**, le **froid** (de la mort qui s'approche … le sang chaud est le support d'un Ego individualisé ; l'Ego n'ayant plus le véhicule adapté rend les clés. Pour un autre véhicule, un autre moyen de transport … selon les croyances).

▪ Mais le froid **conserve** (abaisser la température interne du corps d'un demi degré prolongerait la vie de 7 à 8 ans : Science et Vie ; février 2007) ; tout comme le **sel** … à condition de ne pas perdre le **nord** !

▪ Le nord est terre de glace (enfin, elle fond de plus en plus), tout comme les glaciers des sommets aux neiges éternelles. Les pics, d'où naissent torrents, puis rivières … donc aussi la **source**, les **origines**.

▪ Pôle nord, haut sommet, vieillesse, Ermite du tarot : le grand silence !

▪ C'est dans le silence que la véritable écoute s'installe : **ouïe**. Même si celle de nos anciens est souvent out. L'ouïe (le nom de bon nombre de rois de France se disant descendant de Dieu) renvoie à l'**oreille**.

▪ Plus d'ouïe et souvent plus de **dents**, des **os** fragiles (col du fémur) : là encore l'Etre se désincarne progressivement et son élément le plus dur : dent et os, le manifeste.

■ Pourtant la **volonté** de vivre est présente ! Et parfois cette volonté s'entête : l'âme ne veut pas quitter le corps (agonie prolongée …).

■ A l'heure de la mort, les sphincters se relâchent : **urine** … et au bout de quelques heures, le corps se **noircit** (une des couleurs de l'eau, l'autre étant le **bleu** : les bleus du corps, fatigué en bout de route et les bleus de l'âme après un parcours pas toujours des plus tranquille).

■ Mais devant la mort, personne n'est hardi : **peur, frayeur, angoisse** … et le vieillard est le plus souvent en mode **survie.**

■ Par ailleurs, son champ d'action et son **territoire** se réduisent : il aime à se **replier sur lui.**

■ Les autres, les mondanités, peuvent l'**ennuyer**. La vie devient **stérile**. Il **rejette** nourriture, **fuit** les importuns …

■ **Gémissements,** râles sont les dernières expressions.

■ Ainsi lui demande-t-on de « **faire des efforts** » (mettez-vous à sa place !)

■ Et comble : une fois mort, voici que l'on salue son **potentiel**, sa **force** de caractère, ses œuvres, sa **fertilité.**

■ On revendique sa filiation (arbre généalogique), sa **lignée.**

■ On le prie sur sa tombe, et plus tard pour qu'il intercède en notre faveur (mais auprès de qui ?), tout comme nos aïeux le faisaient avec le « monde des esprits ». Le monde subtil des **énergies** dont tout le monde parle mais dont on sait peu de choses en vérité.

■ Le mort était enterré en position fœtale dans certaines peuplades (le Terre contrôle l'Eau sur le plan Terrestre). Désormais – manque de place ou hygiène – l'incinération prend le pas de plus en plus (le feu contrôle l'eau sur le plan Céleste).

■ L'Eau répond au rythme de la fluctuation du liquide céphalo-rachidien et au 10. 10 renvoie aux 10 sephiroth de l'arbre kabbalistique.

■ Le I correspond au Rein et à la position debout.

■ Eau : (les) os ; haut, O (le cercle)

■ Bleu : spiritualité. Couleur du ciel, de la mer, de l'infini … perte, manque, passivité, ou renoncement, mais aussi mutation, sublimation des désirs et nouveau départ

Eléments	Méd. Convent.	Naturopathie	Méd. Non Convent.
Eau	Génétique	Hydrothérapie Magnétisme Isothérapie (4)	Ostéo – chiro – étiopathie Reboutologie, shiatsu Réflexologie

ADDENDA :

Les méridiens et quelques informations :

- **Estomac**
- **Rate-Pancréas**
- **Cœur**
- **Grêle**
- **Vessie**
- **Rein**
- **Maitre Cœur**
- **Triple Réchauffeur**
- **Vésicule Biliaire**
- **Foie**
- **Poumon**
- **Côlon**
- **VC**
- **VG**

Ne sont repris que les informations principales qui ont servi à ce livre. Le lecteur pourra bien évidemment les compléter à l'aide de ses connaissances ou d'autres apports

ESTOMAC :

Il est à la charge de la digestion : « le murissement et le pourrissement » des choses, de ce qui vient de l'extérieur. Celle-ci débute par la mastication, il produit l'énergie issue des aliments et des boissons.
Il est chargé de la « digestion de la nourriture » psychologique.
Il est aussi chargé de la formation du lait maternel (il est lié au signe du cancer : la maternité, l'allaitement …).
Associé à la faim : Il est la « source du désir sexuel »
Avoir de l'estomac : c'est avoir du courage.
Le pH est très acide : ça me reste sur l'estomac.

Estomac n'aime pas ce qui est froid, glacé
Ses excès abiment l'oreille droite.
L'estomac des ruminants est le rumen : rumination

Ce qu'en dit la nutripuncture : *Sur un plan psychique*
En hyper-fonctionnement
- *Vit dans le « il faut que », « parce que »,*
- *Action forcée sans respect de ses possibilités,*
- *Hyperactif, activisme sexuel,*
- *Veut trop en faire, toujours débordé, stressé,*
- *Veut tout faire à la place des autres.*

En hypofonctionnement
- *Difficulté à agir,*
- *Paresseux, fainéant, inactif,*
- *Passivité, flegme,*
- *Perte du gout, du travail, de vivre.*

- Estomac reçoit son énergie par GI20. L'énergie monte à la racine du nez, croise Vessie en V1, pour rejoindre E1.
- Une branche interne descend pour rejoindre VG26, entre dans la gencive supérieure (Estomac régit la mâchoire supérieure). Il dessine la bouche et s'unit à VC24 pour rejoindre E5.
- De E8 par une autre branche qui rejoint VG23 : Estomac gouverne les lobes frontaux.
- E11 rejoint VG14 : point important pour Wei Qi et surtout régisseur du Yang.
- De E12 une branche interne se dirige vers VC12, son point Mu, puis l'Estomac. De là elle rejoint E30, point maître (avec RP4) du Vital.
- Une autre partant du pylore, descend dans l'abdomen et descend jusque E39, point He inférieur du Grêle
- E14 et/ou E15 sont considérés comme des points Arnica. E14 est utilisé pour les émotions.
- De E36, une ramification rejoint le bord externe du 3ème orteil
- E36 est le point des perturbations cliniques de l'estomacE37 celui du côlon.
- E42 se relie à Rate (RP1). E42 serait impliqué dans la maladie de Parkinson

Méridien Estomac

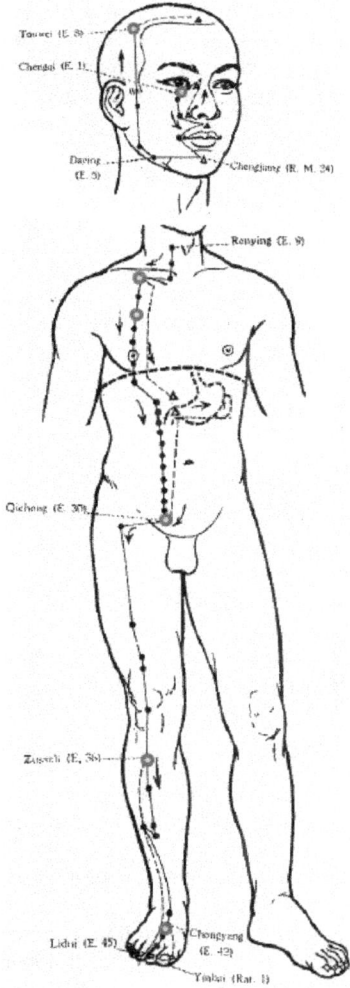

Touwei (E. 8)
Chengqi (E. 1)
Daying (E. 5)
Chengjiang (R. M. 24)
Renying (E. 9)
Qichong (E. 30)
Zusanli (E. 36)
Lidui (E. 45)
Chongyang (E. 42)
Yinbai (Rat. 1)

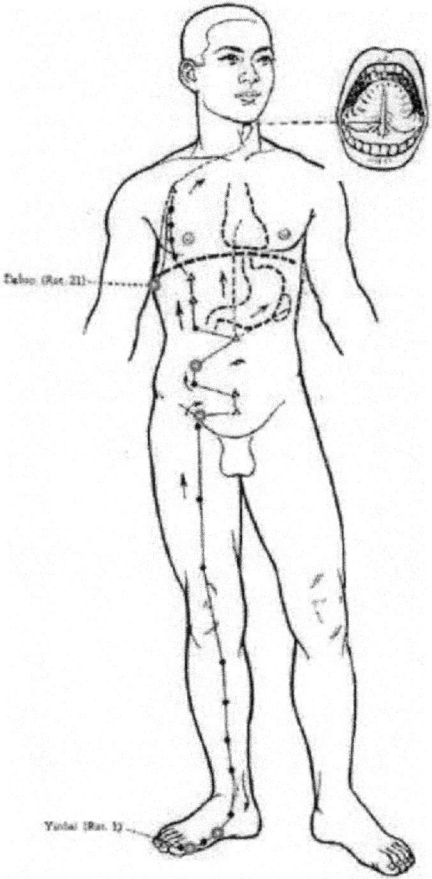

Dabao (Rat. 21)
Yinbai (Rat. 1)

Méridiens Rate-Pancréas

Notes personnelles :

RATE (PANCREAS) :

Maître de l'énergie Iong (nutritive). Elle gouverne la digestion, apporte de la chaleur à l'estomac et gère le taux de sucre dans le sang via l'insuline. Elle canalise les liquides dans les vaisseaux (sang, lymphe, synovie), gouverne la lymphe, les leucocytes et l'immunité. Contrôle le sang. Il gouverne le système ovarien, et gère les capsules articulaires.

- ◆ **Rate :**   Cimetières des hématies (Moelle épinière) – gisement de fer
                    Porte d'entrée de l'énergie cosmique ou Christique
- ◆ **Pancréas :** « Tout de chair » : incarnation
                    Le sucre : l'affectif ; le gras : protection
- ◆ **Positif :**   Intelligence, esprit de synthèse, raison, concentration
- ◆ **Négatif :**   Obsession, souci, rumination nostalgie. Perte de mémoire,
                    Difficultés à apprendre, réveils fréquents.

Elle est en charge de la mémoire et de l'acquis expérimental.

Ce qu'en dit la Nutripuncture : Sur un plan psychique

En hyper-fonctionnement	*En hypofonctionnement*
- *Préoccupation matérielle,*	- *Dominé par son travail. Soumis, esclave,*
- *Manque de sécurité,*	- *Manque de respect de soi*
- *Difficultés à se réaliser, à réaliser sa vie,*	- *Manque de structure, difficultés à concrétiser,*
- *Manque de structure,*	- *Difficultés à s'insérer quelque part,*
- *Fatigue mentale, tendance à la mélancolie,*	- *Soucieux,*
- *Tourné vers le passé.*	

- ▓ Rate reçoit son énergie de E42.
- ▓ RP2 est « le point des mathématiques » pour SOULIE de MORAND
- ▓ RP4 nourrit et entretient l'inné. Il est considéré comme l'Ancêtre. Point clé de Vital.
- ▓ RP6 est le point de croisement de Rate, Foie et Rein. Point important en acupuncture.
- ▓ RP13 se relie à VC3 (Mu de Vessie), VC4 (Mu de Grêle ; c'est aussi un point de croisement de Rein, Foie et Rate : il est appelé Barrière de l'origine, il donne naissance au Yin, ou le met en mouvement selon les auteurs).
- ▓ De RP15 part une branche qui rejoint VC10, puis Rate et Estomac, traverse le diaphragme et va se joindre au méridien Cœur
- ▓ RP21 se relie à P1 et rejoint la langue : l'ouverture de RP est la bouche ; son humeur est la salive, il « fleurit sur les lèvres ». Point servant dans les crises d'asthme.

CŒUR :

Il contrôle la distribution du sang et régit le système vasculaire. Il nourrit tout l'organisme
Il contrôle le teint et la parole.
Il agit sur la température du corps.
Il est la conscience de l'homme. Maître du psychisme.
La langue est son ouverture.
Il est lié à l'émotionnel

Positif : Joie de vivre, vitalité, gaité, assurance
Négatif : Surexcitation,
Tendance à rougir facilement.
Difficultés à s'exprimer, bégaiement, émotivité, timidité, trac.
Surexcitation mentale, rire inextinguible, sensation d'être épié pouvant mener à la paranoïa.
Manque de discernement et mauvaise perception.
Autorité, rigidité corporelle et mentale

Ce qu'en dit la Nutripuncture : *Sur un plan psychique*

En hyper-fonctionnement	*En hypofonctionnement*
- *Séducteur, charmeur, enchanteur,* - *Jaloux, passionné, fougueux, sujet au coup de foudre,* - *Narcissique, vaniteux,* - *Ingratitude,* - *En relation avec le foie peut devenir haineux,*	- *Sensation de vide intérieur, ne sais pas partager,* - *Difficultés à s'exprimer, dominé par ses émotions,* - *Instabilité affective, peur d'aimer,* - *Se dévaloriser, manque de désir et d'ardeur,* - *Cultive la pitié,*

- Cœur reçoit son énergie de RP tout en recevant le « feu de TR ». Son trajet externe débute en C1, au milieu de l'aisselle. Il longe la face interne du bras, le poignet, la paume et le bord interne de l'auriculaire où il se relie au Grêle.
- Une branche part du cœur, traverse le diaphragme et entre en contact avec le Grêle
- Une autre branche part du cœur, traverse la gorge et va jusqu'au globe oculaire (d'où le fond d'œil des oculistes et médecins pour les maladies de cœur), la branche continue de l'œil ou cerveau (absent sur le schéma).
- Le fait de mordre C9 peut avoir des effets bénéfiques sur le cœur (agitation …)

En Kinésiologie, on ne fait jamais une sédation de Cœur : on renforce le Grêle.

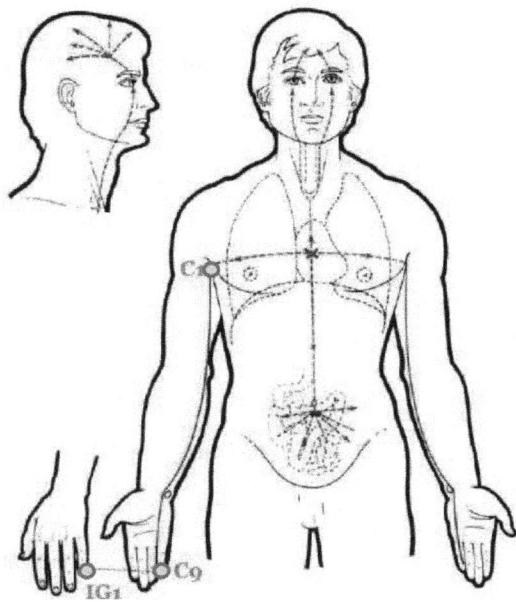

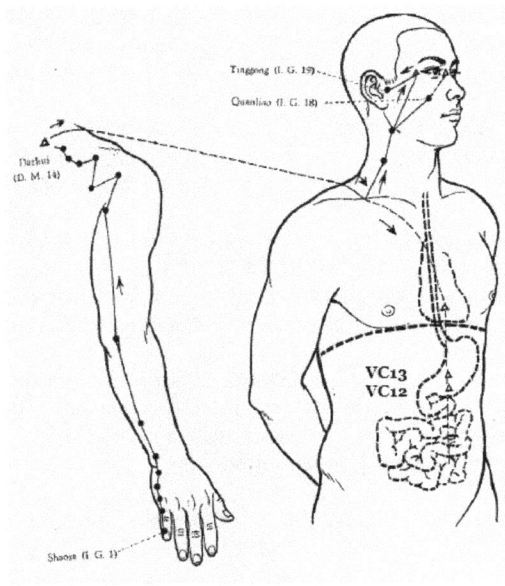

226

GRELE :

Il est considéré comme étant " le conseiller personnel " de l'empereur le Cœur, qu'il protège.
Il sépare le pur de l'impur (physique et psychique). Il filtre et assimile les nutriments qu'il autorise à passer dans le milieu interne.
C'est le filtre du discernement. Il donne la clarté nécessaire à la prise de décision.
Sa qualité agit sur la thyroïde, l'hypophyse et les surrénales.

La famille, le clan, ce qui passe dans le sang. Le tri. Le système immunitaire
Le 3ème cerveau
Gouverne le menton et le poignet.

Positif : Conscience, intelligence.
Résistant à la fatigue et aux chocs
Négatif : Mauvaise assimilation mentale ; passion voire violence.
Orgueil, arrogance … fatigue

- Il reçoit son énergie de C9 ; il longe le tranchant de la main, le poignet …
- IG15 se connecte à VG14, puis cette branche part sur le devant, passe en E12, VC17 (point maître du Qi), VC13 (point en relation avec le pylore), VC12 (point maître des entrailles) passant par le cœur, l'estomac et le grêle, la branche continue à descendre jusqu'à E39 point He inférieur de Grêle.
- De IG17, une branche se relie à VB1 ; de IG18 part une branche jusqu'à V1
- IG3 est une point spécifique : point de renforcement de Grêle ; point clé de VG et donc point de tapotement de l'inversion chez CALLAHAN)

Noter que IG19 vient juste se placer devant l'oreille (au même titre que TR21 et VB2) attribuée à Rein (audition).
Le tri, l'assimilation (IG) ; la décision, le jugement, l'élan (VB) ; la distribution et la défense (TR) sont à l'écoute du Jing (les mémoires, l'héritage … la destinée).
L'oreille gauche (Estomac) répond aux désirs.
L'oreille droite (VB) répond à la « loi ».

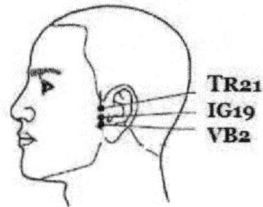

TR21
IG19
VB2

Notes personnelles :

227

VESSIE :

« La Vessie est liée à tout l'appareil urinaire ainsi qu'à l'hypophyse et au système nerveux autonome. Elle rejette l'urine qui est le produit final de la purification des liquides du corps. C'est la phase finale de la transformation des énergies.
L'énergie de la vessie gouverne le système des glandes hormonales et nous permet d'agir avec force et de manière décidée. La vessie et les reins permettent de gérer et d'évacuer les « vieilles mémoires » et les vieux schémas profonds que nous portons en nous et que nous sommes prêts à lâcher ou à changer.
Ces 2 méridiens sont en étroite relation avec le système nerveux autonome qui est la porte psychologique de notre inconscient. »

Système osseux, dents
Le territoire
Distributeur et régulateur (shu du dos), au même titre que son épouse TR

Ce qu'en dit la Nutripuncture : *Sur un plan psychique*

En hyper-fonctionnement	*En hypofonctionnement*
- *Hallucination,*	- *Manque d'objectivité créé par la peur,*
- *Fausse lucidité, aveuglement,*	- *Ne veut pas voir, savoir, prendre conscience,*
- *Veut voir la vie en rose,*	- *Suspicions, jalousie allant jusqu'à la folie ou autres troubles psychiques,*
- *« Prend des vessies pour des lanternes »*	- *Manque de vigilance,*
- *Illusions, confusions,*	

Certains l'associent à
- la folie et épilepsie, suspicion et jalousie.
- la sévérité, à la fécondité, à la rigueur, à la décision et au sens de l'écoute.
- des états de faiblesse et d'épuisement ou de méfiance croissante et de paranoïas

- ▦ Il reçoit l'énergie par IG18
- ▦ V1 est un point de réunion avec les yang et yin chiao (merveilleux vaisseaux). C'est aussi un des
- ▦ points de départ de l'énergie défensive Wei (se frotter les yeux le matin au réveil permet de l'activer)
- ▦ V2 supprimerait les blocages (psychologiques en autres)
- ▦ V7 se connecte à VG20, entre dans le cerveau et ressort VG 17. Un vaisseau interne part du cerveau et sort en V8 (ce qui peut expliquer que Vessie est impliquée dans la tension nerveuse et la concentration mentale)
- ▦ V10 rejoint VG14 (point de réunion des yangs) puis V11. V10 serait le point de commande du parasympathique
- ▦ Commence ensuite la longue liste des points assentiments (page 235) :

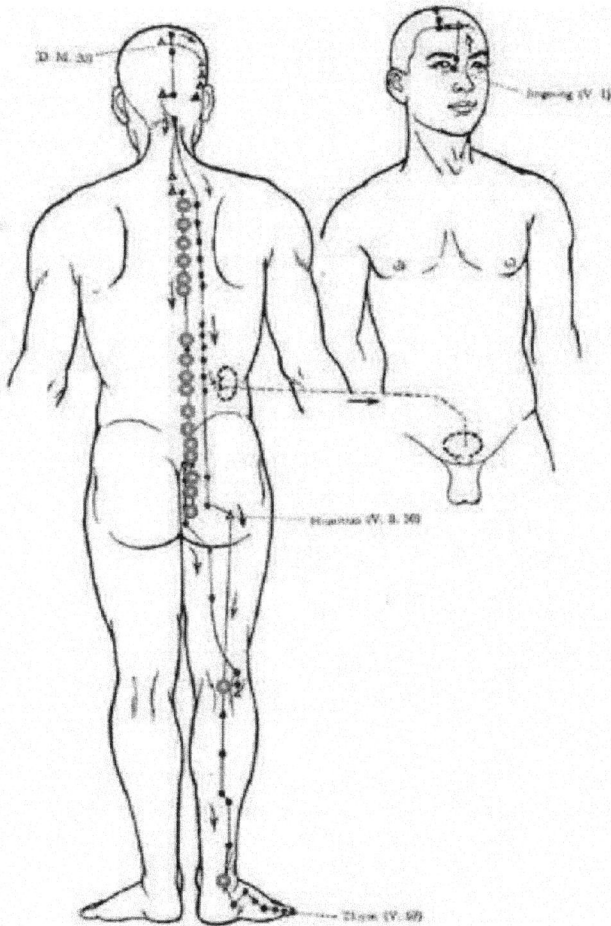

Vessie est le seul méridien du Dos (avec Gouverneur). Le dos peut symboliser le passé, d'où le lien avec les mémoires et vieux schémas. On pourrait penser qu'il épaule, aide Gouverneur, d'où son importance. C'est encore le yang de Rein (l'énergie ancestrale et bien plus)

Pag suivante les points assentiments et leurs correspondances

Vertèbre	Points shu : Chaîne physique	Chaîne psy.	« Portes » de
D1	V11 : shu des os - fonction rein		
D2	V12 : fonction poumon		V41 : Ame corporelle
D3	V13 : shu Poumons	V42 : Poumon	
D4	V14 : shu MC - fonction du foie	V43 : Côlon	
D5	V15 : shu Cœur	V44 : Cœur	V44 : Esprit
D6	V16 : shu VG - fonction cœur	V45 : Grêle	
D7	V17 : shu diaphragme – fonct. rate	V46 : Vessie	
D8			
D9	V18 : shu Foie	V47 : Foie	V47 : Ame éthérée
D10	V19 : shu VB	V48 : VB	
D11	V20 : shu Rate-Pancréas	V49 : Rate	V19 : Pensée
D12	V21 : shu Estomac	V50 : Estomac	
L1	V22 : shu TR	V51 : TR	V51 : Centres vitaux
L2	V23 : shu Rein	V52 : Rein	V52 : Volonté
L3	V24 : shu de VC6 - fonction côlon		
L4	V25 : shu Côlon		
L5	V26 : shu de VC4 - fonction grêle		
1er TS *	V27 : shu de Grêle		
2ème TS	V28 : shu Vessie	V53 : MC	Centre vital de l'utérus
3ème TS	V29 : shu sacrum - fonction vessie		
4ème TS	V30 : shu anus - fonction VB		

* TS : Trou Sacré

VC6 : « mer du Qi » – VC4 : » mer de la source »

La chaine physique se situe pour la plupart des points à 1,5kun des bords inférieurs des apophyses épineuses, la chaine psychique à 3kun (largeur de pouce).

Ces informations viennent de l'institut SFERE de Jean Pierre GUILIANI.

Le travail sur les points assentiments se fait en dispersion. Ils travaillent sur le yang de l'organe, l'organe fait allégeance, son côté yang hyper actif va se soumettre, donc donne son assentiment. Ces points sont notamment utilisés dans la méthode NAET (qui élimine, selon son auteur, les allergies)

- Le point de réunion des deux chaînes postérieures s'effectue en V40 (creux poplité – derrière le genou)
- V60 est un point « aspirine » (il libérerait des endorphines)
- V63 est un point de croisement des yangs ; c'est aussi la porte d'entrée de Yang Wei Mai
- V65 est abortif ! Il peut néanmoins aider aux accouchements difficiles (dans la pratique de professionnels)

REIN :

« Il est la source du Yin et du Yang de tous les autres viscères ; le Yin du Rein est la substance fondamentale qui permet la naissance, la croissance et la reproduction, alors que le Yang du Rein est la force dynamique de tous les processus physiologiques.

- ■ *il stocke l'essence et gouverne les : naissance croissance reproduction et développement*
- ■ *il produit la moelle, remplit le cerveau et contrôle les os*
- ■ *il contrôle la réception du Qi*
- ■ *il se manifeste dans les cheveux*
- ■ *il contrôle les deux orifices inférieurs »*

Il est en forme de germe (pied, oreille).
Il reçoit l'énergie de la terre (tellurique) en R1
Nephros (le rein) est Phrenos inversé. Or phroneo est le verbe : penser, phronis : le bon sens et phronesis : la sagesse.

Positif : Rigueur, force, écoute
Négatif : Peurs, anxiété, besoin de sommeil important ou 'insomnie

Ce qu'en dit la Nutripuncture : *Sur un plan psychique*
En hyper-fonctionnement :
- *Risque tout, téméraire,*
- *Pense que rien ne peut lui arriver,*

En hypofonctionnement :

- *Dominé par la peur,*	- *Poltron, timoré, trop prudent,*
- *Peur de sa mort et de la mort de ses proches,*	- *Difficulté d'écoute, blocage de la communication, mutisme,*
- *Peur de donner la vie, de vivre*	- *Manque d'assurance dans sa*
- *Peur de se nuire ou de nuire,*	*personnalité sexuée,*
- *Peur d'oublier,*	- *Inhibé, endormi, somnolent,*
- *Peur du dentiste,*	- *Effacé, timide, rougit facilement,*
- *Angoisse, anxiété,*	- *Sujet aux phobies,*
- *Crainte de l'avenir, de la vieillesse,*	- *Insomnie,*

- ■ Il reçoit son énergie de V67 (il débute sous le petit orteil et se dirige vers la plante du pied)
- ■ Au R11 il rejoint VG1, remonte la colonne, passe au rein et redescend à la vessie.
- ■ Une autre branche sortant du rein, traverse le foie, le diaphragme, les poumons. Il remonte en longeant la gorge pour se terminer à la base de la langue.
- ■ R22 il se réunit au MC1

- R11 à R21 sont empruntés par le Vaisseau Vital (le 1er formé lors de l'embryogenèse). Pour VERET, chacun de ses points sont en corrélation avec les organes, tout comme vessie avec les points assentiments.
- R9 serait en lien avec les « tares » transmises par les parents.
- R24 est un grand point de stress et de l'insomnie.
- R27 est appelé point des Hémisphères en kinésiologie (il sert, entre autre, dans l'apprentissage de la lecture)
- Rien que pour le plaisir : rein en anglais se dit kidney (entendre le kid – l'enfant – nait).

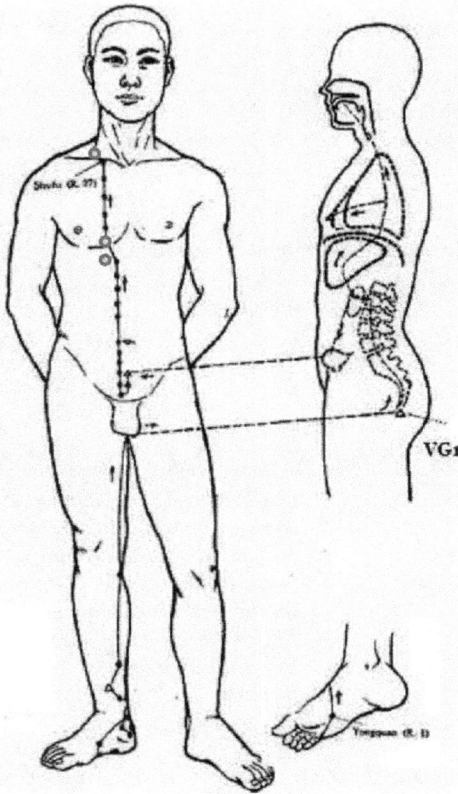

Le ming men :
« *Une présentation des fonctions du Rein ne serait pas complète sans mentionner la Porte de la Vie (Ming Men – dont la projection est VG4)). La première mention de la Porte de la Vie se trouve dans le Classique des Difficultés, principalement au Chapitre 36, on peut lire : "Les Reins ne sont pas vraiment au nombre de deux, car le Rein gauche est le vrai Rein et le Rein droit est la Porte de la Vie. La Porte de la Vie est la résidence de l'Esprit et elle est en relation avec le Qi Originel ; chez les hommes, elle stocke l'Essence, chez les femmes, elle est reliée à l'utérus. C'est pour cela qu'en fait il n'y a qu'un seul Rein". Chen Wu Ze, de la dynastie des Song, écrivait: "Les anciens considéraient le Rein gauche comme le vrai Rein, qu'ils associaient à la Vessie, et le Rein droit comme la Porte de la Vie, qu'ils associaient au Triple Réchauffeur". Sous la dynastie des Ming, les médecins chinois ne considéraient plus la Porte de la Vie comme étant le Rein droit mais, selon eux, elle se situait entre les deux Reins. Zhang Jie Bin (1563-1640) écrivait : "Il y a deux Reins... La Porte de la Vie se trouve entre*

232

eux... La Porte de la Vie est la demeure de l'Eau et du Feu, c'est la résidence du Yin et du Yang, la Mer de l'Essence, c'est elle qui régit la vie et la mort".

Le Docteur Zhao Xian He qui a abordé avec le plus de détails le concept de la Porte de la Vie dans son livre Les Trésors de la Médecine (Yi Gui) publié en 1687, considérait que la Porte de la Vie était située entre les deux Reins. Il disait qu'elle était la force dynamique de toutes les activités fonctionnelles du corps, car elle était le Feu physiologique indispensable à la vie. Ce Feu se nomme également "Vrai Feu" ou "Feu Ministre" (dans le même sens que celui *quelquefois attribué au Maître du Cœur). L'importance de la nature "Feu" de la Porte de la Vie est que c'est elle qui fournit la Chaleur nécessaire à toutes les fonctions du corps et à l'Essence du Rein elle-même. Le Rein est un viscère différent des autres dans la mesure où il est la source de l'Eau et du Feu du corps, du Yin Primordial et du Yang primordial. La Porte de la Vie est l'incarnation du Feu dans le Rein. Dans cette optique, la théorie de la Porte de la Vie diffère de la théorie des Cinq Eléments, selon laquelle le Feu vient du Cœur et non de la Porte de la Vie, autrement dit du Rein. Ces théories représentent, en fait, deux points de vue différents, mais sont également valables. Toutefois, en pratique clinique, la théorie qui situe la source du Feu à la Porte de la Vie, et par conséquent au Rein, est plus pertinente et plus répandue. »*

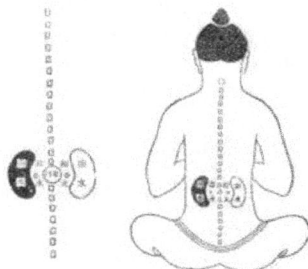

Les principales fonctions de Ming Men (VG4) :
D'aider à la digestion
- De maintenir les fonctionnalités des viscères
- De réchauffer le foyer inférieur
- De maintenir les fonctions sexuelles
- D'aider le cœur à abriter le Shen (Esprit)
- D'aider les reins dans leur fonction de contrôler la réception du Qi
- D'être la racine du Yuan Qi
- De maintenir le Wei Qi
- De réguler le Vaisseau Gouverneur

Notes personnelles :

MAITRE CŒUR :

L'Asie occulte son rôle (De SURANY).
Le MC ou péricarde protège le Cœur contre les agressions : aussi bien les germes que les changements de température ou les traumatismes émotionnels. Il est son ambassadeur, son premier ministre. Il est la fonction orthosympathique du système nerveux autonome représentant l'accélération, la fuite ou la lutte (habituellement relié au système limbique, c'est-à-dire le cerveau émotionnel).

Il diffuse les choses sur le plan physique et psychologique (sang et idées, fluidité du raisonnement capacité à recycler les idées) : circulation.
Il a une puissante influence sur l'état mental et émotionnel de l'individu. Comme le Cœur, il exerce une influence sur les relations qu'un individu entretient avec les autres : sexualité – relation.

Les émotions qui lui sont associées sont la joie, le plaisir et le bonheur.
Il donne la faculté de garder notre calme en période d'excitation.

Positif :   Calme, dynamisme, bon relationnel
Négatif :   Émotivité, sensation d'être épié pouvant mener à la paranoïa.
               Mauvaise perception.
               Agitation, manque de sociabilité, manies, perversion sexuelle, Aversion

Ce qu'en dit la Nutripuncture : *Sur un plan psychique*

En hyper-fonctionnement	*En hypofonctionnement*
- *Trop intellectuel,*	- *Tendance dépressive,*
	- *Atone, indolent, sans vigueur,*
Noter que la nutripuncture les (MC et	*sans vitalité,*
TR) rapproche du couple Foie - VB	- *Insensible, passif, inerte,*

- Il débute dans la région du VC17 et se divise en deux branches :
  - La 1ère traverse le diaphragme, descend dans l'abdomen, relie au passage des 3 étages de TR
  - La seconde émerge au MC1, en dehors du mamelon
- Du MC8 part une branche qui se connecte au TR1
- MC5 luo des 3 yins du Bras
- MC6 est la barrière de l'interne (point clé de Yin Wei mai –utilisé en Kinésiologie nutritionnelle pour déterminer un problème de mitochondrie)

Méridien Maître Cœur :

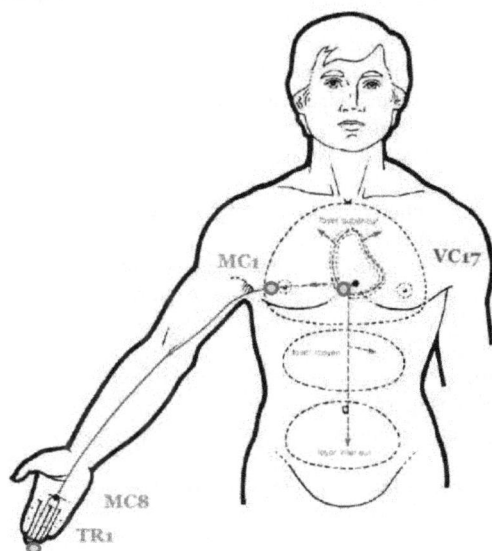

Méridien Triple Réchauffeur

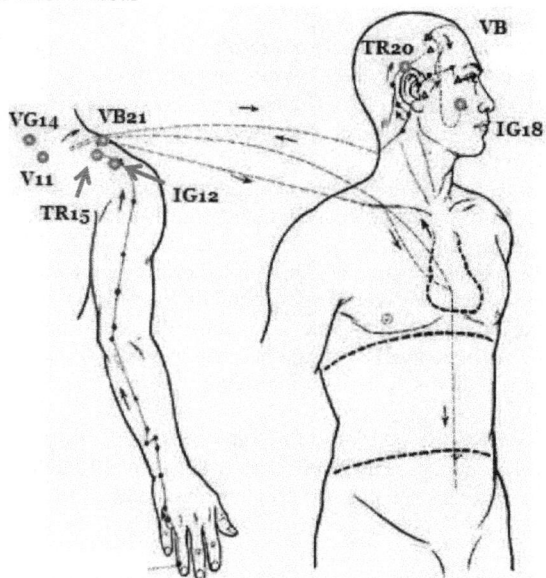

TRIPLE RECHAUFFEUR :

"Triple réchauffeur" permet les échanges entre les 3 foyers : le foyer du haut du corps (le système cardiopulmonaire), le foyer du milieu du corps (la digestion) et le foyer du bas du corps (évacuation et énergie ancestrale).
Il régule la chaleur dans ces trois foyers.
Il correspond aussi à la voirie et est associé au système lymphatique (le système de défense).
Il est apparenté au nerf pneumogastrique et représente la fonction parasympathique du système nerveux autonome.
Il relie et harmonise l'intérieur avec tout ce qui vient de l'extérieur. Il structure, construit, entérine et légifère tout ce qui concerne notre conceptualisation (par rapport aux faits venants de l'extérieur)

Positif :   Confort, harmonie, équilibre de l'appareil psychique
Négatif :   Prudence exagérée
             Froideur émotionnelle ; mal être ; timidité, rougissement

Ce qu'en dit la Nutripuncture : *Sur un plan psychique.*
- *Apathique,*
- *Accentue les symptômes cités dans les méridiens Foie, Vésicule biliaire et Maitre du cœur.*

● Il reçoit l'énergie de MC8
● Il croise sur son trajet IG12 et VB21
● TR15 part une branche secondaire qui rejoint V11, puis VG14 et VB21
● De là la branche va en E12 -VC17 et descend aux foyers moyen et inférieur pour se terminer au V39 (niveau du V40 : creux poplité) : point Hé inférieur de TR.
● Une autre branche monte de la poitrine (MC) avant de ressortir au cou et de passer derrière l'oreille
● TR20 se connecte à VB6 et VB4 avant de redescendre sur la joue au niveau d'IG18. Une autre partie de cette branche entre dans l'oreille, ressort en IG19 puis VB3, pour se terminer au TR23 (point duquel il se relie à VB)
● TR5 est la barrière de l'externe (utilisé en Kinésiologie nutritionnelle)
● TR est intimement lié à l'oreille qui dépend de Rein-Eau. Certes notre immunité dépend de notre capital génétique ... mais il est fort à parier qu'elle dépend également de notre écoute (Rein) qui précède le Verbe (Poumon – cycle Ko), et bien évidemment de notre discours intérieur.

TR fait partie au même titre que VB de la ligne médiane du corps : TR sur le bras ; VB sur le flanc et le membre inférieur. Cette dimension (frontale) est en lien avec l'entourage : les collatéraux qui peuvent être amis, associés ... ou ennemis.

VESICULE BILIAIRE :

La Vésicule Biliaire purifie l'énergie (avec le Foie). Elle dirige les sécrétions : bile, sucs gastriques, pancréatiques, entériques … Elle régularise l'équilibre énergétique du corps. Elle gouverne la santé des tendons, participe à l'attitude mentale en général. Elle est juge, tranche, décide. Elle donne l'élan. Elle est en lien avec l'oreille gauche.

Positif : Courage et l'initiative nécessaire à la prise de décision et à la détermination. Sens de la justice, au courage, à l'harmonie et à la pureté. Discernement, rectitude

Négatif : Difficultés à prendre des décisions, ou au contraire à décider trop vite. Agressivité, impatience. Assume trop de responsabilités. A l'inverse : amertume, rancœur …

Nutripuncture : *Sur un plan psychique*

En hyper-fonctionnement	*En hypofonctionnement*
- *Rancunier, acariâtre,*	- *Caractère bileux : se fait du mauvais sang,*
- *Hargneux, grincheux, râleur,*	
- *Revêche, teigneux, acerbe*	- *Amer, aigri, envieux, difficulté à décider.*

- Elle reçoit l'énergie de TR23
- VB13 : réunion des Jin Kan (méridiens tendino-musculeux) du Grêle, GI et TR
- VB20 : point de commande de l'orthosympathique – action sur la vision
- VB22 : réunion des Jin Kan de Poumon, Cœur et MC
- VB24 : point Mu de VB - VB25 : point Mu de Rein
- VB26 - VB27 - VB28 : réunion avec le Vaisseaux Ceinture
- VB29 : réunion avec Yang Chiao Mai
- VB31 : point de la digestion (lourdeur après repas) : main sur la couture, le point se trouve à l'extrémité du majeur.
- VB34 commande le cervelet et agit sur les muscles
- VB35 : point luo des 3 yangs : Estomac, Vessie et VB
- VB41 donne son énergie au Méridien Foie. Point clé de Ceinture.
- De VB1 part une branche qui relie E5, passe en E9 et rejoint la branche principale en E12
- De VB20 part une branche qui traverse l'oreille, ressort à IG19, passe à E7 puis rejoint VB1
- Une branche part de E12, passe en MC1, puis par le foie, la VB, arrive à E30, et rejoint VB30. Une autre part de l'aisselle, passe par F13, puis VB29, relie le sacrum, passe par VG1 et se relie à VB30

Il peut paraître étonnant qu'un si petit organe puisse avoir autant de connections et d'importance. Et pourtant ! VB part du coin externe de l'œil (ce qui est vu, ce qui est visualisé … ainsi que toute la symbolique liée à l'œil). Il longe le temporal lié au cerveau limbique émotionnel ; passe par l'aire commune d'intégration, que d'autres appellent le système de croyance de l'individu, revient en VB14, les bosses

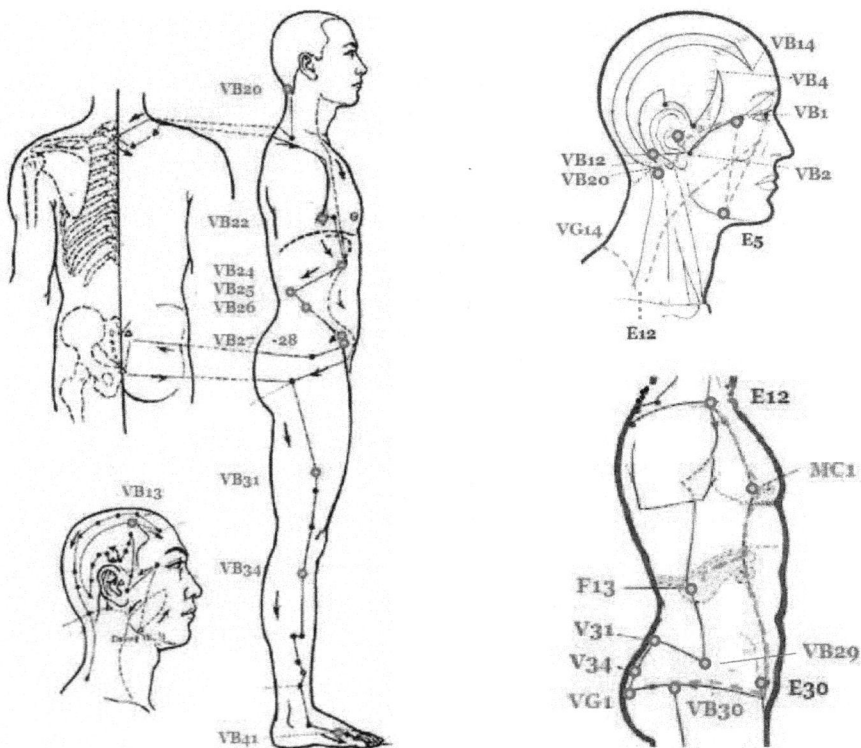

frontales (lobes frontaux : cognition, nouvelles alternatives, conscience, intention, éthique …), qui servent pour libérer le stress émotionnel chez les kinésiologues, puis repart en direction du cervelet : équilibre, contrôle moteur, automatismes … et de l'occiput qui nettoie les impuretés du sang, fait ménage et a donc un impact sur le mental. Donc vision de la chose, rapprochement de l'acquis, puis nouvelle opportunité éventuelle, reformatage des acquis avec ce nouveau concept puis automatisation. Deux des points de VB sont des Mu (points hérauts) qui tonifient les organes profonds. VB24 est celui de VB ; et VB25 celui de rein (qui gouvernent déjà le cervelet). VB a donc une « action » sur la manifestation de l'énergie ancestrale.

Son épouse TR veille au bon fonctionnement et à la défense de l'organisme. Il est en « opposition » à l'Empereur (Cœur) dans la loi Midi-Minuit. Le plus petit organe (parmi ceux cités) se trouve donc sur un pied d'égalité avec le Cœur, le shen …

VB26 à 28 sont les points du Vaisseau Ceinture, le seul horizontal, qui relie tous les autres méridiens telle une ficelle autour d'un fagot. Ce dernier permet la communication avec tout le corps et spécialement entre le haut et le bas, mais aussi le feu et l'eau. Il serait relié à notre intimité et, pour la femme, est appelé « champ de fertilité ». On l'associe aussi à l'image du cordon ombilical.

FOIE :

Le foie assure le stockage des éléments nutritifs et régule l'énergie nécessaire à l'activité générale. Il détermine la capacité de résistance de l'organisme. Il a un rôle immunitaire important à l'intérieur du corps et de l'âme. Il stocke, filtre, désintoxique et distribue le sang. Il est le « réservoir du sang », il en garantit sa libre circulation.

Le Foie régit les muscles et la vue.
Il est « maître de la ruse » ; il élabore lucidité et discernement.
Il permet la mise en mouvement.
Il excite le désir sexuel.
Il est le « siège de l'âme » et est le point d'ancrage du corps astral.
Il est le siège des rêves, du mouvement vers les autres.

Positif : Affirmation de soi – « vision »
Imagination, création, harmonie.
Sens de l'orientation
Travailleur acharné
Négatif : Jaloux, envieux, exubérant …
Impatience, rigidité mentale
Ou : impuissance, résignation, indifférence

Ce qu'en dit la Nutripuncture : *Sur un plan psychique*

En hyper-fonctionnement	*En Hypofonctionnement*
- *Colères, impulsif, irritable, emporté,* - *Impatient, excessif, démesuré,* - *Rigide,* - *Impétueux, mordant, virulent,* - *Querelleur, batailleur, violent, en veut au monde entier,* - *Furieux, rebelle, révolté,*	- *Dominé par la mauvaise humeur,* - *Taciturne, pessimiste,* - *Tendance dépressive, ou suicidaire*

▪ Elle reçoit l'énergie de VB41
▪ F3 est antiallergique et antiinflammatoire
▪ F12 se connecte à RP12-13, puis VC2, VC4 et rejoint F13
Deux versions
▪ Soit une branche part de F13 pour aller au foie et à la VB, puis traverse le diaphragme
▪ Soit cette branche part de F14, contourne le sein par l'extérieur, jusqu'au milieu du sternum et redescend vers le foie.
▪ Cette branche continue à monter, fait le tour de la bouche, passe par l'œil, remonte le front et se connecte au VG20
- F14 (ou F13) est le point de départ de l'énergie Iong (va à P1). Point de changement d'état dans les périodes de vie génitale de la femme

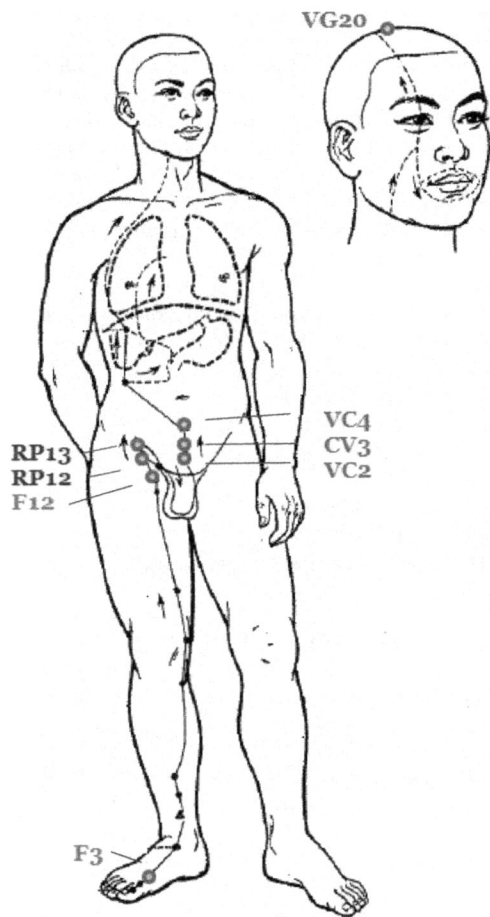

VG20

RP13
RP12
F12

VC4
CV3
VC2

F3

Notes personnelles :

POUMONS :

Il correspond aux poumons, mais aussi à la peau, au nez et aux poils.
L'énergie de la Terre (dont les aliments) doit se combiner avec l'énergie du Ciel (donc de l'air) pour former l'énergie essentielle dont vont naître l'énergie Iong, nutritive et l'énergie Wei, défensive.

▶ Il participe donc (avec le Cœur) à l'oxygénation du sang et à sa circulation vers toutes les cellules de notre corps.

▶ Il contrôle l'énergie défensive qui circule sur la peau. Il protège tout l'organisme. Son rôle est de donner la force et la capacité de résistance aux agressions provenant du monde extérieur. Le Poumon gère l'équilibre entre l'extérieur et l'intérieur. C'est lui qui a la charge de la protection face au monde extérieur, résistance aux agressions (peau) et au niveau psychologique face aux éléments extérieur qui nous assaillent.

Il élimine les déchets par les poumons (CO_2) et la peau (transpiration).
Il représente l'instinct de conservation, et l'inconscient. Tous les points de Poumon éveillent une réponse dans le cervelet. Il détermine le volume de la voix.
Il active l'hypophyse et la thyroïde
Il représente l'estime de soi, la communication et les échanges.

Positif : Flair, intuition … débrouillard, calme, confiant
Négatif : Triste, abattu, dépressif … peut se renfermé sur lui-même, se couper de l'extérieur

Ce qu'en dit la Nutripuncture : *Sur un plan psychique*

En hyper-fonctionnement	En hypofonctionnement
- *Adepte des idéologies, gourous, politiques,*	- *Dominé par une idéologie. Idéaliste,*
- *Fanatique, extrémiste,*	- *Défaitiste, pessimiste. Peur de décevoir,*
- *Veut convaincre l'autre à tout prix,*	- *Désabusé, désenchanté,*
- *Persuadé que sa vérité est la Vérité,*	- *A la recherche d'un modèle*
- *Intolérant, Intransigeant,*	- *Perte de sa personnalité,*
- *Conformiste,*	- *Instinct grégaire,*
- *Sans fantaisie,*	- *Sentiment de honte, se sent indigne,*
- *Très méfiant, dans le doute, sceptique,*	- *Manque d'espérance, de confiance en lui,*
- *Incrédule.*	- *Crédule, naïf,*
	- *Inconstant, changeant.*
	- *Pleurs faciles, hypersensibilité,*

❖ Il reçoit son énergie de F13
❖ Le trajet profond débute au foyer moyen (TR), descend au Côlon, remonte à l'estomac, passe au cardia, pénètre dans le poumon, passe au VC22 puis émerge au P1

- ❖ De P7 part une branche qui va s'unir à GI1 (c'est aussi le luo qui s'unit à GI4)
- ❖ P7 régit le psychisme, les troubles émotionnels … la frustration et l'humiliation. C'est le point clé de Conception.

Le pouce est symbole de vie ou de mort pour les gladiateurs. C'est le doigt de Vénus.

Méridien Poumon

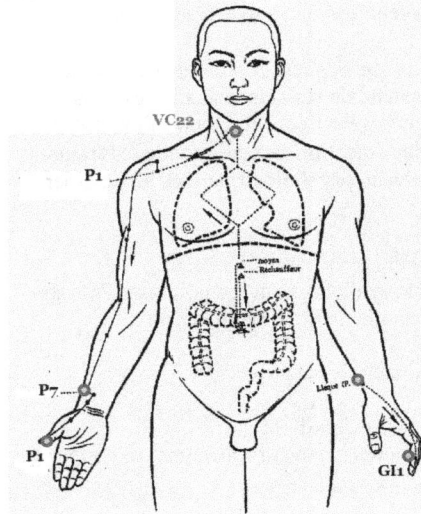

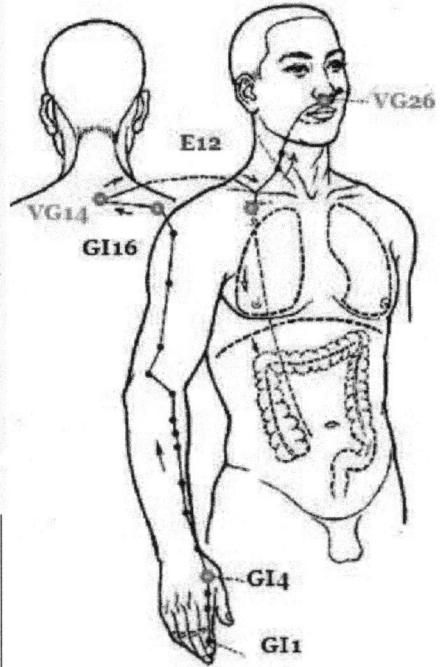

Méridien Côlon (ou Gros Intestin)

Notes personnelles :

COLON :

Il sert à évacuer ce que nous avons ingéré et que nous n'avons pas assimilé. Il élimine les déchets. Il gouverne le lâcher prise (phy et psy).
Il indique « la bonne manière de vivre » et favorise évolution et changement.
Il est le siège de la sensibilité, et agit sur le nervosisme.
Il est en relation avec le mouvement (faire) / péristaltisme
Il gouverne la mâchoire inférieure.
Avec Poumon, il représente la communication, le dynamisme social

Poumon et Côlon fonctionnent de pair : si le Qi de poumon est faible, la défécation est difficile. Inversement si le Qi du Côlon est faible, il peut provoquer de l'essoufflement. Il est lié à l'identité (chien), et au pouvoir (refus de l'enfant).

Positif :   Vitalité, flair
            Habile. Largesse et générosité sont ces deux vertus
Négatif :   Peur de l'échec,
            Peu d'amis, ne s'exprime pas, est (perpétuellement) insatisfait.
            Confusion mentale, refus de changer

Ce qu'en dit la Nutripuncture : *Sur un plan psychique*

En hyper-fonctionnement	*En hypofonctionnement*
- *Tendu, en contradiction avec lui même*	- *Désordonné,*
- *Manque de souplesse, guindé, maniéré, hautain,*	*désorganisé,*
	- *Anarchique,*
- *Perfectionniste, méticuleux, maniaque*	- *Manque de rigueur,*
- *Trop scrupuleux,*	-
- *Mesquin … Dépressif*	

- ❖ Il reçoit son énergie de P7
- ❖ De GI16 part une branche qui va à VG14, puis à E12
- ❖ De E12, il pénètre dans le thorax, passe par le poumon, le diaphragme, se ramifie au Gros Intestin dans sa partie transverse au E25 (Point Mu) … puis se termine entre tibia et péroné à E37 (point Mu inférieur de Côlon)
- ❖ Un rameau s'enfonce dans le maxillaire inférieur (gencive et dents).
- ❖ Le faisceau principal croise son homologue controlatéral en VG26 pour se terminer en dehors de l'aile du nez (GI20 qui transmet son énergie à E1)
- ❖ GI4 est un point important (point clé du Plexus du Cœur en Biokinésiologie). Lié au cerveau émotionnel, en lien avec des situations où l'on se sent impuissant.

Il débute à l'index, doigt de Jupiter : autorité, accusation, mise en quarantaine (mise à l'index). Devrait-on suivre (index) ce que l'on sent (nez) ?
En symbolique le colon est également lié aux ascendants (colon ascendant), collatéraux (transverse) et descendants … et aux rituels et à l'adaptation.

243

VAISSEAU CONCEPTION :

« Mer des Yins », le vaisseau conception à un rôle majeur dans la circulation du Qi, il contrôle et dirige tous les méridiens « Yin » ainsi que celui de l'estomac.

Il est également capable d'augmenter l'énergie Yin du corps. Ce vaisseau nourrit l'utérus et tout le système génital.

Un ouvrage de référence dit que le vaisseau conception contrôle les cycles de la vie, tous les 7 ans pour les femmes et tous les 8 ans pour les hommes.

Ce sont les changements de ce vaisseau prenant effets dans ces intervalles qui créent les altérations majeures dans la vie.

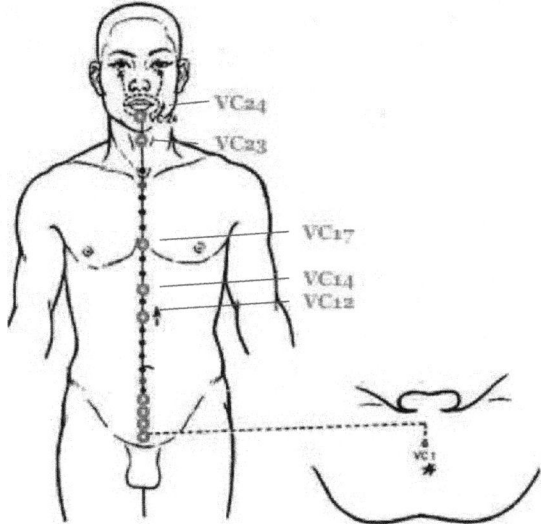

Chez la femme, il est dit que ce vaisseau prend son origine dans l'utérus.
Pour certains, il est relié au système nerveux végétatif.
Il participe à notre ouverture, apport paix, calme et spiritualité.
La kinésiologie l'associe souvent au cerveau

Nutripuncture :
C'est le 1er méridien qui apparait lors de la confection du fœtus, relié aux organes génitaux et à la conception.*

En harmonie il permet d'être :	*Sur un plan psychologique*
- *Ouverture au monde,*	- *Manque d'allant,*
- *Etre en paix,*	- *Tendance dépressive,*
- *Calme,*	- *Problèmes de latéralisation,*
- *Spiritualité*	- *Désorientation spatiale,*

* Pour d'autres, le Vital apparaît en 1er, puis de suite après Conception et Gouverneur

- VC3 : Mu de Vessie
- VC4 : Mu du Grêle, il serait en lien avec le Ming Men (la porte de la Vie, le réservoir des essences)
- VC2 / VC3 / VC4 (voire 5) sont des points de croisement des méridiens et/ou des méridiens Tendino- musculeux.

- VC5 : Mu de TR.
- VC6 : « Mer de l'Energie » (en lien également avec Ming Men)
- VC8 : ombilic (donc point important : cordon ombilical – lien à la mère …)
- VC12 : Mu de l'Estomac ; points de réunion des organes Fu – ressassement, obsession
- VC14 : Mu de Cœur
- VC15 : difficulté à être dans le temps présent
- VC17 : Mu de MC ; point de réunion du Qi
- VC18 : point nœud du Jue Yin ; difficulté à se séparer – instabilité émotionnelle
- VC 23 : point nœud du Shao Yin ; contrôle excessif sur soi-même ; reliée à l'épiglotte
- VC24 : point de croisement d'Estomac et Côlon ; choc allergique

Vaisseau Conception (VC) et Vaisseau Gouverneur (VG) font partie des huit Merveilleux Vaisseaux (objet d'un prochain livre). Ces Vaisseaux sont essentiels dans l'embryogenèse, et constituent ensuite des réserves d'énergie : si les méridiens peuvent être comparés à des rivières ou des fleuves, les Vaisseaux sont les nappes phréatiques qui les alimentent et les régulent.

VC et VG ont une place privilégiés puisqu'ils possèdent leurs propres points corps, ils sont symboliquement reliés à l'axe de l'individu … et par extension à la colonne (VG) et à son contenu : la moelle ; ainsi qu'au cerveau, qui prend une place prépondérante dans l'approche de l'être humain. Pourtant on sait aujourd'hui que :

« Selon l'embryologie, les cellules nerveuses de l'intestin proviennent du même feuillet embryonnaire que celles du cerveau … Les neurones du système nerveux intestinal (SNE) produisent les mêmes neurotransmetteurs que le cerveau principal. L'exemple le plus spectaculaire est celui de la sérotonine, un neurotransmetteur qui influence les états d'âme et qui est produit à 95% par les cellules nerveuses de l'intestin. D'après Michael GERSHON, le cerveau intestinal serait capable de se souvenir ; il participerait à la phase des rêves pendant le sommeil en produisant de la sérotonine et constituerait vraisemblablement la matrice biologique de l'inconscient »

Ceci pour moi renvoi au Vaisseau Vital, le premier en action lors de cette même embryogenèse. Ses points empruntent ceux du Méridien Rein (voir pages 234-235).

VAISSEAU GOUVERNEUR :

Le vaisseau gouverneur gouverne les méridiens « Yang », de ce fait il est nommé « la mer des méridiens Yang ». Chez la femme, ce vaisseau permet au sang de sortir du corps lors des menstruations. Ce vaisseau est en étroite relation avec le cerveau, la colonne vertébrale et les reins.
Du fait de sa communication avec le cerveau, il peut être comparé à l'axe hypothalamo-hypophyso-surrénalien de la médecine occidentale.

Pour d'autres il est relié au système nerveux central

Stabilité intérieure.
Autorité
Il est relié au méridien concepteur, facilite la communication entre le pôle céphalique et le pôle sexuel. Responsable de l'orientation
Nutripuncture : spatiale (haut/bas, droite/gauche, avant/arrière).

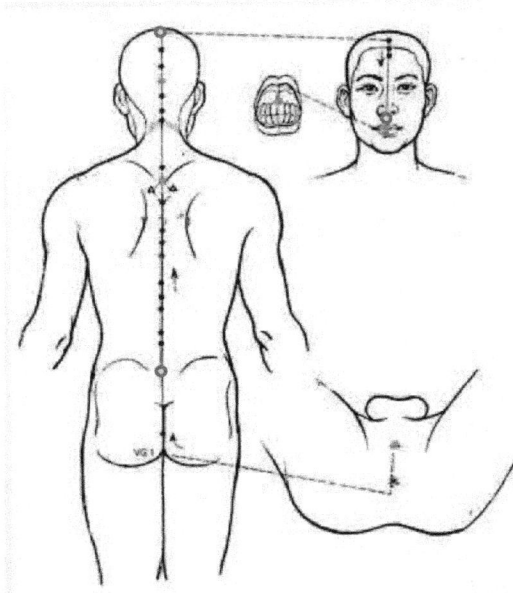

En harmonie il permet de :	*Sur un plan psychologique*
- *Gouverner sa vie,*	- *Manque de créativité,*
- *D'être centré,*	- *Manque de gouvernance ... Etats de faiblesse*
	- *Problèmes de latéralisation,*
	- *Tendance dépressive ... Désorienté, désaxé,*

- VG4 : Ming men (sa projection sur l'arrière du corps)
- VG11 : calme le cœur et tranquillise l'âme (le lien avec V42)
- VG14 : point de concentration de l'énergie Wei Qi.
- VG15 : point de Yang Wei Mai ; porte du mutisme
- VG16 : point de Yang Wei Mai ; serait en lien avec le 4ème ventricule
- VG17 : la porte du Cerveau
- VG18 : Point assentiment du Cerveau
- VG20 : en lien avec le Dan Tian Supérieur

- VG26 : choc allergique ; point de croisement des Côlon et d'Estomac

Dantian, en chinois signifie champ de cinabre. Il représente un centre d'énergie essentiel. Le Dantian inférieur stocke le Jing (l'essence de l'être). Le Dantian médian stocke le qi (souffle-énergie). Le Dantian supérieur stocke le shen (la conscience spirituelle). Les Dantian sont comme trois creusets alchimiques contenant les "trois trésors".
Ces trois trésors correspondent à une étape de la transformation intérieure, selon la voie taoïste :
- *l'essence (Jing) sublimée au niveau du Dantian inférieur se transforme en souffle (qi).*
- *Le qi sublimé au niveau du Dantian médian se transforme en énergie spirituelle (shen).*
- *Le shen est sublimée au niveau du Dantian supérieur et retourne à la vacuité (Xu).*

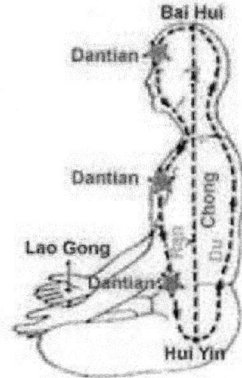

http://www.acupression.fr/images/Meridien_Rate.jpg
http://geta.pagesperso-orange.fr/massage_energetique_general.htm
http://shiatsu-nantes-sud.blogspot.fr/2012/09/le-meridien-dacupuncture-rate-pancreas.html
http://nutripuncture.avancermieux.org/spip.php?article16
http://www.med.univ-montp1.fr/enseignement/Formation_Continue/DU-DIU/DIU/Acupuncture/Acupuncture_2A_semiologie_Rein_Vessie.pdf
http://lartetlavoie.free.fr/reinvessie.pdf
http://www.taoetspiritualite.fr/energetique/le-meridien-du-maitre-coeur/
http://dietetiquetuina.fr/961/le-meridien-de-vesicule-biliaire/
http://med.univ-montp1.fr/enseignement/Formation_Continue/DU-DIU/DIU/Acupuncture/Acupuncture_1A_Meridien_de_VB.pdf
http://www.shiatsu-isamarc.be/files/les_8_merveilleux_vaisseaux_final.pdf
http://sionneau.com/medecine-chinoise/articles/les-points-psychiques-du-meridien-du-poumon/
http://dietetiquetuina.fr/1438/le-vaisseau-gouverneur/

Les deux inséparables : M De SURANY – Guy Trédaniel Editeur
Acupuncture : J.F. BORSARELLO – Editions Masson
Précis d'acupuncture chinoise – Editions Dangles
Médecine chinoise astrologie médicale : M De SURANY – Guy Trédaniel Editeur
Le corps point par point : Gérard ATHIAS - Editions Pictorius
Traité de Nutripuncture : Patrick VERET – Edition DésIris